99 things to do before you die

死前要做的99件事

賴純美等著

好讀出版

目錄

人與人之間

感情的宣洩

世界的脈動

做為世界公民

【代序】

我已經可以死了嗎？

◎鄭栗兒

朋友五月底時從上海回來台灣休假，約了一個星期二中午的時間，在陽光晴朗的國父紀念館見面，兩人在面對荷花乍放的湖水和一〇一大樓的露天咖啡館，一邊喝著溫熱的拿鐵咖啡，一邊驅趕蚊蟲，聊聊所謂的「近中年狀態」和以後可能的工作情況，在談到年初一則友人瓦斯中毒的意外死亡事件後，突然朋友說：「我現在已經可以死了！」

這句話使我想起另一位禪修已久的朋友，也曾在十年前對我說過相同的話，可是那時聽起來的感受，和此時又有所不同：因為較之十年前，現在的自己距離死亡的腳步，又更加趨近了！

我笑笑對朋友說：「我還沒有準備好，因為還沒有決定死後要去哪裡！」

朋友幽默地回答：「那你究竟要死去哪裡？」

這句話的反面是：你究竟活夠了沒有？在活著的時候，還有哪些事想做而沒去做的。不過從現實層面來看，死亡的時間終究不是自己能掌控的，所以對於死亡的準備還是要及時，而死前想做的事，趁一口氣仍在時，趕緊去做，不要因此而後悔遺憾。

再說另一則離奇的親身經歷，做為「死亡迅速」的補充。

二〇〇三年，當時我還在聯合文學當副總編輯時，有一天，一位聯合報資深記者來找我談一本書出版的事，中午我正好與年輕小説家，和我部門的編輯、也是位優秀的年輕作家約好吃飯，便順道也邀記者朋友一起加入。四個人在聯合報大樓附近某間咖啡店餐敘，歡愉地談論著一些文學夢想和出書的想法，記者朋友還送給我們一人一只精油造型蠟燭，是她參加某商品活動的贈品。

沒想到這一年小説家忽然不幸走了，四年後，編輯作家也因急病去世，我從二〇〇一年起，莫名其妙地連續失去了好幾位知心朋友，帶給我很大的心靈衝擊；二〇〇七年某天，我與當年那位資深記者（我們都已離開聯合報系的工作，成為自由創作人），在台北東區重聚，談起幾年前的這場餐會，物換星移，人事早已全非，更令人感嘆世事無常迅即。

既然對死亡不能把握了！對生的一刻更應該全力以赴，用正面去看待負面，將死亡的陰影拋諸腦後，更樂觀積極地活著。

我想這也是此書《死前要做的99件事》編輯出版的立意了！

二〇〇七年四月二十日，天氣超好的一個星期五，我搭上九點鐘基隆開往台中的國光號，沿途高速公路的邊側山林，一叢叢盛開的白色桐花映入眼中，猶如飛舞在綠色國度的雪天使……

本來我這一趟行程，只是去台中女中當文學獎的評審，想了想，在車上打一通電話給好讀出版的總編輯，她是我多年的朋友，每次南下台中時，都會記得打一通電話跟她問候。

她正好有空，接我去一家位於中港路SOGO百貨公司後面的巷弄內，取名叫罌粟的小餐廳吃飯。很奇怪都沒有人，所謂沒有人不僅包括除了我們之外的任何客人，也包括除了年輕老闆之外，沒有任何的服務員，所以老闆必須招呼我們停妥車位、供水點餐外，還要趕著去做我們order的海鮮義大利麵，兼跑堂送餐之類。很懷疑這家餐廳究竟可以撐多久，後來終於又來了幾個阿姨們，聲音很大，幾乎快佔據整個狹窄的餐廳，我們連喝咖啡都放棄了，因為餐也做很久、送得很慢，就直接去總編輯的辦公室參觀。

總編輯很用心地在辦公室的私人廚房，燒煮一杯拿鐵咖啡請我，我們坐在偌大的新書展示會客室，一一瀏覽著出版社所有的出版物，還送我一些很特別的磚塊書，其中有一本我非說不可的《死前要做的99件事》，我笑說，死前要做九十九件事，會不會太多了點，死前能做好一件事，改變一項壞習慣，就已經很了不起了。

不過從台中回來後（當然也完成我的評審工作、買了一盒太陽堂的太陽餅），我認真地翻閱此書，發現編寫得很有意思，除了以世界名人故事，配合轉換心念的勵志文章，談述要懂得謙遜、保持快樂的心情及幽默看待人生……以外，還找了一些台灣創作家，寫出他們死前最想做的九十九件事。有幾個人想做的事真的很令人莞爾，回味無窮，像是李進文所寫的19瞭解《金剛經》說什麼，64游出優美的蝶式，71痛哭一場，79仔細聆聽我的父親，雖然他這輩子對小孩沒說幾句話，93到死都不會變成「只剩一張嘴」的男人……

嚴格講起來，這本書談的是一種活著的態度，既然不死，那麼我們應該要用什麼態度去活，如何讓生命變成一首悅耳生動流暢的歌，在生命「成住壞空」的自然之道中張手舞蹈，而不是用「活著就是受罪、抱怨、批評、無聊、責怪」的負面心情來過日子。

印度歐吉桑奧修先生說過一段很有意思的話：「盡可能強烈地去生活，活著的滋味，將讓你明白死亡是不需要害怕的。一個人在強烈的生活之中，他所認知的生命將會是永恆的。」

死前做一件事不算少，做九十九件事也不算多，重要是全然地投入，全力以赴地去做。儘管，我還沒有決定究竟要死去哪裡！但至少可以好好地活。

書封上有幾行文字介紹，雖然看起來有點大家都知道、也都讀過的似曾相識感，但也值得在每一晚臨睡前，讓我們好好地思索幾秒鐘：

如果明天就要面對死亡，你最想做什麼？

99件生命結束前必須做到的事，死亡前對生命的深情凝視與反省，11個凡夫俗子勇敢列舉的死前清單。

對於「死前清單」這一句話，突然讓我想到兩個多月前，送去洗衣店洗的外套，到現在還沒拿回來，卻被我不知亂丟到哪裡的粉紅色洗衣單，該去找一下了。

【前言】

在閱讀本書之前

如果明天就要死去，你最想做些什麼事？據私下普查，許多人的第一個答案是：「可不可以不要死？」然而，若死亡迫在眉睫，或隱身在你無法察覺的地方，你又怎能逃離死亡佈下的天羅地網？這本書的書名聽起來也許晦氣，卻實實在在地以悲觀的角度演繹出一個必須樂觀的人生，我們從一個人自身開始檢討，到人際關係的解析，人與社會緊密又疏離的互動，以及身為一個地球村公民應該迫不及待實行的事情，藉此演繹出九十九件你也許常常忽略，卻異常重要的人生課題，這其中包括了九十九則發人省思的名人哲語，九十九個感人至深的小故事，九十九篇必須與你分享的生命心情，當你倘佯在名家文章、哲理小故事、真實事件之間時，誰曰九十九件事太多？

本書也收錄了十一個不同職業、年齡的凡夫俗子列出的死前要做的九十九件事清單，與十位讀者列出的死前要做十件事，綜觀清單，也許你會發現大多數人想做的事不過就是「跟最愛的人共度最後的時刻」、「讓重要的人知道你有多愛他」，至於許多奇思妙想，看來也許惹人發笑，但又有誰知道，許下這個願望時，許願者是不是也真的會被激勵而努力達成呢？因此我們在書末留了一個位置給你，我親愛的讀者，相信此時此刻，你對著自己想做的九十九件事時，關於生命、感情、志向，一定會有更多出乎我們意料的見解。

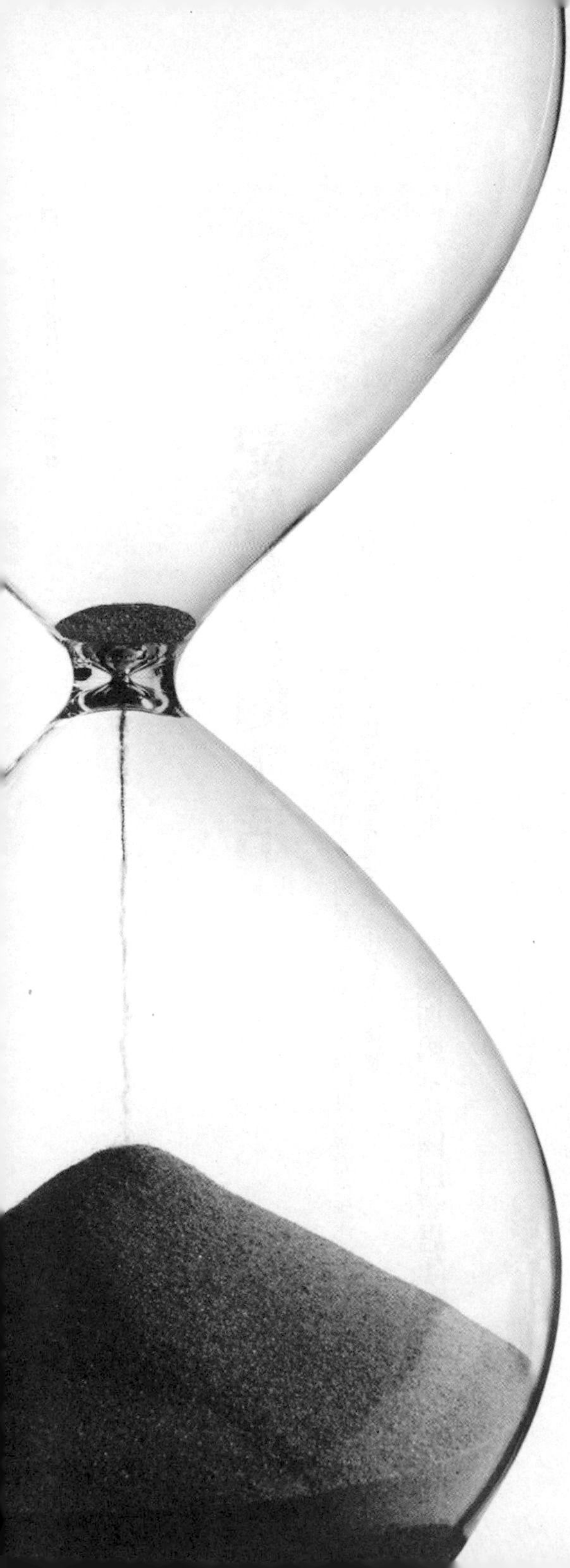

一個人的修身養性

人喜歡習慣，因為製造它的就是自己。

～喬治・蕭伯納

1 記錄自己的生活

勇於求知的人絕不至於空閒無事……我以觀察為生，白天所見、所聞、所注意的一切，晚上一一記錄下來，什麼都引起我的興趣，什麼都使我驚訝。

查爾斯・L・孟德斯鳩（法國啟蒙思想家）

北京市有個專門囚禁外地犯人的監獄，名為天河監獄，監獄本身並不特別，但在二〇〇三年十月底時，做了件非常特殊的創舉——在獄內創設了一個專對監獄內發聲、播送的電視台，讓原本就做過相關行業的受刑人有機會重操舊業，也詳盡記錄了自己的生活。

這個電視台叫做「天河之聲」，之所以會成立這樣的一個電視台，是因為監獄本身的生活環境與外界大不相同，雖然可以收看一般的電視新聞吸收外界資訊，卻沒有針對受刑人需要所製作的節目，獄內雖也有出版類似報紙的刊物，卻受限於許多受刑人的知識水準，無法引起共鳴，於是在因詐欺案被判刑入獄的前電視台編輯孫明提議後，這個由受刑人自己編播的電視台成立了。

雖然第一次製作的片子效果非常不好，卻得到了相當熱烈的反應，觀眾不但看得津津有味，還會經常問他們：「什麼時候才能看到下一集？」

慢慢地，天河之聲經過各式各樣的狀況後，也逐漸上了軌道，除了當初簡單的新聞播報，也加入許多服刑應該注意的法律常識、歌曲點播、受刑人和親人的信件內容、對監獄的建議與受刑人的才藝表演等節目。

這個電視台並不業餘，幕後工作人員多數有電視台工作經驗，其中甚至有三人具有碩士學位，女主播則是演員出身，在這樣的電視台開播後，參與工作的人得到了肯定，也激勵自己精益求精，因為處理的是與自己息息相關的事，他們好像更帶勁了。

自從柯尼卡軟片推出了「用照片寫日記」，很多人總算可以鬆一口氣，原來也有懶人記錄法，只要拍一拍照片，不用再費力想日記該寫些什麼，就可以記錄生活的點點滴滴。

的確，對很多人而言，寫日記常常會變成流水帳，如果天天都寫，更會覺得自己怎是一個這麼無聊的人，好像每天都沒有什麼新鮮事，這樣還要記錄什麼呢？

記錄生活，不是要記錄大事件，而是要記錄你用眼睛看到用心體會的點點滴滴；雖然常看到名勝古蹟的風景照，但到了自由女神前面還是一樣要擺出相同的姿勢再拍一張，為什麼呢？不過是證明我也來過，所以要留下紀念。那麼生活呢？你活過了，又留下什麼紀念給自己，證明你真的活過？

自從有了網際媒體後，我們看到越來越多人寫自己的生活，每天網路上都有新的站長在發表文章，往往也因為這樣的發表，吸引一些固定讀者群，有的人因此寫上癮，甚至有機會晉身作家之列。

雖然我們可以不用像曾子那麼嚴格的「吾日三省吾身」，但至少從現在開始記錄自己的生活，發現一些生活的樂趣吧！

2 訂立人生計畫

一個人在二十七歲就揚名天下，以後的日子可就難過了。在我有生之年，人們都會期盼我將來有所做為。

~馬丁・路德・金恩博士（美國黑人民權領袖）

世界上的謎團很多，但所有謎都不及這個東西那麼有切身感，我是說，切身無力感，這個東西不是其他，而是許多人都會密密麻麻寫在萬用手冊裡，清清楚楚標記在白板上，工工整整打在EXCEL檔案裡的，計畫表，還有個洋名兒，叫做SCHEDULE來著那個東西。

我對書寫在小方格裡的東西毫無招架之力，自己寫不出來，也完成不了。尤其當跟別人約著談事情，對方一說：「好，那我看看我的SCHEDULE。」馬上就點中我的死穴，電話這頭的我腦門一緊，進入與菁英會談的備戰狀態，「嗯，那我明天下午三點到五點有空。」

噹！！！你是閒晃散人，對方是華爾街商業鉅子，夾在三點到五點之間不能動彈的你，從九點開始吃早餐，十點打算買本書，十一點開始找食物，十二點或許可以去咖啡店睡覺，一點半被咖啡店小妹叫醒，嘴角還有口水痕跡，兩點把自己打整好，用半小時晃便利超商，再用另外半小時悠閒走到跟菁英見面的地方，遠遠卻看到菁英叩叩叩踩著高跟鞋走了過來。

「我今天還挺悠閒的，才開了兩個會。」菁英用五十倍光碟速度的聲音喘著，你轉頭過去面對自己沒有小方格的人生，該死，人家怎麼活你怎麼活的？

是的，我真的作不了計畫，活到現在為止寫了約莫五千個計畫，實行的大概只有五個。

我只要一想到不可知的未來隨時有變數在等著我，萬用手冊裡的SCHEDULE就永遠保持清白之身，只要一思及自己必須變成方格裡頭辛苦劃掉行程的小螞蟻，心情就怎麼樣也HIGH不起來。

我的好朋友菁英並沒有花太多時間想這些無聊的問題，因為她每天都得非常努力地把自己填到計畫裡，還必須在下個禮拜來臨前，編織另一個行程，要不然時間就都浪費了，而浪費二字，於菁英來說是重點死穴，把自己搞得忙忙忙才是生活重點。

累不累啊，我問菁英，她叩叩叩的高跟鞋聲音代替她回答了這個問題：「我沒時間去想這些莫須有的事情，我只按部就班進行。」

正當我用歪歪斜斜的色筆認真地想把自己框起來時，菁英的電話突然進來了：

「喂喂，嗚嗚嗚……我的PDA丟在計程車上。」菁英的聲音不但帶著哭腔，還分叉了。

你的皮夾和手機呢？

「嗚嗚嗚……沒有PDA，我不知道自己該往哪裡去。」

那不是正好，你可以趁機休息。

「可是，可是，我不知道自己現在在SCHEDULE裡，究竟是該休息，還是該工作，我不能休息，也不能工作。」

菁英真的什麼都不能浪費。

（摘自〈把計畫表通通給我丟到垃圾桶去〉，糊塗塌客）

有個朋友一看到死前要做的九十九件事，就說，人都快掛了還要做那麼多事，這樣會不會太辛苦了些？我說，除非你明天就要掛了，否則我還不只九十九件事，想做要做的事多著，哪會辛苦呢？因為要寫死前的九十九件事，寫之前也不知自己列不列得出九十九件要做的事，但有些人列了四五十件事後開始卡住，再不然就天馬行空地想了。於是我也開始列出自己死前想做的九十九件事，沒想到事情卻出乎意外的順利，想做的事一件件跑出來，而且還覺得哪只有九十九件事，做完這九十九件事我還要再列九十九件事。

我們常以為人生計畫不過是空談，就像排什麼進度表之類的，通常都參考用。那是因為我們一般列的人生計畫都太不明確，或是計畫太抽象，比如說環遊世界不如改成一年旅行一個國家，即使現在三十歲能活到八十歲的話，至少也旅行過五十個國家，這樣不也就是環遊世界了嗎？一年旅行一個國家的計畫是不是更容易達成呢？

一向懶散的我，認真列出死前要做的九十九件事後，發覺自己開始努力積極了。只要一想到前頭有那麼多有趣想做的事還沒做，全身就充滿了像日本考生頭上綁了白頭帶寫著「必勝」那樣的元氣，你要不要也開始列死前想做的九十九件事呢？一定會讓你發現，原來生活還有這麼多有趣的事值得你去體會。

3 立下遺囑

假如你願意，請記著我；要是你甘心忘了我。在悠久的墳墓中迷惘，陽光不升起也不消翳。我也許，也許我還記得你，我也許把你忘記。

~徐志摩（中國現代詩人、散文家）

有個富翁得到無藥可救的絕症，但唯一的兒子又不在身旁，他知道自己快死了，可是唯一隨侍在旁的僕人是個貪婪小人，他怕自己的財產被僕人盡數侵吞，便立下了個讓人百思不解的遺囑：兒子只能從財產中選擇一樣，除此之外所有東西都留給僕人，在富翁死後，這僕人便興沖沖地帶著遺囑去找富翁的兒子。

結果這個兒子看完遺囑，又思索了半晌後，便跟僕人說：我決定了。

僕人大喜，料想自己就快變成大富翁了，便掩不住喜悅地說：「少爺的決定是？」

兒子說：我只選擇一樣，那就是你。

結果兒子得到了所有的遺產。

大學的時候，聽其他去上過「生死學」的同學說，第一堂課，教授就要他們寫遺囑。

寫—遺—囑，當時壓根沒想過的一件事，在老一輩人的觀念裡，這種跟死有關的事極晦氣，能不談就不談，何況大學生，青春正好，誰真正想過「死」這件事呢？

聽了同學這樣說，我倒是想了想，如果自己要寫遺囑，會寫些什麼呢？遺囑常常是利益糾紛的來源，有錢人如此，古時候如此，中國古代最有名的遺囑糾紛是康熙的遺詔由「傳十四阿哥」被雍正改成傳給自己「傳于四阿哥」，等於篡改父親遺囑，把王位留給雍正自己；現代的遺囑糾紛更是層出不窮，導致兄弟反目成仇，其至還有因為糾紛而遲遲不肯將父親下葬入土為安的不肖子孫。

有錢人才需要立遺囑嗎？我有一個朋友說她每次出國前就會寫好遺囑，至少要交待好她那些寶貴收藏有個好去處，才不枉費她的辛苦收藏。作家張愛玲晚年蒼涼，死後幾天才被發現，好在她立了遺囑，骨灰海葬，飄然一身的絕美，成了她最後華麗的姿勢。

我想，我的遺囑該是寫著：對不起，沒留下什麼財產，只有祝福，希望你們在沒有我的日子裡，一樣的開心，請保重你們自己，有機會我們——還會再見的，那時要罵再罵吧！而你，又會寫出什麼樣的遺囑呢？

4 寫個自傳

雖然我從未達到自己期待的那麼完美，甚至遠遜於期盼，但藉由這樣的期望，我至少努力成為一個比原來的我更好、更快樂的人。

~班哲明．富蘭克林（美國科學家、文學家、思想家）

四或五年前，由於我最親近的幾個同事建議，我答應了要寫我的自傳。雖已寫了開頭，但第一頁都還沒寫完，孟買即發生暴動，於是這工作便停了下來，接下來就發生了一連串事件，我入獄耶拉夫達後，當時獄友捷朗達斯先生，還要我先把其他事情暫擱一邊，繼續寫完我的自傳，那時我答以自己已規劃好一個研讀計畫，除非課程完成，否則無暇思及其他事。老實說，假使我真的在耶拉夫達服滿刑期，自傳是寫得完的，因為我被假釋後，還有一年的時間可以用來寫完自傳。當我寫完南非的非暴力抗爭運動史時，史瓦密．阿南德又再度提出完成自傳的建議，於是我便著手為《新生活》（編註：雜誌名）進行自傳撰寫的工作，不過史瓦密希望能夠將自傳出成一本書，但我實在沒有太多餘裕，頂多只能一週寫一章，反正我總要幫《新生活》寫些文章，為什麼不乾脆來寫自傳呢？而史瓦密也同意這個看法，我便開始努力寫作了起來。

然而有一個敬長上帝的朋友，也在我以沉默作為抗議時表達他的懷疑，「你為什麼要冒這種險呢？」他問，「寫自傳是西方人的特異傳統，除了那些西化很深的人外，據我所知，東方人是不寫這東西的，而且你又要寫什麼呢？假使你明日否定了今日認可的原則，或是未來推翻了自己今日的計畫，那些依循你所言修養自己品格的人很可能會無所適從；難道你不覺得，至少現下，寫些別的東西都遠較自傳為佳？」

這種爭議的確對我有些影響，但我其實並不是要寫一部真正的自傳，只是單純地想把自己許多體驗真理的經歷講出來，因為我一生都充溢著這種體驗，不過這故事採取的是自傳形式罷了。我不會在意裡頭每一頁講的只是個人體驗，我相信，也自豪於這種信念，而把所有體驗的有關部分寫出來，也不會對讀者毫無益處。我在政治上的體驗不僅在印度，甚至在所謂的「已開化」國家都廣為人知。對我來說，這些體驗或許沒有多大價值，就算為我贏得「聖雄」的頭銜都不算什麼，這名稱除了讓我深覺痛苦外，回憶起來也並沒有任何時刻讓我得意驕傲過。但我實在願意把那些唯我獨知的心靈體驗說出來，因為我在政治領域上所擁有的力量無不源自於這些體驗，假使真有激勵人心的能力，也應該只會讓我更謙虛，而不是在這裡自吹自擂，因為我越是回顧過去，就越發清楚地感受到自己的侷限。

（摘自《甘地自傳》，作者甘地為印度民族主義領袖，領導印度抵抗英國殖民，因拒絕違背自己的非暴力與不合作原則被捕下獄，出獄後積極進行和談動作，終於促成印度的獨立，並被詩人泰戈爾尊稱為「聖雄」。）

通常名人有名或老到一定程度，就會開始寫自傳或是回憶錄，不過大部分是口述再由他人整理，少部份如作家就自己寫，但什麼樣的心情會讓他們想要寫自傳，說自己？

台灣的半導體教父、台積電董事長張忠謀在自傳中說：「忙著做事的人很少有時間想過去，但在夜闌人靜，偶爾回想過去時，我最懷念的倒不是三十三歲以後、事業稍有成就的時期，而是我的前半生。」

這輩子能寫自傳的機會不多，通常是我們在求職或入學申請時被迫要在履歷最後寫一張自傳，即使短短一張，相信很多人還是不知道「自傳」該寫些什麼？甚至連基本的自我介紹都有困難。況且，名人才寫自傳，我不是名人為什麼要寫自傳，即使寫了也沒人出版更沒人看，那為什麼還要花時間寫呢？

心理學有個重要的課題是助人瞭解自己，很多人活了一輩子，甚至不瞭解自己，因為許多心緒與雜念不知從何而來。禪坐是要讓人觀照自己，從沉靜中讓思緒一一浮現，而自己只是觀照它；寫自傳，除了幫助你瞭解自己，更能在回顧同時，誠實地面對自己，認識自己，瞭解自己。或許很多人一邊活著，一邊仍有很多疑問，如果可以藉由真誠的回顧，找出更好的自己，生命必然精采。

5 檢討過去

我最害怕的一件事情，
就是我所受的痛苦分文不值。

～福歐多．杜斯妥也夫斯基（俄國作家）

這是一幅世界上絕無僅有、空前絕後，完全依真面目與全部事實描繪出來的肖像。無論你是誰，只要我的命運或信任讓你成為這本書的裁判人，那麼我就會為了一己的苦難，仗恃你的惻隱之心，並以全人類的名義懇求你，千萬別抹煞這本獨特著作的實用性，它能夠作為人的研究第一份參考材料（這門學問毫無疑問地尚待創建）；也無需為了照顧我身後的名聲，而埋沒這部關於我未被敵人扭曲的性格唯一可靠記載。最後，即使你曾是我不共戴天的敵人，也請你不要對我的遺骸抱持任何敵意，不要把你殘酷無情的不公正行為延續到你我均不在世的時代，這樣，你至少能夠有一次高貴的表現，也就是當你本可無情地施行報復時，卻表現得寬容大度；假使加害一個從來不曾或不願傷害別人的人，也可以稱之為報復的話……。

我現在要做的是一件既無先例、未來也不會有人仿效的艱鉅工作：我要把一個人的真實面目赤裸裸地揭露在世人面前，而這個人就是我。

只有我深知自己的內心，也瞭解別人。我跟其他人都不同；甚至我敢自信全世界找不到一個生來像我這樣的人，雖然不比別人好，但至少跟他們不一樣。大自然塑造了我，然後就毀棄原本的模子（編註：意指獨一無二，無其他類似仿造品），毀棄模子究竟好不好，只有讀了這本書後才能斷定。

不管末日審判的號角何時吹響，我都敢拿著這本書走到至高無上的審判者面前，果決地大聲說：「看！這就是我做過的，這就是我想過的，我當時就是那樣的人。不論善惡，我都一五一十地寫出來了，既沒有隱瞞絲毫壞事，也沒有添加任何好事；假如在某些地方作了一些無關緊要的修飾，那也只是用來填補記憶疏漏而留下的空白，可能把自己誤以為真的東西當真，卻絕無把明知假者硬說為真。當時我是什麼樣的人，我就寫成什麼樣的人：當時我若卑鄙齷齪，就寫卑鄙齷齪；當時我若善良忠厚、道德崇高，就寫善良忠厚和崇高道德。萬能的上帝啊！我的坦誠，和你親自看到的完全一樣，請你把無數的眾生叫到我跟前來！讓他們聽聽我的懺悔，讓他們為我的種種墮落歎息，讓他們為我的種種惡行羞愧。然後，讓他們每一個人在您的寶座前，同樣真誠地裸露自己的心靈，看看有誰敢對您說：『我比這個人好！』」

（摘自《懺悔錄》，作者尚・雅克・盧梭為法國知名思想家，《懺悔錄》是以反駁當時盧梭在法國時受到的誤解與誣陷為前提寫作的自傳，他在書中一方面自貶，又自誇，同時藉以達到反擊敵人的目的，寫作用意相當深沉）

過去種種譬如昨日死，今日種種譬如今日生，昨天的過去都已經不在了，為什麼還要在傷口灑鹽，荼毒自己呢？人不是應該往前看的嗎？

經歷過大難不死又活過來的人，從此以後往往都大徹大悟，更積極地去生活或者投入公益的行列。台灣民間習俗說人死後有可能會下十八層地獄，每一層地獄都是根據你生前的行為種種，決定你該在哪一層地獄接受處罰。

我們以為的過去會真的過去嗎？那我們早已遺忘的記憶為什麼在面臨死亡那一刻一一顯現？梁朝偉演完《2046》後接受雜誌的訪問，他說：「如果看見了我的過去，可能就會改變了我的未來。因為我一直覺得從前發生過的事情，其實對你的今天有非常大的影響，當然你的今天，也同樣會影響到你的未來。」

過去是你的包袱，還是成為今日累積成功的力量？有的人活在過去的榮耀卻無法面對今日的現實，有的人活在過去的陰影卻走不出今日的自己，有的人緬懷過去，有的人遺忘過去；而你，是哪一種？每一天，都是全新的自己，我們從過去一路走來，唯有真誠回望過去，檢討過去的自己，才會比過去的自己更好。

6

重回童年居住的地方

我願意回故鄉，重返舊家園；
眾親友聚一堂，重享從前樂。

～安東尼亞・德弗札克（捷克音樂家）

文壇暱稱為「林先生」的作家林海音，有著海峽兩岸的鄉愁，以《城南舊事》聞名兩地，在台灣出生，北京長大，既精通台語，又擅標準京片子，身為頭份望族之後的林海音，出生於大阪，三歲時返回父親的故鄉頭份，五歲時被父母帶往北京，在北京度過了二十五個年頭，林海音懷念北京之情，從她大量描寫記憶北京的人事物可以窺得部分，許多人在林海音的小說裡才認識了「驢打滾兒」、「蟹殼黃」等北京小吃食，在她筆下，好像還可以在胡同和四合院裡看見小女孩英子與奶娘宋媽活靈活現的身影。

林海音也說過：「台灣是我的故鄉，北京是我成長的地方。總希望有一天，噴射機把兩個地方連接起來，像台北到台中那樣，朝發而午至，那時就不會有心懸兩地的苦惱了。」

一九九〇年五月，林海音又回到了北京，探望那些已經凋零的親族，並走訪當年英子就讀的小學，講到自己上學時的模樣與老師上課的神態，已經七十二歲的林海音步履不再緩慢，彷彿童年時的英子重現，她那爽朗的京片子在偌大的迴廊裡迴響著：「當年我……」話語裡有著錯綜複雜的情緒。之前她曾經說過：「沒有了城牆，我回北京去做啥呢？」但童年的力量那樣強大，讓她無法扼抑地想再見到北京紅葉、帶著鈴鐺的小驢兒、充滿人情味的街頭巷弄，雖然北京的城牆不再，親戚朋友也流離失散，但四十三年的兩地相思，終於在此時得到了紓解。

海峽兩岸，因為政治的關係，很多人小時候離開故鄉，就一輩子沒能再回去，而他們這一輩子心心念念的，總是故鄉的種種。

陳芳明，當年在海外寫政論文章，因此被列為異議份子，年輕時出國留學，卻被迫不能再回國，直到台灣解嚴後，他透過許多人的努力，終於在二十幾年後再度獲准回到台灣。當年出國還是年輕黑髮的青年，一九九七年回到台灣，父母老了，他也步入中年頭髮花白，真是情何以堪。

看《高山上的世界盃》，一群被迫從西藏流亡到印度的喇嘛，在印度過著刻苦的生活，他們常想起在西藏的種種，有一次大師兄要去請示住持關於年輕喇嘛想看世界盃的事，怕他們因此而荒廢學習，住持卻突然跟大師兄說：「我想我再也回不去西藏了，所以準備放棄對西藏的思念，你想這些年輕喇嘛有機會回西藏嗎？」

有些人一輩子沒有離開過故鄉，有些人在外飄泊以後還是覺得故鄉好，有些人老了決定再回到故鄉定居，離開的你，再回到故鄉會是什麼樣的心情呢？我想，除了人事全非的慨嘆之外，還有那一段曾經單純的年代，讓人不自禁再次純真的感動。

鄭栗兒

死前要做的99件事

堅持做一個永遠的文藝少女，基於對幾位已經先行離開地球的文藝少男、少女的追念。金牛座加雙子座的個性組合，在土向星座與風向星座間擺盪移動，住在一間有山有海的房子，可以看見老鷹在天空飛行。和一個男人結婚生兩個孩子。當一個作家，寫了五十多本書。當一個文學主編，編輯近一千種書。去過西藏旅行，遊覽冰川、寺廟和布達拉宮；也和攝影師朋友林榮錄，瘋狂地追逐台灣本島及離島的燈塔之美，完成了一生中最特別的旅行書《日光城市•雪之領域》和《台灣離島燈塔》。還在不停地寫作中，不時練功，鍛鍊瑜伽體位法，做手工肥皂，以禪卡為人解開心之枷鎖。

1 到巴里島看一整天的日出日落，享受SPA，對著海洋練功。

2 爬一次玉山到山頂大喊：台灣，我愛你！

3 自己一個人去一個異地旅行。

4 搭吉普車從青海西寧出發到西藏拉薩。

5 到九寨溝觀察海子的變化。

6 在黃山靜坐一個月。

7 走一趟玄奘的絲路西遊記。

8 到巴黎吃法國料理、威尼斯喝咖啡，看巴黎聖心堂和乘坐平底船遊水城。

9 重新發現台灣的美好價值。

10 當一個身心靈導師，練氣功、瑜伽直到變成一個老太婆。

11 靜坐可以超過一小時，就算不做任何事，也不會心不安。

12 在每一片刻完全投入，呼吸再呼吸，與整體合一。

13 對生命達到無境之境，體會到「一種平懷」的精髓。

14 做一項適合自己的手工藝術。比如：手工肥皂或者畫畫。

15 還能擁有寫作的樂趣，以當一個終身文字工作者為傲，證明就算當作家的夢想已經完成，但還是能夠繼續發現它所賦予的人生價值。

16 愈來愈有愛人的能力，每一個人在我眼中都是純美和善。

17 陪伴父母終老安詳過世。

18 尋找到有趣的第二志業。

19 寬容一切。

20 成為家人和朋友的精神港灣。

21 帶給每一位教導過的學生，對內在的發掘。

22 每一天都在跳舞，就算不開心也可以慶祝。

23 擁有活著的熱情。

24 裸泳。

25 與地心引力抗衡，年老時乳房還不會下垂、屁股也不會變成正方形。

26 七十歲時看起來還是十七歲的純潔女孩。

27 學會心電感應，和人可以不用言語和文字交流，只要看一眼就能明白心意。

28 知道我死去祖母的去向。

29 學會一種樂器，打鼓或者彈鋼琴。

30 當一個富豪做公益，捐款把被污染的河流恢復清澈，投資台灣觀光事業，宣揚族群融合理念。

31 一直到死的那一刻都充滿微笑。

32 陪孩子們一起成長，和丈夫一起變成歐吉桑、歐巴桑。

33 出門以騎腳踏車代步。

34 吃素。

35 決定我究竟要死去哪裡。

36 體重一直維持五十二到五十四公斤。

37 和王麗明一起演一齣舞台劇。

38 把自己的原著小說《尋找星星小鎮》拍成一部賣座電影。

39 騎摩托車環島台灣一周，但是過程不要寫在部落格上。

40 開一家咖啡書店，賣咖啡和出租文學書，閒閒沒事時，兼以禪卡算命。

41 找到我的師父。
42 開墾一座薰衣草或者波斯菊花園。
43 再加蓋一座農莊。
44 還可以養五十匹馬，造騎馬場。
45 每天練功，練到與萬物合一的境界。
46 當上暢銷書作家，以版稅養老。
47 成立一個基金會，為老人送愛心便當。
48 當總統的媽。
49 到西藏大學念一年藏語。
50 坐火車旅行全日本，吃遍各站的鐵路便當。
51 每天讀英語一小時。
52 每天走路一小時。
53 每天到海邊或山上散步。
54 接受媽媽是一個水仙花公主，願意耐心服侍她。
55 做一個好女兒、好媳婦、好太太、好婆婆、好奶奶。
56 以黃金傳說的刻苦方式，在東京待一個月，學習日語。
57 重讀大學一次，改念空間設計系。
58 主持廣播節目，播放感性的音樂，講動人的故事，並加尋人啟事。
59 寫一本心靈朝聖的書。
60 養一隻貴賓狗，訓練好大小便，還會聽話。
61 搞懂股票究竟是怎麼一回事。
62 珍惜友誼，每個月固定和朋友聚餐。
63 珍惜家人，每週固定和家人聚餐。
64 每年固定捐款幫助貧困的人。
65 日行一善。
66 插花，別忘了！繼續學插花。
67 效法種樹的男人，一年種一棵樹。
68 參加元旦升旗典禮。
69 愈老愈開朗。
70 活到老學到老。
71 每天大笑一次。
72 緩慢。
73 看完書架上所有的書，再全部捐贈給圖書館。
74 死前向每一位朋友道別，包括互看對方不爽的。

75 重返每一個母校，在操場跑三圈。

76 弄清楚羅馬拼音和ㄅㄆㄇㄈ的聯結。

77 主持一場婚禮，致詞三十分鐘。

78 花四年時間，行腳中國大江南北。

79 印度朝聖，練瑜伽。

80 認養熊貓。

81 超越時間的限制。

82 泡遍全世界所有的溫泉。

83 高空彈跳。

84 潛水，但是不要失蹤。

85 參加鐵人三項。

86 滑翔跳傘。

87 不需趕著把事情做完。

88 到杜拜帆船飯店度假，在頂樓打網球。

89 在南極沒有融化前，去那裡數企鵝。

90 想出一套解決地球暖化問題的方案。

91 三姊妹一起出國旅行，一定很精彩。少根筋又愛碎碎念的大姊、漫不經心又脾氣火爆的二姊，加上格格不入、和她們有代溝的小妹，真的很有意思。

92 到南京金陵飯店拍五十週年結婚紀念沙龍照。

93 在F1賽車場，為夢想當賽車手的老公，撞壞了別人的車而高喊加油。

94 目睹資本主義因為美國經濟衰退而瓦解，人類齊力創造全新的理想經濟架構，發現替代能源，並且大家不再盲目追逐金錢。

95 保持觀察，放下批判，看見事情背後更高的目的和意義。

96 預知死亡之日，寧靜以對。

97 向每一位愛過我的人致謝。

98 不幸因為生病而要住院，也要在醫院聽古典音樂、喝咖啡、練氣功、讀最喜歡的小說。

99 親自舉辦一場臨終告別同學會，所有的節目及流程均一手規劃。

7

尋找失落的童心

熱愛大自然的人因為內外感覺協調一致，
即使進入成年後，依然保持童心。

~羅夫・W・愛默森（美國哲學家）

知名的鋼琴家伊格納西・帕德雷夫斯基有一回在美國某個音樂廳做表演，那場表演相當隆重，觀眾幾乎都穿著正式禮服出席欣賞音樂，觀眾裡有個母親帶著自己的小兒子出席，這個男孩才九歲，母親帶他到此地，不過是想培養孩子對音樂的興趣，但小男孩被正式的禮服束縛得很不舒服，又不耐煩正襟危坐在座位裡聽音樂。

當帕德雷夫斯基尚未登場時，男孩便蠢蠢欲動想起來活動了，剛開始時母親還會看著他，不讓他到處亂跑，但百密總有一疏，當母親轉頭與朋友交談時，這孩子再也忍不住，一溜煙就走到被聚光燈照耀的舞台上，他才剛學鋼琴，所以舞台上那座漂亮的演奏專用鋼琴很是醒目，他看了好一會兒，在台下觀眾還來不及注意時，就把自己顫抖的小手擱在鋼琴上，開始彈起〈筷子圓舞曲〉來。

此時觀眾突然聽到一陣牛澀的鋼琴聲，一抬頭，卻發現鋼琴前端端正正坐著一個孩子，笨拙地彈奏著自己才剛學會沒多久的樂曲，登時全場譁然，台下開始有了不滿的聲音：

「誰的孩子那麼沒家教！」

「快叫那孩子下來！」

「他媽媽在哪裡？」

正在後台準備的大師聽到外面一片鼓譟，得知前台發生了什麼事後，便立刻穿上燕尾服，從幕後走出，不發一語地站在男孩背後，並且伸出雙手，即興地開始與男孩四手聯彈起〈筷子圓舞曲〉來，兩人一起彈奏鋼琴時，男孩眼睛看了看帕德雷夫斯基，大師卻在他耳邊低聲說道：

「繼續彈，別停下來，千萬別停下來……」

看過聖修伯里的《小王子》，一定都會對書裡飛行員小時候的第一張畫印象深刻。小飛行員畫的是一隻大蟒蛇的肚子裡吞了一隻大象，他把畫拿給大人看，並且問大人會不會覺得這幅畫毛骨悚然，沒想到大人卻對他說：「這有什麼好怕的，有誰會因為看到一幅帽子畫而毛骨悚然的。」很顯然大人完全無法看懂小飛行員畫的是什麼，一直到長大後，他成為正式飛行員，在一次因為飛機故障迫降在撒哈拉沙漠的飛行中，遇到從B612號星球來的小王子，並且成為首位知道他畫的是肚子裡吞了大象的大蟒蛇的人。

大人都是這樣，就像聖修伯里在一開始所說的，「所有的大人都曾經是個小孩子，但是卻很少有大人記得這個事實。」

所以我們常看到父母管教孩子時，限制這個限制那個，「不行，那個危險」「怎麼沒考一百分」

「現在最重要的是用功念書」「當畫家要作什麼？」「現在最熱門的科系是資訊」「一定要考上第一志願否則就重考」……

仔細想一想，一定覺得這些話如此似曾相識，不就是當年你父母管教你嘮叨的這些話，那時心裡一定還暗暗覺得父母怎麼一點都不瞭解你想要的是什麼，以後你一定不會是這樣的父母，言猶在耳的這些話，如今卻再度成為你管教小孩的說辭。

沒錯，現實的確如此，大人也是迫於無奈，但社會已經如此現實了，讓它變得更有趣點不是生活更愉快嗎？現在讓我們來畫個葫蘆，當大人問起的時候，你說那是葫蘆，但只有你自己知道，那是老闆被你裝在葫蘆裡扭曲變形的長馬臉。

8

保持快樂的心情

活著的時候一定要快樂，
因為死了以後的時間很長。

~大衛・奧格威（廣告大師）

笑雖然是健康良方，但住在印度孟買的人們可能覺得這是件得時時提醒、大家才會記得要做的重要事務，因為單單孟買一地，就有三百個推廣「笑」的社團，極盛時數目甚至達到五百個之多。為什麼印度人特別在乎「笑」這件事的價值？

這些社團的成員說，因為古印度典籍裡記載的「笑聲瑜珈」，認為笑的動作會牽動面部許多肌肉，因此能夠幫助血液循環通暢，並強化韌帶組織。

笑聲可以紓解壓力是眾所周知的常識，但是不是真能夠治療疾病？

在世界各地逐漸有類似研究報告指出，笑聲的確可以作為包括心律不整等毛病的特效藥，也能夠帶動人體免疫系統的活化，雖然在古來就提倡「笑」有益健康的印度，剛開始時，只不過是一種集會結社的藉口而已，目前卻已成為大多數人認同的無價療方。

心理學有個有趣的調查指出：孩子生氣持續的時間，平均約三分鐘；而大人生氣則會記得三十天。

根據董氏基金會的一項調查，台灣多達一成半的人是天天生氣一族，而六成以上的人平均每周生氣一次。

這結果顯示一半以上的人，每個體拜都有一次心情不舒坦的時候，此種心理狀態不只影響個人的身心健康，也影響了我們的生活品質。而現代醫學證實，生氣動怒對人體健康可是百害而無一益。

曹操〈短歌行〉中：「譬如朝露，去日苦多。」

人生已經宛如朝露苦短，為什麼我們還要不快樂？

天天憂悶不樂就能解決問題嗎？

終日以淚洗面，日子就會變得更美好嗎？

相反的，時常生氣的人，不僅覺得生活痛苦，還會覺得時間漫長難熬。而快樂的人，心情輕鬆，腳步輕盈，日子根本不夠用。

研究情緒的心理學家發現，情緒不只是大腦中的活動，事實上，身體的每個細胞都會接收及傳送情緒，也就是說，情緒也記憶在肌肉裡。

所以當我們牽動臉部及身體的肌肉，表演出各種不同的情緒狀態的時候，也同時將訊號傳回大腦，進而誘發出真實的情緒感覺。所以，我們不僅能因為感到開心而大笑，也能藉著大笑而感到開心。

這裡告訴大家，情緒是可以靠著外在練習的。

當你覺得痛苦的時候，強迫自己笑，強迫自己做快樂的表情、動作，你的身體會生出快樂給你。

如果發現效果不彰，嗯，那可能是你演技不佳，不夠裝模作樣。你需要更投入，將這情緒化入自我才是。

多笑笑，你會發現，人世間的許多事，靠著我們的微笑，都可以面對。

（摘自《天天天禪》，謝怡慧）

9 幽默看待人生

如果你為別人做了一件好事，你同時也治癒了自己，
因為歡樂是一劑精神良方，能超越一切障礙。

~艾德・蘇利文（美國綜藝節目主持人）

默片巨星卓別林有次在街上遭搶匪持槍搶劫，卓別林知道自己赤手空拳難以抗敵，便不做無謂的抗爭，乖乖將錢包雙手奉上。

但他對搶匪說：「不過現在有個問題，你搶的這錢不是我的，而是老闆的，假使你現在就這樣拿走的話，他一定會以為我私吞公款。可不可以在我帽子上補兩槍，這樣才好帶回去，證明我是無辜的。」搶匪想，既然搶來這麼多錢，也就不在乎補上兩槍，於是他照做了。

未料他補上兩槍後，卓別林竟然又提出要求：「這位大哥，我老闆那個人很多疑，可不可以麻煩你在衣服和褲子上各補幾槍，這樣他才會真的相信。」

結果這個頭腦簡單的搶匪彷彿被卓別林催眠一般，竟然通通照做，這下子他手槍裡的子彈全射光了，卓別林就一拳打昏了搶匪，把自己的錢包笑嘻嘻地拿走了。

據說英國社交界有個艾斯特夫人，此女非常討厭溫斯頓•邱吉爾，有一天她對邱吉爾說：「溫斯頓，如果你是我丈夫，我就把砒霜放進你茶裡。」

只見邱吉爾不疾不緩地答道：「夫人，如果你是我的妻子，我就把那杯茶喝了！」

美國前總統雷根，日前因病逝世，世人對他懷念最深的是他的幽默。最有名的就是雷根遇刺時，當醫生緊張的要趕快急救時，他卻發揮了高度的幽默感，對著醫生們說：「先等等，我得先確認你們是不是共和黨員。」不但解除了緊張的氣氛，也讓擔心他安危的人鬆了一口氣。由於幽默感，讓他比其他總統擁有更多的政治智慧去處理敏感的政治議題，也因此連任了兩屆美國總統，可見美國人民對他的愛戴。

幽默感的好處自然不用再多說，最直接的是可以潤滑人際之間的緊張關係，讓自己更易於與人溝通，甚至可以化解危機。只不過，幽默不是人人都有，明明很想幽默，卻往往落得讓人不寒而慄的下場，甚至冷到讓朋友奔相走告，紛紛走避。

其實幽默感是一種人生態度，一個人能隨時隨地放鬆心情，遇到事情不要從情緒開始，而是從接受著手，自然而然讓自己以不一樣的心情去面對人生，心寬了自然幽默。

10 找尋生命中的導師

教師的影響是永恆的，
無法估計他的影響會有多深遠。

～赫伯特・B・亞當斯（美國史學泰斗）

電影《春風化雨》是描述發生在英國小鎮一所傳統中學的故事。基廷先生回到母校威靈頓中學教授英國文學。他是一個充滿教學熱誠，對生命懷有夢想的老師，不但以自由而富創造力的教學方式開拓學生的生命視野，也教導學生認識詩歌，認識文學。

基廷先生的口頭禪是「把握今日，創造自己的人生。」這段話激起許多學生對自己的盼望。他讓學生站在講台上，以不同的角度觀察世界；帶學生到中庭步行，學習如何不跟隨別人的腳步，找到屬於自己的步伐。基廷先生的到來，帶給這所具有所謂優良傳統、高升學率以及嚴格紀律的古老學校一個巨大的衝擊。

一群年輕的學生建立了「古詩人社」，他們在山洞裡讀詩、論事、發表創作；其中一位名叫尼爾的孩子，在父親的要求下進入威靈頓中學，目標是當一名醫師，不過，他對戲劇的熱愛卻讓父親震怒，尼爾在痛苦之餘選擇舉槍自盡，結束自己十七歲的年輕生命。

尼爾的自殺震驚了整個學校，校方要找出唆使者負責。於是，基廷先生成了眾矢之的，「古詩人社」遭到調查，孩子們被迫簽字，將矛頭指向基廷先生，要他為此事負責，於是，基廷黯然離開了學校。

在基廷離開教室那一刻，學生們站上課桌，說「Oh！Captain！Oh！Captain！」向帶領他們航向生命之旅的精神導師，致上最崇高的敬意。

（摘自《孟子名言的智慧》，江佩珍）

「經師易得，人師難求。」流傳下來的經典通常是有智慧的，但並不會因為看過就真正內化成為你的智慧，即使是經典也需要反覆咀嚼，才能真正的深刻理解。而我們也常聽說身教大於言教，影響小孩人格最多的是家庭教育，尤其父母的以身作則最能形塑人格成長。不過，我們通常要求別人寬待自己，以致於常常聽到父母互相指責對方說，小孩這樣都是跟你學的。

大學時教授有一次在上課中提到，真正崇拜一個人要去跟他生活，行住坐臥之間能讓你沒有疑慮的，才是真正值得崇拜的人。當時年紀小，總覺得誰有可能有這種機會跟偶像一起生活，出了社會以後，才真正瞭解到教授說的「一起生活」其實就是耳濡目染，而那樣的影響真是在不自覺中形成的。

我因為工作的關係，跟一位同事相處過很長一段時間，剛開始覺得這位同事樂觀開朗，很能自得其樂，為人十分有趣，常常還會說笑話給我聽。一直以來我是那種話不多安靜的人，平常生活也很少能自得其樂，更別說樂觀了，但天天跟她共事後，發覺自己真的被她影響了，不但看電視開始會自己笑得花枝亂顫，即使一個人看棒球時也很能進入狀況像瘋子一樣，四年的相處，讓我發現自己受她影響很深，不但現在很能自己找樂子，而且看事情都覺得新鮮有趣，唯獨說笑話這項尚待磨練。

詩人周夢蝶說：「人格即風格」，如果生命中有一種美好的境地，我相信那會是精神上感受到美好對待的時刻。

11 挑戰自己的極限

如果你沒翻過車，
那是因為你開得還不夠快。

~賽車界名言

一九七〇年，當我獨自一人登上五大洲高峰中的最後一座——北美的麥金利峰（編註：標高六一九五公尺，北美洲最高峰）時，不知何故腦海中閃現出一個新的念頭：乘狗拉雪橇穿越北極。

當我決定去北極以後，首先打開地圖尋找通過極點的最短路線，瞭解到最短的距離也有三千公里。為了考驗自己的耐力，我決定從日本最南端的鹿兒島出發，沿著鐵路沿線步行到最北端的稚內，整個路程大約有三千公里。我估計了一下，按每天步行六十公里，大約需要五十二天時間。

為了不致因自己意志薄弱半途而廢，行前我特地發了新聞稿，宣佈自己要首創步行縱貫日本大陸的紀錄。聲明發表後，吸引了不少報紙和電視台記者隨行採訪。開始步行的第一天，我的情緒高昂，早上六點從住地出發，一口氣走了三十公里，休息一會兒又步行了四十三公里。當天晚上投宿於一戶農家，一進門後連浴室都去不了，腳上佈滿了血泡。待到第二天早上連腰都直不起來。正當我想休息一天再說時，等在院子外的新聞記者卻七嘴八舌地嚷開了，讓我不得不勉強走出來，即使豁出去也要走。結果這一天只走了五公里。第三天我又咬著牙走了七公里……待渡過日本海峽進入本州後，每日步行距離已保持在六十公里以上了。

這次步行恰值酷暑，我在途中看到人們坐著汽車去避暑時，也曾經動搖過，或不止一次地自問：「為什麼一個人要在這樣的烈日下自找苦吃呢？」特別是當我走到海邊時，看到人們在秀麗的海灘上漫步，一對對情侶耳鬢廝磨，傍晚時，在海濱的豪華飯店門前，五光十色的霓虹燈不停地閃爍著，更增添了一層讓人流連忘返的氣氛。儘管如此，我還是堅持向目的地挺進。到達稚內時，我已經不覺得完成紀錄有多高興了，唯一值得慰藉的是，我終於拋掉了壓在自己心頭的沉重精神負荷。

（植村直己，日本著名登山家，一九八四年冬季於攀登麥金利峰途中失蹤，推定遭山難身亡）

前一陣子，新聞報導前美國總統老布希在八十歲生日那天，以跳傘來慶祝自己的生日。消息公佈後有媒體訪問他為什麼要這麼做，他說：「因為跳傘的感覺好極了。而且，八十歲並不意味一個人的冒險生涯就此結束。我要告訴大家，進入耄耋之年並不是人生的障礙。」在老布希跳傘後隔幾天的新聞報導，又看到一個九十幾歲的美國老太太也跑去跳傘。

你敢跳傘嗎？你敢坐雲霄飛車或高空彈跳嗎？或許你會說，醫生說我有高血壓心臟病，所以不能做這種刺激的運動。問題是——，你還沒老沒病時，敢不敢做呢？撇開這種刺激性運動不說，你敢一個人去非洲旅行？敢在捷運跟讓你心動的女生說話？或是敢不顧一切作想作的事嗎？你知道自己的極限在哪裡嗎？

人活得好好的，為什麼要去挑戰極限，自找苦吃呢？

我的朋友說她三十歲的時候對自己的一事無成跟現在面臨三十歲的我一樣茫然，於是她決定要努力減肥，當她因為決心與毅力而減肥成功後，覺得自己從此以後有一種什麼都可以完成的自信。因為中風過世的企業家溫世仁，小時候很胖，他的大學同學說入學體檢時要拉單槓，溫噸位大卻不肯放棄，拼了命地想拉上去，讓他剛開學時就對這位新同學印象深刻。而對溫有點認識的人也都知道，他不吃晚餐維持體重行之多年的毅力也同樣驚人；我們看他的成功，便不難發現他克服自身障礙的努力，早已成就在他挑戰自己的體能極限上。

一個人最大的敵人是自己，最大的恐懼也是自己，如果連自己都能克服，那還有什麼事是困難的呢？挑戰極限並不難，只要跟老天借個膽，然後努力堅持下去就夠了。

12

改掉不好的習慣

人喜歡習慣，
因為製造它的就是自己。

~喬治・蕭伯納（愛爾蘭劇作家）

印度和泰國的馴象人，在大象還小時，就用一條鐵鍊把它綁在水泥柱或鋼柱上，不管小象怎麼掙扎都無法掙脫，於是小象漸漸習慣了不掙扎，當牠可以輕鬆掙脫鍊子時，就再也沒有想掙脫束縛的慾望了。

馴虎人則讓老虎從小就吃素，這個不知肉味的老虎，自然也就不會傷人，但馴虎人卻在一次摔跤後，讓老虎舔了他留在地上的血，嚐過血腥味道的老虎，終於激起血液中肉食的本性，把馴虎人給吃了。

小象被鐵鍊束縛，大象則是被習慣束縛。

老虎曾經習慣素食的束縛，馴虎人則死於習慣自己的老虎不會吃人這件事。雖說習慣可以束縛住一切，卻無法管束偶然的發生，就像偶然之下嚐了鮮血滋味的老虎撲到身上那一刻。

習慣絕對是人惰性的來源，我們常常因為習慣而偷懶，因為太習慣而疏忽原來的警戒，因為太習慣而覺得不需再用心，因為太習慣而——習慣。

漫畫《天才柳澤教授》描述一位任教經濟學的教授，是一個擁有規律作息的人，每天只要一到晚上十點，不論何時何地，比櫻桃小丸子的晚安三秒就睡著還厲害，不管是站著或行進間都能馬上睡，這種功力當然不是一朝一夕養成的，而是多年累積「晚上十點上床睡覺」的「好」習慣。平時這個習慣倒還好，要是遇到晚宴或是晚上的約會，柳澤教授就麻煩了，除了必須提早離開之外，還得算好交通時間，如果時間一到，柳澤會呼呼大睡，坐到哪裡他完全不知，再醒來一定是隔天早上了。

所以說，不論是好習慣還是壞習慣，都相對使你自己有所限制，好的習慣雖然可以繼續保持，但偶爾改變一下習慣，或許會讓你發現不同的世界，壞的習慣就更不用說了，除了使你自己身陷其中，還可能讓身邊的人也同感痛苦。

改變，並沒有那麼難，先從小地方開始，或許幾米的繪本《向左走向右走》就會變成你的美好結局了。

13 懂得謙遜

智慧是寶石，
如果用謙虛鑲邊會更加燦爛奪目。

~馬克辛・高爾基（俄國作家）

蕭伯納自蘇聯訪問返國，朋友想知道這個妙人在蘇聯碰到什麼有趣的事情，因此大家都跑到他家裡來，簡直是高朋滿座。

但蕭伯納除了談自己此行的心得外，還說了另一個故事：「蘇聯那裡有個小女孩聰明得不得了，有天我在街頭碰到她，因為這女孩又活潑又伶俐，我實在滿喜歡她的，就跟她多玩了一下，臨別時我跟她說：『你回去告訴媽媽，你今天跟世界聞名的蕭伯納玩。』」蕭伯納看看朋友問道：「你們猜那女孩會怎麼說？」

朋友們什麼意見都出來了，有人說小女孩一定會覺得很榮幸，然後感謝到底，還有人說，能跟大劇作家玩，真是八輩子修來的福喔！

「哈哈哈，你們都猜錯了。」蕭伯納說。「大概是我太傲慢了，那小女孩竟然學我的口吻，對我說：『你回去告訴你媽媽，說今天跟你玩的就是蘇聯姑娘某某。』」

結果在場的朋友先驚訝地「啊」了一聲，頓時大家哄堂大笑了起來。「不論有多大成就，都應該平等看待所有人，得時時保持謙遜哪！」蕭伯納感慨地說，「這就是那女孩給我的教訓。我這一輩子都不會忘記她。」

達賴喇嘛兩歲時，就被認證為十三世達賴喇嘛轉世，成為達賴第十四世。十四歲時，有一天攝政上完課後嚴厲地責罵他：「就算你的證量如天神一般，你的行為也必須順應人類。」

造成收視熱潮的韓劇《大長今》主角長今經過一番波折後，從宮女變成醫女，醫女受訓期間，必須經過醫官的考試通過才能拿到醫簿成為正式醫女，但只要醫官在受訓期間給她三個叉，就必須退訓，連醫女都當不成。長今因為聰明又努力，一直都表現良好，但在第一節課的時候，就被醫官老師打了一個叉，原因是她還不是醫女卻幫人治病，老師認為她自視太高，所以給她一個叉；另一次考試是要分辨各種藥的特性，區分藥材，長今很容易就區分了藥材特性，寫完交卷，但這一次，長今還是得到一個叉，原因是每一種藥都不能絕對地區分，而是要依各個病患的狀況去調整。長今原先無法理解為何老師會給她叉，去找老師後，才真正瞭解，老師是要她知道，聰明努力並不是當醫者的條件，醫者最重要的是仁心，是要虛心細微去觀察，而不是傲慢地憑著聰明才智而忽略了病患的症狀，更不能自恃自己的醫術高明，而草菅人命。

人常常因為名氣或是被人吹捧忘了自己是誰，即使證量如天神一般的達賴喇嘛，都被要求行為必須順應人類，更何況是一般人呢？「滿招損，謙受益」，懂得謙遜的人才是真正有實力的人。

莊崧冽

（外號莊仔，自詡為無敵鐵金剛又或帥哥莊）……死前要做的99件事

男，39歲，AB型，處女座，台灣雲林人。大學時負笈北京電影學院求學，畢業後娶一賢妻，滯留北京，以開咖啡館自居，閒暇時旅行，寫博客，打網球運動。熱愛咖啡，熱愛生活！

1 能世界各地旅遊了個遍，體會各種生活方式。

2 拍出幾部系列電影叫人開心，叫人哭，叫人感動。

3 寫出幾部小説，讓人浸潤其中不可自拔。

4 作夢，作好多夢。夢裡每個人都有另一個世界，跟現實生活中的完全不一樣。

5 去非洲生活幾年，多吸幾年非洲的空氣和味道，多曬點非洲的陽光。

6 讓老婆替我生兩個娃，如果生不出來就去領養兩個娃，扶養他們長大。

7 把咖啡館開到全世界各地去，這樣就能藉機瞭解該地的民生和環境。

8 讓父母能到乾淨而優雅的地方療養，每天海水沙灘綠樹和陽光的。

9 能讓亞洲的北部地區森林覆蓋，風砂不再。

10 鍛鍊身體至少像麥特戴蒙一點。

11 想當FBI特工，要不然當瀟灑○○七也好。去搞一些神神經經的事，並且有美女陪伴，豪華汽車伺候。

12 想要像電影《回到未來》裡的馬蒂一樣，乘坐時光飛車回到父母那個年代，不小心回到唐朝也不錯啦。

13 去京都住上一年。每天穿著和服去泡澡。

14 瘋狂的做愛做上一個禮拜，中間都不停，以彌補我那壓抑的童年和青少年。

15 把虎尾小鎮改善成宜居的城市，綠樹環繞、河流清澈的休閒文化小鎮！

16 建立一座銀行體系，可以隨時取錢、花錢、存錢！

17 建立一間連鎖休閒度假公寓旅店，可以隨時睡覺、上網、洗澡、運動。像家一樣！

18 開一座牧場，養牛，養羊，養馬，養狗，養貓，養鴿子。

19 開一家裡頭有籃球、網球、壁球、游泳館、桑拿房、羽毛球、健身房、舞蹈室，還賣體育用品的運動城！

20 開一家理髮店，裡頭有最老的理髮桌和最老的理髮師父。一切以最古老的手工藝理頭髮，刮鬍子、掏耳朵、修指甲等等。

21 開一座貓咪博物館給老婆！

22 註冊一個國際國家，沒有任何邊界，讓人們可以隨時來，隨時走，不用護照！！

23 到美國東北角住上一年！

24 到好萊塢拍戲去！

25 去巴黎待上一年！

26 睡覺時作夢做一整天都沒人管，也沒有電話打攪我的美夢。

27 打幾場網球比賽，拿到冠軍！或是打贏我的教練林哲生，呵呵！

28 出版一本雜誌，關於生活裡種種奇想和創意，拿廣告居然也沒問題。

29 開一家廣告公司，給人諮詢策劃方面的幫助，幫助別人創造品牌和理解品牌！

30 瘋狂的躺在海邊曬太陽和游泳一整個月，直至皮膚被曬成古銅色為止，帥帥！

31 學習做更多的菜和創造更多的菜，比料理鼠王還要厲害。呵呵！

32 在目前的公司培養更多人才做更好的事，更美的事，更快樂和和善的事！

33 製作和拍攝幾部情境喜劇，有家庭劇如《天才老爹》或是《六人行》之類的電視劇！

34 成立一所學院，教授藝術、生活和創造、美感和夢想。

35 開家可愛的舊書店，人們來挑書來賣書來交換書順便來喝杯咖啡。

36 在北京郊區搞一套農民的農舍，每每週五六日來度個假，邀朋友來小住！

37 學習跳一種舞，探戈或佛朗明哥舞都好！

38 在中國投資度假式的酒店醫院，讓病人更有尊嚴！

39 學會開空中客車A380式飛機和TOM CAT熊貓戰鬥機！

40 擁有一輛老路虎或老奔馳越野那種類型的吉普車，但裡頭的設備最好還是能先進點又環保點啦！

41 幫沒有娶老婆的或是沒嫁人的或是沒遇到好對象的找到另一半。

42 在法國南部住上一年。

43 學會在最忙的時候不是那麼忙，在最不忙的時候也能讓生活讓心境從容不迫！

44 進一步瞭解自己，否定自己，更新自己，創造自己。

45 讓老婆活得像公主似的。

46 讓做環保和社區營造的朋友能夠做出成績來並使他們理想得到實現！

47 讓北京城多出好多街角公園和森林公園或溼地公園，而不是搞成遊樂場、停車場或人類住的房子，應該多給其他物種多一點生存空間，也給人多點空間呼吸新鮮空氣。

48 成立一個雕刻時光基金會，鼓勵環境保育，藝術創造和人本藝文教育等！

49 打好網球後，再學會打好壁球！這回不知道該挑戰誰。

50 買下一個三百平方米左右的四合院當工作室，爽！

51 希望公司所在的青雲廠房一輩子都不要拆掉！因為這裡的辦公環境真的讓人羨慕和興奮。

52 坐北京出發的洲際火車經西伯利亞大森林到莫

斯科到聖彼得堡的路線。拜訪一下柴可夫斯基和杜斯妥也夫斯基的故鄉！

53 另外一條路線，是沿著馬可波羅東遊記的路線，從義大利沿著絲綢之路到達中國。元大都北京這條路線的旅行，一路上都是駱駝和馬陪伴！

54 讓更多的年輕人夢想成真，所以想開發出一個圓夢公司，不管任何疑難雜症，都可以幫忙解決。像馮小剛電影《甲方乙方》裡嘻皮笑臉不動聲色那種感覺。

55 在紐西蘭山谷跳一回高空彈跳！

56 徹底享受一趟日本的溫泉之旅，加上新鮮至極的食材野菜和鮮魚混搭有機大米。感人至深！

57 徹底享受一趟泰國SPA之旅，把自己按成一個泥人了還不死心。

58 擁有一輛多功能車能爬山和逛沙灘，還能在公路上跑。居然還省油。所有的便宜都讓我給佔了！（最好是福斯有出這款車，呵呵，Tourang的改良版，其實HONDA的ELEMENT也不錯啦…呵呵）

59 願懷著仇恨的人理解仇恨的來源，並且消解仇恨。願有害人之心的人理解害人之由，轉害為助。

60 想再去印度一回，這一次走西線，到孟買和印度南部去。

61 製作一個超級網站，其實一點也不超級啦，只是讓人們能在上面找到自己想要找到的東西，做自己想要做的事！其實好像是類似SPACE或FACEBOOK這樣的產品，但是他們好像也快過時了。怎麼辦呢？網絡實在更新太快啦。緊張死（屎）了！！

62 開家舒適的好旅館，有家庭的氣氛又有大飯店的高檔氣質，設計感很足，但不讓人家察覺出設計，服務很周到但不讓人家察覺到服務，空氣很清新但不讓人感覺到空氣為什麼那麼清新。就是那種一切盡在不言中的感覺啦！！

63 希望北京或中國等的城市裡頭能給自行車多一點推廣，多一點空間，多鼓勵一點！免得愈來愈被汽車所霸佔和污染。這樣不是比較環保嘛且又不堵車。

64 農舍裡建上一座壁球館和網球館。可以隨時預定，朋友可以隨時來玩。

65 搞一輛HONDA或YAMAHA的五百CC重型摩托車，沒事騎車環島一圈或從北京騎到西藏去！

66 搞輛老敞篷車從美國西海岸開到紐約！

67 能不再戴眼鏡！

68 搞一座爽快雅致的健身房，裡頭不像傳統健身房或像加州健身那樣標榜著肌肉和輕佻，而是有點帶著文化氣的健身房，像是回到了上個世紀初的那種令人愉快的氣質！

69 地球不再暴熱暴冷或沙暴甚至人暴！可憐的地球呀！

70 蓋座電影院，可以隨時看老膠片電影，《公寓春光》《第凡內早餐》《遠離非洲》《與狼共舞》《回到未來》，多棒！！將來老膠片肯定要淘汰的，趕快去撿。呵呵！！

71 死前的九十九個願望太多了，希望能少掉幾個願望。以集中精力「攻」那幾個大願望。

72 把公司搞成像GOOGLE那樣的創意公司，賣的不僅僅是咖啡，賣的都是好玩的東西。

73 再去新疆一趟，南疆北疆遊了個遍，邊界來回走一走！

74 學會品嘗各種產地，各種口味的紅酒，一嚐就知道什麼樣的紅酒！

75 去看次溫布頓網球比賽！讓整個人浸潤在墨綠色的世界裡。

76 寫的博客愈來愈好，好多人都喜歡得不得了。呵呵呵

77 來一趟美國成衣採購之旅，因為聽說那裡的各大品牌成衣便宜得要死，簡直是成衣的天堂。

78 穿上整套西服後，不再覺得彆扭反而覺得很帥。(好像挺難的吧？！)

79 來趟義大利的義大利麵之旅，吃遍各色各樣的義大利麵，吃個底朝天！

80 在天津搞個老洋樓建成創意旅館，管理好、乾

淨又雅致，肯定有人愛住！

81 創辦一個服裝品牌，生產類似POLO和GANT和GAP和UNIQLO之間的產品，但是。好像競爭太激烈了！品牌名稱叫做00，ZEROZERO。或叫做KEEP IN TOUCH，簡稱KIT！或是……

82 學會玩麻將，我實在一點都不會玩，好慘！

83 學會彈鋼琴，無奈我實在太笨。但至少彈個莫札特或貝多芬之類的應該沒什麼問題吧！

84 一起跟朋友演出話劇，最好是演沃伊采克或是實驗性話劇！

85 去以色列朝聖，看看耶穌誕生、受難之地和第三天從死中復活之地。

86 發明一款香水，名字叫做希望，噴了以後都會讓人有希望的麻醉之感。呵，那不是乙醚了嗎？

87 能到美國南方欣賞到正宗的爵士和布魯斯表演！

88 參加一次瑪丹娜的演唱會！

89 在劍橋修一份百無聊賴的課程，混搭歷史、殖民和行銷和品牌學的課程，並交流經驗！

90 剃光頭！

91 有生之年能上哈佛大學，並長駐紮在波士頓。

92 添加一個紋身，這次要在小腳上加上荊棘或龍！

93 在夏威夷學會衝浪！

94 開家漫畫店，收集到小時候看過的所有漫畫：小拳手、天才小釣手、三眼神童等等。

95 當一名小鎮鎮長，試圖用立體三百六十度思維治理環境，改善生態結構。

96 給媽媽一塊大土地，讓她舒舒服服大大方方的種她愛種的菜，不灑農藥的那一種！

97 爸爸的病趕緊好起來，不用再吃藥了！

98 趕緊讓老婆生個雙胞胎！

99 願世界和平。

學到些什麼

一個有尊嚴的人，當他被譴責「沒說真話」時，一定會覺得比聽到其他任何譴責還要嚴重。

~米歇·德·蒙田

14

虛心學習

無論在什麼時候，永遠不要以為自己已經知道了一切。不管人們把你們評價得多麼高，你們永遠要有勇氣對自己說：我是個毫無所知的人。

~伊凡．P．巴弗洛夫（俄國心理學大師）

很久很久以前，在寧靜的深山裡住著一老一少兩個仙人，老仙人得道已久，小仙人雖然期望修得正果，卻不認真，因此法力並不高明。

在多年修煉後，老仙人終於修得五種神通法術，於是老仙人便四處去探訪其他地方的仙人，並虛心求教，其他仙人除將自己修煉的心得與他分享，還讓他帶回許多美味佳餚。

小仙人看到老仙人過得逍遙又自在，實在羨慕，有一天便對老仙人說：「師父，請您收我當徒弟，我想向您學法術。」老仙人正色道：「我們學習法術，並不是為了自己的方便，而是要拿來造福人類之用，如果你只是想讓自己方便，可能會造成無法彌補的禍害。」

聽老仙人這麼說，小仙人也就不敢再多說什麼，但他發現老仙人雲遊四海，帶回更多好吃的東西時，就再度哀求老仙人：「師父，我一定會聽您的話，學會五種法力後，也不拿來做壞事。」

老仙人看小仙人言語誠懇，便答應要把自己畢生絕學傳授給他，小仙人費了九牛二虎之力，終於學到了自己夢寐以求的神通法力。

小仙人學會五種法力後，卻又耐不住深山寂寞，徒有法力而無法讓眾人欣羨，就算學了又有什麼用處呢？於是小仙人某天便偷偷下山進城，在滿是人潮的大街突然騰雲駕霧起來，結果街上的人們都圍過來觀看，對他的身手讚不絕口，小仙人自此便被掌聲所迷惑，常常私自下山表演自己的絕學。

但有天小仙人又在展示自己的神通法力時，老仙人突然出現了，他不高興地對小仙人說：「我不是跟你說過，別把法力用在這上面嗎？如果心術不正，可能會身敗名裂。」被指摘的小仙人並不覺得自己有什麼錯誤，反而開始說起老仙人的壞話，說老仙人只不過招搖撞騙，根本沒有真法力，這話傳到老仙人那邊，他只笑了笑沒說什麼。

沒過多久，小仙人在一次表演中，竟然失足從雲端上掉下來，把圍觀民眾惹得哄堂大笑，小仙人即使想再試試其他本事，也無法成功，因為此時，他原有的法力已經通通消失不見了。小仙人失去法力的消息很快就傳遍了大街小巷，悔不當初的小仙人無顏在城裡和山裡再待下去，只好自己偷偷溜走了。

由時間萃取出的權威人士，充滿自信而且謙虛，他們不同於張牙舞爪的狐假虎威。

有一個博士學問淵博，常常到處演講及講課，為了方便就請了一個司機。這個司機很好學，博士在講課他在下面聽。過了半年以後，有一天司機跟博士說：「你講的那套我都學會了！」博士大笑說：「我講的那些都是很專業的，你怎麼學得會？不然你說給我聽聽看！」司機就從頭到尾講了一遍給博士聽，講得很好。

博士心想，我從小念書念了二十幾年才念到博士，你開半年車就都學會了，心裡很不平衡，就說：「好！那改天你穿我的衣服上去講課，我穿你的衣服在下面當司機，這樣你敢不敢？」司機就說：「好呀，試試看。」

於是有一天司機就穿博士的衣服上去講課，從頭到尾講了一遍，講得很好，聽眾在台下一直鼓掌。有聽眾問了一個很深入的專業問題，博士心想：呵呵，這下子司機下不了台了。沒想到司機說：「你這個問題問得很好，很深入、很有水準，不過不用我回答，我叫我的司機回答你就好了。」

司機的言語中帶著威信，但也只能依樣畫葫蘆；沒有真正的知識，一旦問題深入核心，他可以控制場面，卻無法做一邏輯思考。人們要邁向權威絕非一蹴可及，往往是不斷地練習、不斷地失敗、不斷地挫折，才能累積足夠的能量與涵養。

有一塊鐵，看到同伴被作成一把刀時，經過高溫鍛燒，還要被師傅狠狠地槌打，輪到它進熔爐時，因為怕熱怕痛，就要求師傅不要用力打自己，於是師傅隨便打了幾下就放過它。但出廠後沒過多久，這把刀就因為全身生鏽被送回來了。

想要一步登天，或是只想走成功的捷徑，學個一招半式就去闖江湖，恐怕會被人恥笑不知天高地厚，最後還落得一身是傷。

（摘自《英雄寶鏡》，謝怡慧）

15

每天閱讀十五分鐘

每一本書是一級小階梯，我每爬上一級，就更脫離禽獸而上升到人類，更接近美好生活的觀念，更熱愛書籍。

～馬克辛・高爾基（俄國作家）

宋代的名臣趙普是個備受爭議的人物，在後周時代是趙匡胤的幕僚、陳橋兵變主要策劃者，也是「杯酒釋兵權」的建議者，他歷經宋太祖趙匡胤與宋太宗趙光義兩位皇帝，三次當上丞相，又三次罷相。

太祖逝世，太宗繼位時，趙普告訴宋太宗說：「臣有《論語》一部，以半部佐太祖定天下，以半部佐陛下致太平。」這便是俗語「半部論語治天下」的由來。

有人批評趙普聰明，可是沒讀過什麼書——只讀過《論語》；也有人說趙普協助宋帝「半部論語治天下」，說的是專攻一書的效果，專精，才是重要的。

不管如何，《論語》的確是中國儒家思想中很重要的一本書。趙普能夠歷經兩代，做一國宰相，絕非簡單人物，能將《論語》的原則方法靈活運用在政治上、軍事上、經濟上、國家事務上，更值得讓人深思他的決策模式。

拉丁人有一句有趣的諺語「小心只讀一本書的人」，倒是符合趙普的想法。書傳承人的思想本質，好書影響人深遠，就像沙漠中的甘泉；不好的書則會使人產生不好的念頭與不對的思考方式，所以選書很重要，要慎讀，才能提昇自己的性靈層次。

而閱讀也不該只是「看完」，如果你不能深究當中的深意，不能融會貫通，不懂運用，還是書呆一個。

閱讀好書，其中的樂趣如人飲水，冷暖自知，內容的旨趣與意境才是讀者追求的目標。每個人的生命歷程不一樣，所以心中認為最偉大的書一定不一樣。這本書或許很長，也或許很短；或許可以通篇背誦，也或許遺憾作者沒有再多寫一點；或許是人生簡單的道理，也或許每次閱讀都有不同的感觸。

（摘自《英雄寶鏡》，謝怡慧）

讀聖賢書，所學何事？原來是要變化心性。但變化心性有什麼差別？人還不是都好好的活著？從小到大，父母要我們念書，老師要我們念書，工作後老闆說要成長所以還是要念書，人活著一輩子，所為何來？古人不是說百無一用是書生嗎？

的確，念書本來就不是要用的，而是要像擦保養品那樣日積月累用久了才能變美，短時期不見得有成效，通常是人老珠黃一字排開比較下來才顯而易見，用保養品的跟沒用保養品的還是有些許差異，那些天生麗質聲稱自己從來不保養的美女，難道你真的相信嗎？沈從文說過：「凡美的都不是真實的。」由此可知天生麗質的美女說的都不太真實。

話題扯遠了，還是回到保養品，不——是閱讀，回到閱讀。現代人不買書看已經不是一天兩天的事了，出版界每年總有人在喊「文學已死」，喊了這麼多年，書照出，作家照寫，書店依然四散看書的人，愛書的人依舊興高采烈地抱書回家，什麼原因讓人如此樂此不疲？

當你打開書之前，你永遠不會知道書裡藏著什麼樣的世界，或許是一句話讓你即刻豁然開朗，或許是一個人物的故事讓你深刻同情，或許是觀點影響你的決定，又或許是陌生的世界啟發你的想像，或許就像胡適的詩所說「都是平常情感，都是平常言語，偶然碰著個詩人，變幻出多少新奇詩句！」

我們無法寄望現代人真的能透過閱讀來變化氣質，但每天閱讀十五分鐘，絕對能在每天忙碌茫然的生活裡，變化出一個新奇的世界。

16

重看自己最喜歡的一本書

好書不厭百回讀，
熟讀深思子自知。

~蘇軾（北宋文學家、書畫家）

一九二二年某天上午，義大利一個名叫賈比的年輕人，帶著一封介紹信來到羅馬的福奇康圖書館，想請館長幫忙找份工作，剛好館長有事外出，賈比便坐在閱覽室裡等待。他是個喜歡讀書的人，既然在圖書館裡等人，他便走到書架前挑一本書看。

他挑來挑去，最後挑中一本厚厚的《動物學》讀起來。這本書看似已出版多年，但又像從沒被人翻閱過。賈比沒多想什麼，只是一古腦看著，覺得書的內容深入淺出，頗有趣味。

當他看到最後時，已然夕陽西下，圖書館即將閉館休息，館長還沒回來，他卻翻閱完這本厚厚的書；但當他翻到倒數第二頁時，突然見到書頁空白處用鋼筆寫著一行字——

「本書作者致陌生的讀者：

到派拉茲法院取出L14675號檔案，它將使你獲得意想不到的幸運。」

賈比反覆思索，不知道作者是什麼意思，是要幫他打官司嗎？還是作者有所委託？但賈比還是帶著好奇，照作者所言去了派拉茲法院一趟。

法院人員問清楚之後，幫他調出存放多年的L14675號檔案，抽出內容一看，原來是作者的親筆信函，字跡與《動物學》上所留一模一樣。上面寫著：

「寫這本書耗費我畢生精力，出版後卻乏人問津，因此我把其他同版印刷的書全部銷毀，只留下這唯一一本，贈送給福奇康圖書館。為了答謝花費心思從頭到尾讀完本書的讀者，我要把我全部財產贈送給你，因為你是第一個從頭到尾讀完我著作的人。」

這真是意想不到的幸運，賈比和法院的工作人員看到文件內容都傻眼了，簡直無法相信眼前的事實。因為作者在檔案的另一張財產清單上註明，他的遺產總額有四百萬里拉。

問題是義大利法律規定，一定要有血親關係方能繼承遺產，賈比與該作者一點關係都沒有，眼看天外飛來的一筆意外之財瞬間又消逝了，賈比雖覺遺憾，但這個閱讀經驗實在太奇特，於是他返家後，告知了自己在圖書館遇到的這番奇遇。

未料母親沉吟半晌說道：「你說那作者叫什麼名字？」賈比照實說了。

「這一定是神明的安排！」母親激動的說。

賈比問母親何出此言。

母親才說，自己的父親，也就是賈比的外祖父早年離家，至死都未曾與家人聯繫，這個作者，即是賈比從未謀面的外祖父，而這四百萬里拉，可說是冥冥中自有安排的繼承。

台灣在二〇〇一年的出版品總量突破四萬種，到了二〇〇二年，儘管各界一直在喊不景氣，書市低迷，沒人買書，總出版量卻仍達到四萬二千八百八十八種。據估計，每個月約維持三千多種新書的出版量，使得書店的退書率從往年的三成提高到四成。除少數幾家出版社能藉由熱門暢銷書維持盤面之外，其他出版社沒有不哀鴻遍野的。

再回來看看讀者，根據文建會在二〇〇〇年做的圖書雜誌消費行為調查，有百分之二十六的人完全不看書，偶爾看書的僅佔百分之二十三，至於在半年內曾經買過書的人佔了百分之四十八，半年內從未買過書的則高達百分之五十一的比率。

出版面跟消費面的數據一比較下來，實在讓人覺得很吃驚，五個人中有一個人完全不看書，兩個人中就有一個人完全不買書，那麼每個月出版了三千多種新書，都是誰買，誰在讀呢？（想當然爾正是你！）

因為出版市場不均衡的發展，許多作者窮盡一生的著作，只能在滔滔書流中淹沒，另一方面因為市場考量，出版社只好盡量出版有賣相的書（但不一定是好書），沒賣相的好書因而受到擠壓，導致無法出版，最後讀者只好堆積很多從書店捧回來的書，卻沒時間看，根本也無從得知是不是買了好書！

閱讀在精不在多，好書的難能可貴，讓你感動而且融入精神當中，成為你思維的活動、行為的依據；在資訊焦慮的現代，或許我們都錯判了閱讀的本質，並非僅為得到資訊，而是藉由閱讀，讓我們在繁雜的焦慮中沉靜而動容，因為閱讀，使我們遇見自己而感動自己，你有多久沒感動了呢？不如，找一本曾經感動你的好書，再次感動，我相信，那一定又是另一次的相遇與感動。

17

注重自我形象

形象重於一切。

~安卓・阿格西（美國網球名將）

身高一定跟成就成正比嗎？

雖然歷屆美國總統選舉的確呈現出身高較高、長相較體面的候選人勝出機率較大，但老實說，許多著名的矮子，往往會為了補償自己身材矮小的遺憾，而激發出更多的潛力，也比一般身高的人付出更多努力。

包括名導演伍迪・艾倫和《魔戒》導演彼得・傑克遜、影星達斯汀・霍夫曼、艾爾・帕西諾、丹尼・迪維多、米高・福克斯等人，都是身高不滿一百七十公分的嬌小男性，他們的身高也許曾經成為自己在工作上的阻礙，卻並不妨礙我們喜歡或崇拜他，這又是為什麼呢？

加州大學醫學院臨床教授證實了，對於身材上的缺陷，大多數人的確會靠著其他方面的努力來做彌補，因此這些矮小的男性力圖成就高人一等，也並不足為奇，歷史上許多以身材矮小著稱的名人，例如拿破崙這個知名的矮子（雖然他請人畫的畫像多讓人誤以為他高大威武），就以出凡的野心突破自己身高上的限制。

他們會努力做出一些事情讓人不至於輕忽他的存在，例如達斯汀・霍夫曼的媽媽承認自己的兒子從小就很頑皮，會做出不少事讓其他同學分心，或許是因為他是全班最矮的孩子，但霍夫曼也同時指出自己青春期時遭遇到的困境：「我常想跟全班最高的女生約會，雖然她們總直接告訴我，甚至連跟我跳舞都不想。」

但比霍夫曼更矮的杜德利・摩爾，就從來不會受限於自己的身高，他每次交往的對象都比自己高很多，甚至為他贏得「風流摩爾」的封號，一個曾與他交往過的女星就坦承：「我忘記他有多矮，他忘記我有多高。」

有個專門治療身高問題的醫生說到，假設你身高實在低於一般水準之下很多，反而會從小就接受現實，習慣在未來以努力充實自我生命，但比一般標準身高略矮的人，卻會把自己遇到的困難都推給身高這個因素，而且也相信只要自己長高一點，一切問題就會迎刃而解。

雖然說大部分的人都習慣於「越大越好」的標準，因此這些身材矮小的人，難免會被歸類於「小孩」、「可愛」一流，例如影星湯姆・克魯斯就會努力去除自己娃娃臉和不高的形象，以殺手、殘障等角色來證明自己不是只能演可愛的大男孩，而與他仳離後，女星妮可・基嫚也承認：「離婚後最棒的事情，就是我在公開場合又可以穿高跟鞋了。」妮可比湯姆整整高了十公分，因此在公開場合裡，妮可一向配合較矮的湯姆，穿低跟鞋子。

只不過，高矮畢竟還是小事，重點仍在於自己的處世態度，身高絕不是自己失敗的藉口，當你能夠掌握全局，也不至於極端到無法聽命於他人，態度溫和謙遜，個性安定堅強，不管高矮，這樣的特質永遠都是男子漢最彌足珍貴的價值，超越了世俗的判斷標準，誰還管你長多高？

談到身高，我列出要做的九十九件事的第一件事，就是拉高到一百六十五公分。朋友笑說：「真慘，第一件事就不可能成功。」愛美是女人的天性，我相信很多女生想做的九十九件事一定都包括了「調整」形象，從整形到塑身，從脈衝光到肉毒桿菌，只要美麗什麼苦都吃，什麼錢都捨得花，跟童話裡的美人魚為愛走天涯一樣奮不顧身。

身高對我來說，倒不是真的一定要再高，原因是還不到那麼矮，不過也是因為從小就接受了現實。溫世仁有一套胖子哲學，林百里有烏龜哲學，張忠謀有老二哲學，我也有自己的矮子哲學。他們都是社會上知名的成功人士，對於怎麼將自己世俗化的弱點提昇成向上的力量，轉化成優點，也各自開闢了自己的處世哲學，應用這些哲學，讓他們比別人更成功卓越。

形象重於一切，所以很多人只看外在，更多人因為外在遜色而沒有自信，我的矮子哲學打從小時候開始，就有生財之道，因為比同齡的人小，所以當同齡的小孩坐車要半票時，我還可以勉強混過未達身高標準不用票；當同齡的小孩變全票時，我還可以抬頭挺胸丟下半票的錢，即使司機面帶疑慮，但連已經念五專都還有小學生以為我是他同學的情況下，當然是胸有成竹地對司機露出燦爛的微笑，因此，從小我因為「矮」省了不少車錢；長大後，常到處旅行，尤其飛機上，經濟艙的位子窄得讓人有腿難伸，這時，矮小的我不但可以比別人調整到比較舒服的姿勢，還可以睡得安穩，所以除了這輩子確定無法參加一些有身高限制的活動或職業以外，已經接受自己身高的我倒是找到了一套因為身高而適應環境的能力。

優缺點常常是相對的，就看自己如何把別人認為的缺點轉化為自己的優勢，形象不是只靠外表，而是從內心散發出的整體氛圍，《中庸》裡面說：「君子慎其獨也。」如果連一個人的時候，都能保持形象，謹慎自己的行為舉止，那才是真正的君子啊。

18 努力充實自我

藝術的大道上荊棘叢生不啻為好事，
因為常人望而卻步，只有意志堅強的人例外。

~維克多・雨果（法國文學家）

馬威是六個兄弟中排行最小的孩子，因為長得非常醜，母親就把他丟到海中想遺棄他。天上的眾神看到這件事，伸出手從海中救起馬威，並帶他到天上，細心照料，直到他長大成人，生活在天上期間，眾神還傳授給他種種知識和力量。

馬威成人後，請求眾神讓他回到地上的家，而神准許了，於是馬威回家教導五個哥哥如何製作用來刺魚的魚槍和用來捕捉兔子的陷阱等技巧，這些雕蟲小技對馬威來說，都算不了什麼。

沒多久，馬威開始進行另一項更重要的工作。

他用死去很久的女人顎骨作成釣針，從海中釣起許多島嶼。其中一座島嶼因為太重，使馬威的釣針折斷不少，這個大島的一邊先被勾住釣上來，但實在太重了，最後終於撕成兩半，產生了今天的紐西蘭島嶼。

那時的太陽移動得非常快，剛見到太陽沒多久後就下山了。因為日照時間太短，作物的收成很不好，人們都為此傷透腦筋。馬威心想，要是太陽能動得更慢一些就好了。

馬威請母親揉出兩條又粗又長的繩子，又從婆婆那兒拿到一根施有法力的木杖，帶著粗繩和木杖，起身前往太陽每天升起的東方，埋伏在黑暗裡等待。

沒多久，太陽發出耀眼的金色光芒，緩緩升起。

說時遲那時快，馬威一揚手把繩子作成的套圈丟出去，正正地套住太陽，然後把繩子兩端牢牢綁在兩棵大樹上，讓太陽動彈不得，再用魔法木杖用力擊打太陽。

太陽疼得受不了，連忙求饒。馬威便趁機要求它移動得緩慢一點，好讓作物得到充足的日照。太陽不得已，只好答應了馬威的要求，因此今天的太陽才會移動得恰到好處，對人類來說既不太快也不太慢。

馬威的另一個事蹟，是把火帶到地上來。那時，人們無論吃什麼食物，因為沒有火，都是直接生吃的。

馬威發現地下住著一個惡魔知道火的秘密，於是潛進地底深處打倒惡魔，並得知火的秘密。火就這樣被帶到地面上來。

完成了三項大工作的馬威，思考自己接下來該做些什麼事，他想到，可以去請教月女神，人類要如何才能永遠活下去這個問題。

因此在某個夜晚，他來到月女神的居所，請求女神：「請您賜給我可以讓人類永遠活下去的力量吧！」

當女神聽到馬威的請求後，卻突然捉住馬威，一口吞了下去。

馬威為了讓人類可以永遠活下去而犧牲了自己的生命，但他也為人類做了許多偉大的工作。馬威的名字，將永遠流傳在人們心中。

（摘自《世界民間物語一〇〇》，林怡君）

韓非是戰國末年韓國的公子，他很喜歡刑名法術之學，曾經跟害他冤死獄中的李斯同學一起在荀卿那裡學習。韓非天生口吃，卻寫了一手好文章，他看到自己的國家積弱不振，就寫國事建言書給皇帝，但古今中外皆然，所謂忠言逆耳，皇帝看完了，扔到一邊去，根本不理他。

韓非滿腔愛國熱血無處宣洩，便發憤圖強，努力研讀法家經典，最後完成了法家最重要的經典《韓非子》，成為法家的集大成者。沒想到秦始皇日理萬機之餘，看到韓非的〈孤憤〉〈五蠹〉兩篇文章，大為讚賞，好不容易把人挖角來，竟然聽信李斯的話，將韓非關起來，最後韓非冤死獄中。

人才是不會被埋沒的，當機會不來時，不要自暴自棄，而要更加努力充實自己，機會來時，才能將實力發揮出來。雖然表面上看來，韓非是因為自己的文章才招來受陷害的命運，但一部《韓非子》卻讓他流傳千古，成為法家的代表人物。我們再看寫《史記》的司馬遷，也是因為在獄中發憤撰寫《史記》，而成為後代史學必讀的經典之作，老子說：「死而不亡者壽。」只有歷史才能定位誰是真正的贏家。

當你覺得自己苦無機會，懷才不遇，那就充實自己吧！因為有實力的人去找機會，沒有實力的人才等機會，機會總是掌握在有實力的人手上。

19

培養個人興趣

若沒有嗜好的話，
人生不過是極度無聊、經營不善的劇院而已。

～羅伯・L・史蒂文生（英國小說家、詩人）

在鄉下住慣的老人，乍然要他們到城市來生活是很不容易的，有個朋友的父親，因為在老伴死後無人照顧，住在城市裡的兒子就要他一起搬來住在公寓裡，可是老人習慣看著自己的田地日作夜息，或到廟前找老朋友喝茶閒嗑牙，城市或公寓對他來說都太狹窄了，於是老人提出了回鄉下的要求。

回鄉下後，另一個答應與父親同住的兒子為了怕父親一個人在家無聊，便鼓勵老人重拾以前農閒與母親一起進行的竹製品編織工作，雖說是工作，其實也只是讓父親一來不要記掛著母親，二來不要因為太閒散而喪失生存意志，老人聽到兒子的建議，便開心地答應了下來。

老人的手藝很好，編織速度又快，簡單的竹製品已經無法滿足他漸漸萌發的創作慾望，兒子便試著在手工藝店家寄賣父親的作品，沒想到老人的竹編品受到空前歡迎，訂單源源不絕地進來，本來只是打發時間用的興趣之作，卻成為老人退休後的第二份工作，甚至獲利或成就感都遠較第一份工作為多。

許多人責備兒子為了賺錢累死老爸，這兒子卻只無奈又得意地笑笑：「不是我逼他的啊！是他自己真的很愛做……。」

以前常常覺得很奇怪，為什麼連履歷表都需要填上個人興趣？困擾的原因倒不是真正因為履歷表，而是不知道該填什麼個人興趣，如果沒有填，不就承認自己是個無聊的人，所以即使再無聊的興趣，也要填上幾個。

於是像看電視、睡覺、喝茶、聊天這種也被我勉強算興趣，不填還好，空白還讓人有想像空間，填上這些興趣後，倒真是不打自招是個無聊的人。

究竟什麼才是真的興趣？首先應該先排除無聊到用來殺時間的墊檔，比如說看電視，通常都是逛電視，從第一台逛到一百多台，還找不到喜歡看的節目，這哪能算是興趣呢。由此可知，興趣應該是做之前滿心期待、做了之後心滿意足才叫興趣（特別聲明請各位務必誠心正意的想這件事，不能有絲毫的邪念存在）。

最重要的是興趣還必須投入，因為投入而能在過程中自得其樂，因為投入而能不計代價（當然也不能因此而玩物喪志傾家蕩產）心甘情願，因為投入而能持續投進心力與時間。

如果你是小氣鬼，建議你可以開始培養看棒球的興趣，看電視轉播只要出嘴巴就好，還能順便發洩情緒；如果你還願意花點小錢，建議你開始培養閱讀的興趣，每個月買一本書比看電影還划算，至少書可以當裝飾品；如果你很願意花錢，那可多了，攝影、觀星、衝浪、高爾夫球……，只要不要變成冤大頭就好。

20 學會一種樂器

在好鋼琴上彈得好不希奇，人人都會。
在壞鋼琴上能彈好，才是真功夫。

~克勞迪奥・阿勞（智利鋼琴家）

許多人都聽過一個叫做「膠柱鼓瑟」的成語，也知道這個詞指的是一個人冥頑不靈、頑固不知變通的意思，但這成語背後其實有個有趣的故事，也跟學好樂器的態度大有關係：

話說古代有種叫做「瑟」的樂器，這種樂器類似目前我們所熟知的古箏，但模樣不甚相同，瑟呈長方形，大約有二十二到二十五條弦，樂音悠揚悲哀，與古琴的搭配相當動人，因此有用「琴瑟和鳴」來形容夫妻感情和諧的用語。

那時趙國有許多人相當精通彈瑟，有個齊國人非常羨慕趙國人的才能，便到趙國去拜師學藝，希望能夠學會彈瑟之藝。

他拜了個趙國的彈瑟師傅當老師，但沒學幾天就覺得課程枯燥，所以學習態度不很認真，不但不專心聽講，下了課後回去也不肯多練習。

如此這般，就算學了一年，這齊國人卻連首曲子都彈不全，當老師的相當沮喪，他自己也非常驚慌，心想自己花了一年時間說要學瑟，倘若就這樣回到齊國，肯定會遭家鄉人訕笑，雖然這麼想，但他的態度還是跟之前一樣懶散，完全沒有因為自己學不成而積極些，由於時間所剩無幾，他便淨想些投機取巧的方法，看看是不是能夠用簡單的方法一舉學會彈瑟。

他發現老師每回要彈瑟前都會先調音，爾後就能彈出好聽的曲子，他暗自忖度：「想必只要調好音，彈好瑟就不是問題了。」只要把瑟上用來調整音色的小柱子一一用膠黏住，便可一勞永逸，自己何必花那麼多時間來學呢！

於是他請老師將瑟的音調好後，便用膠把瑟柱一個個黏緊，得意地帶著「一身瑟藝」回國了。回國後，他逢人就誇耀自己的才藝非凡，鄉人也以為他真的學成，央他彈首曲子來聽，但無論他怎麼彈，都彈不出什麼曲子，因為瑟柱被固定住，會導致弦無法轉動，弦不轉動就無法變調，這個投機的人在鄉人面前丟臉丟到了極點。

音樂能陶冶一個人的性情，就像「學音樂的孩子不會變壞」一樣，早就成為定律。台灣第一位揚名國際的作曲家江文也，出生在淡水，曾經連續在日本的全國音樂比賽中得獎，同時也得到歐美樂壇的肯定。

一九三八年，那時還是日據時代，他應聘到北京任教，鑽研中國音樂與民族樂，八年抗戰後，他卻因為在北京任教而被誣告為漢奸入獄，出獄後又遇到當時大陸的文化大革命，再次被批鬥成漢奸及右派份子，被下放勞改。

勞改期間，有人看他一有空，手指就不斷的點指，好像在彈琴的樣子，其實他是在偷偷創作樂曲，有學生問他，這種時候誰還關心音樂，不會有人聽，更不會有人願意出版音樂專輯，老師為什麼還要創作？

江文也說：「我願待知音於百年後。」這位在國際知名的音樂作曲家，於一九八三年病逝於北京。

不論是江文也，還是戰國時伯牙因為失去鍾子期這位音樂知音而從此不再彈琴，他們對音樂的堅持，都讓我們不只有動聽的音樂，也看見了美麗的音樂。

21

學幾道拿手菜

不論請的是什麼客人，不論做的菜好吃不好吃，優雅從容的態度是首要的條件。

~王宣一《國宴與家宴》

荒井科長長得很魁梧，看來是個遠庖廚的大男人，但不管是誰都沒想到，這個粗獷的男人，卻意外地包辦了全家大小的伙食，還會在適當時機做出撫慰人心的好菜，這一切得歸功於他母親自小的訓練，單親家庭長大的荒井，母親忙於工作常無法顧及兒女的飲食生活起居，身為長兄的荒井便一手撐持起妹妹與自己的三餐，他不斷學習，也在嚴厲的母親指導下，學會了許許多多烹飪的獨門技巧，荒井不但做菜功力一流，還相當細心，於是他做的所有菜色，便通通有一個令人感動或開心的故事。

日本漫畫《妙廚老爹》講的就是這樣的一個故事，出了八十多集的超長連環漫畫，每集大約會教導讀者十道左右的菜色，從甜點、小菜、日式料理、中國料理、西式料理，只要與烹飪有關的技巧或食譜，都可以在這套書裡找到，更出人意表的，是每道菜帶來的養生或提振情緒功效，這個已經歷經十餘年的漫畫，應該還會再繼續畫下去，帶領所有讀者樂於進入「動手學烹飪」的領域中。

從小身為職業婦女孩子的我，便當菜色永遠比同學豐盛，母親用極速做成的晚餐沒一天隨便上菜過，我原本以為媽媽就應該這樣，直到去了別人家吃飯，才知道原來不是天下的媽媽都善烹飪，要變出一桌子菜那種魔術，如果問用味覺、記憶與創意拼貼成佳餚的母親，似乎一天一夜也講不完。我的朋友們對於能夠來家裡吃一頓母親吃的菜這件事，幾乎快超過來拜訪我的熱情，往往讓我惱怒卻無話可說，因為好的菜有一種讓人自覺幸福的能力，母親說，她喜歡看到吃的人臉上流露出來的滿足與喜悅感，只因如此，她就願意待在火熱的廚房裡跟食物進行許多實驗。

你有沒有自己的拿手菜？那種一講到作法時會眉眼生風，客人吃了後會眉開眼笑的好菜？作家阿城說家常菜才最難做，本來人做菜是給神吃的，後來人的嘴越吃越刁，才有烹飪這項藝術的誕生，許多日本美食節目在訪問廚師時常會問他們做菜有什麼秘方，那些所謂的料理達人總會說，愛，食物裡放了愛才會好吃，或許你不企求自己擁有大廚一般的身手，但在滿足自己與他人口慾之時，或許會得到你從沒想過的成就感，也許現在，就是你開始學幾樣拿手菜的時候了。

22

一個人去旅行

生活是一輛永無終點的公車，
當你買票上車後，很難說會遇見什麼樣的旅伴。

~羅夫．W．愛默生（美國詩人、散文家、哲學家）

這樣的畫面讓我想起你，線條簡單的寺院立在天空和山石之間，白色的櫻花開滿了簷前的庭園，枝條橫斜，風一吹過，落櫻如雪，我想起你，這樣的畫面是不該有言語和讚歎的，連感動都當是節制的，就像你隱約而熱情的詩，最美的東西都該是含蓄的。

我帶著你的眼睛一起去旅行，沿途的風景我一一記取，只單單想著回來要說給你聽。下著雨的京都街道，滿地的花瓣，暮春時節帶著寒意的風，鞋襪都濕了，涼氣從骨頭裏冒出來，可是，可是還是努力的走著，不能辜負了美麗的風景啊，春天來得這樣匆促，我從迢遙的遠方來捕捉一種設想過千次百次的感動，是春日的雪，菲薄菲薄的花瓣寫的是驚世絕豔的心情，在沒有輪廓無可言說的淺香裏，靜靜的凋落。

我該怎麼樣向你描述身在異鄉的寂寞，因為失去言語和表情的能力，只能非常感官的去領受春日落櫻的美，直見性命不必說明，可是，京都呢，這個除了意會猶可言傳的古城，四處隱藏著被歲月掩埋的種種秘密，我要如何去知道這個奇異的，渴求瞬間生死的華麗的民族，如何在繁複的櫻樹風色和乾淨的寺院線條裡書寫他們的歷史呢？那些滿滿種植著善男信女的祈願的各種神社，立在市區的清潔敞亮的東本願寺，寫著文學本事的嵯峨野舊址，清水寺的動人是整整一座山的安靜深邃，我是那麼的惆悵，面對這如畫的，京都。

然後，所有旅行的終點都是急迫的想回家的心情。

回到自己的生活秩序裡，終於可以細細的回想還留在心底的旅途中倉促的感動，一點一點的，回想在微風裏顫抖的，雪白的櫻，吹落春天。我知道記憶是如此的不可靠，那遲遲的開在櫻花裏的春天終會過去，然後，好像什麼都不曾發生。

（摘自〈京都落雪〉，作者劉叔慧為台灣中生代女作家）

很多人一定很難想像一個人去旅行，一個人，人生地不熟，又語言不通，會不會有什麼危險？任何事總是有風險的，做好萬全的準備，知道如何保護自己，才能將風險降至最低，其他的就盡人事聽天命。

跟團旅行固然便利，但往往行程很趕，想看的卻沒得看，不想停的卻又得被迫停留買東西，加上三餐準時兼宵夜，吃到後來常一看到菜就開始想念台灣的路邊攤，玩到最後的心得是想回家。

一個人旅行，其實沒有想像中的難，現在網路發達，什麼資料只要上網查就可以找到，即使找不到，也有自助旅行的相關社群網站可以發問，自然有熱心的人回答你的問題。出發前，對要去的地方先有相關的認識，如果語言不通，比手劃腳還是可以溝通，再不然帶個翻譯機或是簡單的英語幾乎都可以行得通。到了當地，除了入境隨俗之外，還要懂得保護自己的安全，這樣自然能玩得開心。

在旅行的路上，總是能發現很多驚喜，如果你深入體會，一個人反而能因為行動的自由，玩出不一樣的樂趣。

出發吧！一個人的旅行，隨時可以出發！

劉叔慧

死前要做的99件事

從今年開始決定只過三十歲的生日，家有一夫一子一狗一貓，個性安逸，很容易對大環境恐慌，所以決心只專注自己的幸福小日子。喜歡家居布置、閱讀、看電影（但如今已被褫奪進電影院的權利）。

1 維持美貌到死。（看來很難）

2 跟所愛的人住在一起，每天一起吃飯和睡覺。

3 學會鑑賞藝術品。

4 學會辨識植物。

5 很會畫畫，專擅油畫。

6 有一個種滿玫瑰風信子薰衣草的大花園，但不必自己照顧，園丁長得像金城武。而且一定要有一棵櫻花樹。

7 方向感變好且像舒馬克一樣會開車，再也不會迷路。

8 學會讀說明書（特別是電器類）。

9 擁有理想的好房子，靠近山或湖。且位於美麗的城市，例如京都。

10 把部分的過去戀人完全從記憶中清除。

11 痛快的吃，精美的吃，不必考慮減肥節食。

12 變成一個很棒的廚師，吃過我的料理的人都會變得又美又溫柔。

13 擁有一個大到可以在裡面開Party的浴室，透明的大玻璃窗可以對著遠山或是海景泡澡。

14 我的家人朋友情人等都在我死後才死去。父母除外。

15 發現新科技幫媽媽換骨頭，讓她不再腿痛。

16 找到可以讓爸爸大吃美食而不會造成心血管負擔的方法。

17 讓我的狗長生不老，或是複製她一直到我死。

18 我喜歡的人都活得健康愉快，我自己更是加倍的健康愉快。

19 時時保持平靜的心情。

20 每年都住在國外兩個月以上。

21 每年至少去一個不同的國家。

22 住遍世界上前一百大的好旅館，Four Seasons、The Legian Hotel、Ritz Carlton，必住。

23 用錢的時候不必考慮：只有意願問題，沒有能力問題。

24 寫出至少三十本書，其中至少有一本是感人至深，無比暢銷的長篇小說，類型不拘。

25 創作出一種全新的寫作風格，從此有一種學說或主義以我的作品命名。

26 精通八國語言。

27 重拍《縱橫四海》，我演鍾楚紅那個角色。

28 開一家民宿在花蓮海邊，五星級的設備，三星級的收費，來過的客人都深深的愛我。

29 在山邊的大房子裡專心寫作長篇小說，而且真的寫得出來。

30 可以憶起生平所有美好的片段，一直反覆播送到死。

31 沒有選舉，台灣變成社會主義國家，是好的那種。

32 學會游泳和潛水，活得像一條魚。

33 每年都到日本看櫻花，而且剛好遊客都不多，可以靜心的玩賞。

34 每年都到日本泡湯，探訪所有深山祕湯。

35 消除眼袋。我想也可以順便做一下脈衝光。

36 救濟貧病窮苦的人，而自己的生活品質不會受影響。

37 沒有罪惡感的發呆。

38 坐飛機永遠只坐頭等艙，而且不會發生空難。

39 舒服的躺在床上握著親人的手死去。

40 沒有病痛。

41 預知樂透中獎號碼，輪番告知我所愛的家人朋友。

42 取消婚姻制度，禁止歧視單身。

43 至少舉行一次音樂會，我彈的鋼琴像顧爾德或阿格麗希一樣棒。

44 或是會拉大提琴。

45 銷毀所有最新修訂版金庸小說，並假裝從來沒有這回事。

46 擁有一個島，和一艘船。

47 被愛至死。

48 預知死亡時間。

49 一定要去過歐洲每個國家，如果確定快死了，可以考慮去埃及。

50 解開所有歷史疑案，尤其是清史三大疑案。我只想知道真相到底是什麼，不會告訴別人。

51 不必再為任何人工作。

52 試著通靈，找出我和身邊所有人的前世因果。

53 盡一切方法，重溫肌膚光滑幼嫩如嬰兒的觸感。

54 學會跳舞，空中迴旋十五轉。像《芭蕾群英》的舞者。

55 在《紐約客》上發表文章，英文完美無瑕。

56 完整的生活在四季分明的國家，至少一年，充分體會春夏秋冬的變化。

57 買下一座山。

58 生一個小孩，學著教養他成為幽默明朗的好人。

59 以我的名字命名一顆星星。

60 學會畫建築設計圖。

61 每天有時間從容唸完一本書、洗澡、餵狗，看星星和烹煮一頓美味的晚餐。

62 能夠記下每個閃過腦海中的詩句。

63 每天做一件讓自己發笑的事。

64 拜訪所有生命中遇見過的有意義的朋友。並且道別。

65 告訴所有我討厭的人，我根本從沒有真心的對他們笑過，只是客套。

66 開車逆向行駛，不遵守交通規則，隨便按喇叭。

67 嘗試每一種毒品，體會一下失控的感覺。

68 學會騎腳踏車，住在歐洲小山城，每天騎著腳踏車叮叮的去市集買花買菜。

69 若是單身就結婚，若是結婚就離婚。

70 離婚時開一個派對。

71 和很酷很帥的黑道老大談戀愛。

72 刷爆所有信用卡，而絕不付帳了。

73 狠狠的罵髒話。

74 到西藏旅行。

75 重新上一次大學，而且最好是歐洲學校，例如海德堡。

76 每年夏天都住在涼爽的地方。我恨夏天。到死都會恨吧。

77 住在雪地裡至少整整一個冬天。

78 登上阿爾卑斯山。

79 學會調酒，像《戀人啊》的愛永一樣優雅。

80 自己安排好葬禮。

81 一生所讀的書都記得住。

82 能夠完整貫徹每年立下的新年新希望，至少一次。

83 向某一個人懺悔：如果時光可以倒流，我永遠不會離棄你。

84 嘗試和女人戀愛。

85 有一段值得為他而死的愛情。

86 經歷一個美妙的暗戀。

87 擁有一個值得尊敬的老師，並終生相契。

88 喝酒到爛醉。

89 擁有一隻機器貓小叮噹。

90 當一個男人，至少一天。

91 當一個公主，至少一天。

92 當一個小孩，至少一天。

93 死前終於看到日本人為屠殺中國人道歉，並載入教科書。

（以下皆非人力可逮）

94 美國沒落。

95 看到所有的政客都沒有好下場，貧窮敗落，且再也無法發言。

96 世界和平。

97 蟑螂滅種。

98 證實死後可以輪迴，並且可以再和今生相愛的人再次相遇。

99 能夠永遠陪伴我的孩子直到他想要離開我。

23 親手播種、收割

我永遠無法習慣這個土地、氣候異乎尋常的生命力，
永遠無法停止驚奇地發現星期一播種下去的種子在同一週內破土萌芽，高舉著葉子。

~佛特斯裘夫人《普羅旺斯來的香水》

把我已經種好的一行行豆子長度加起來，大概有七哩長了吧！我得快點鋤草鬆土，因為還沒把最後一批種子種下去，早先播種的那些豆子就已經長得很不錯了，真不容易哪！我還不知道把這樣的勞動做得像赫克力斯的苦差（編註：赫克力斯因失去理智殺了妻兒後，為洗刷罪孽，接受了提閏斯王國國王尤里斯修斯交給他的十二項艱困的工作，這十二件任務便稱為「赫克力斯的苦差」）般賣力，到底有什麼意義；雖然我那一行行豆子已經超過我的需要許多，但我卻愛上了它們，因為它們讓我如安地厄斯（編註：摔角手，常常逼迫陌生人與之摔角，贏了就殺死對方，只要站在地上，就能接收從他母親大地女神蓋婭傳來的力量，赫克力斯識破了這點，就把他高高舉起，在空中勒斃了他。）般對土地產生了情感；但又為什麼要種豆呢？只有天知道了。整個夏天，我就在大地這部分表面上奇妙地勞動著，以前這裡只長洋莓、黑莓、狗尾草之類植物，還有甜野果和可愛的花朵，現在卻拿來種豆子，我從豆子這兒能學到什麼？或是豆子又能從我身上學到些什麼呢？我珍惜它們，一天最重要的工作就

是為它們鋤草、從早到晚照顧它們，那寬大的葉子真是好看；雖說其中大部分土地都荒瘠了，但我還有滋潤這片旱土的雨露，以及泥土本身蘊含的養分充當助手。蟲子和寒冷的天氣，還有大多數土撥鼠都是我的敵人，土撥鼠甚至啃光了我四分之一英畝的地，但我又有什麼權利拔除狗尾草或其他植物，去毀壞這片它們自古以來的百草園呢？無論如何，倖存下來的豆子很快就夠堅韌，足以面對一些新敵人了。

（摘自《湖濱散記》，作者梭羅為美國詩人、散文作家及自然學者，曾在華爾騰湖畔築屋耕種，過了兩年多遺世獨立的簡單生活，以其生活經歷寫成《湖濱散記》一書。）

小時候，爸爸在頂樓闢了一個空中花園，說是空中花園，其實只是用很簡便的方式種了一些植物，記得夏天的早晨，天還未亮，爸爸總會在頂樓澆花，有時我們起得早，會在清晨霧裡看到爸爸的身影，然後跟著爸爸一起澆花。

空中花園種了一棵大木瓜樹，還有一些榕樹、萬年青、喇叭花、石榴……，最重要的是菜——空心菜。爸爸種的空心菜，總是特別好吃，清清脆脆，一點都不老，好吃的理由除了沒有放農藥，吃得特別安心之外，當然爸爸的特殊肥料也是空心菜美味的主要原因。

後來附近鄰居漸漸都加蓋頂樓，我們家卻一直堅持有空中花園，中秋節的時候可以全家在頂樓的空中花園賞月，下雨的時候，花園會跑出很多蝸牛。我們漸漸長大後，空中花園也漸漸荒廢，只剩爸爸會上去，最後，空中花園也加蓋了。

現在只要吃到空心菜，那記憶中的甜美就會浮上心頭，想起清晨的露水，想起陽光乍醒的清晨，想起已經不在的爸爸……

種植最大的喜悅，正是豐收那一刻，當你坐下來享用自己的收成時，每一口都是甜美的滋味，也只有那一刻，才能真正瞭解「誰知盤中飧，粒粒皆辛苦」的箇中滋味。

24

為自己種一棵樹

某一天，我們把自己也種成一株樹，一代一代種下去……
長成一座健康的森林，長成一座愛的森林，長成一座希望的森林。

~周大觀（抗癌小巨人，九歲時發現罹患橫紋肌癌，並因此截斷一隻腳，遺作為《我還有一隻腳》）

日本電影《情書》中，叫做藤井樹的女孩，在經歷老家即將被拆與自己一場大病差點轉成肺炎的波折後，與爺爺坐在前廊燒著枯葉取暖聊天時，突然講起自己中學時代有個同姓名的男同學，「然後呢？」爺爺問，「是你初戀的情人嗎？」女孩說，當然不是。然後爺爺便看看院子裡十數棵大樹，說：「當我種那棵樹的時候，給它取了名字，你猜是什麼名字？」女孩說，不知道，爺爺便回答，「叫阿樹，跟你一樣的名字。」女孩不相信，爺爺接著說：「當你剛出生時，我就種了那棵樹，所以我給你們取了同樣的名字。」女孩問，是哪一棵？是這一棵嗎？但院子裡的樹太多，藤井樹實在找不到跟自己同名的那棵，「是真的嗎？該不會是臨時編的故事吧？」她飛奔過去抱住其中一棵，「就是這一棵了。」樹葉溫柔地飄著，沒人知道那裡是不是曾經或仍然，站著一棵叫做「阿樹」的樹。

於是女孩打開電腦，寫信給在莫名其妙的狀況下，成為她筆友的渡邊博子：「我奇異的筆友渡邊博子小姐，我還是老樣子，老樣子意即是一切都好，不過今天有件大事發生，必須要告訴你，所以我立刻提筆寫了，正確地說。我是用電腦打的，事情是由意外的訪客帶來的……」

藤井樹畢業的中學圖書館管理學妹們帶著意外的禮物──號稱「好東西」的一本書，那是普魯斯特的《追憶似水年華》，學妹們要藤井樹翻到書末插著的借書卡背面，早已是專業圖書館員的女孩熟練地翻了過來，卻赫然發現那是自己中學時被人畫下的上半身素描，而那本書唯一的借書人是「藤井樹」，並不是她……

這是一個，關於名字的故事。

家門前曾經種過很多棵大樹，都不是刻意種的，很像傑克的魔豆，忽然有一天起床往外看，家門外就長出一棵大樹了。

國小的時候，門前是一棵鳳凰樹，每到七月畢業季，鳳凰樹真的開花了，所以國小畢業時，看到鳳凰花開特別有感覺。畢業後不久，因為巷道的馬路拓寬要舖設柏油，鳳凰樹也一併告別了我的童年時代。

家門前空了好長一段時間，只種些花花草草，突然有一天，一棵桃樹又長大了，發現它是因為它開出粉紅色的花朵，在春天綻放的時候，我還以為只是一棵會開花的樹，等到結了一兩顆果實，才知道原來是桃樹。桃樹每年都開花，但我們始終沒有桃子吃，媽媽說是因為沒有施肥料的關係。桃花很美，所以我們倒沒有特別期待果實，只不過有一年，突然結實纍纍，摘下了好幾大桶的桃子，沒有農藥的青綠桃子，一顆顆結實飽滿，咬起來有淡淡的桃香，甜裡還有點果實的酸澀，是我吃過最好吃的桃子。自從那一年桃子開花結果後，往後幾年，多多少少都有桃子可吃，唯獨那一年收穫最豐。

這一次，桃子的命運是在新的河床修建計畫裡，再度告別我的專科時代。

風水學上説，家門前最好不要種樹，因此，桃樹之後，家門前沒再種樹（其實一直都沒特別種），突然有一天，原來種鳳凰樹的地方又長出芒果樹，而且每年結實纍纍，不小心站在下面會被芒果K到突然發現地心引力那種。據説，家門前的河道又有整治計畫，不知道芒果樹未來的命運還會不會跟它的前輩鳳凰樹、桃子樹一樣。

後來公司有花園，我和同事去搬了兩棵雞蛋花來種，一棵開紅色的花，一棵開白色的花，同事會用淺碟子裝些水再舖上雞蛋花放在我們的辦公桌上，淡淡的花香，充滿了夏天的味道。

後來，我又搬了兩棵櫻花樹種在花園裡，今年春天，它們順利長出新的葉子，我期待著哪一年的春天，也可以沐浴一場細雨紛飛的櫻花雨。

25 自我激勵

如果我比別人看得遠些，
那是因為我站在巨人的肩上。

~艾薩克．牛頓（英國科學家）

哈佛大學的羅伯．羅森泰教授在舊金山灣區作了個實驗：學校剛開學時，校長將三個老師找到辦公室，對他們說：「以我這麼長久以來的觀察，察覺你們三位是本校最優秀的教師，當然，最優秀的教師理應教導最優秀的學生，因此我今年將全校智商最高的學生集中在三個班級，並由你們三位來執教，希望在一年後，這三班的學生成績可以進步二十到三十個百分點。」這三位老師聽了很高興，因為教導資優學生是對自己能力的認可，所以他們在學期一開始就分外努力，假使班上有學生進度較慢或不理想，這三個老師會認定是自己教學有差錯，而非學生智商的問題，他們會更努力去修正自己的教學方式，並付出更多心力教導學生。

過了一年後，當學期結束時，這三班果然如校長當初提出的，進步了二十到三十個百分點，不但是校內進步最多的班級，也是灣區最佳。校長就宴請三個老師，謝謝他們一年來的辛勞，這三個老師很感激校長：「都是因為校長讓我們教了資優班，我們才能有這樣的成績。」

校長便說：「其實，這些學生根本不是什麼天才學生，智商也不比其他學生高，當初我只是隨機選樣，把他們挑選出來的。」三個老師驚訝的答道：「但學生們真的都很聰明啊！不然，就一定是因為我們比其他老師還優秀吧？」

但校長的答案也讓老師嚇了一大跳：「老實說，你們三位老師，當初也是我把全校教師名單放在帽子裡，隨便抽出來的人選啊！」

二〇〇一年世界盃棒球賽，中華隊在擊敗日本隊獲得第三名的歡呼聲中，消散了多年來職棒簽賭案的陰霾，大家都說台灣的職棒開始回春了。從來不看棒球的我，也從那一年開始看棒球，成為興農牛的球迷。職棒十四年，二〇〇三年，是台灣職棒的歷史新起點，兩個聯盟合併成為「中華職業棒球大聯盟」，台灣的棒球運動開始邁向新紀元，以前的老球迷紛紛再度回籠，棒球的熱潮漸漸蔓延開來。自從一九九二年中華隊在巴塞隆納奧運獲得棒球銀牌後，睽違了十二年，二〇〇四年，中華隊終於再度取得奧運參賽資格，到希臘雅典參加奧運比賽。棒球的熱潮也順勢再推向高峰。

棒球成為今年夏天最熱門的話題之一，還有所謂的奧運賭盤，大家都在看十二年後的中華隊會在奧運拿到什麼名次。同事們紛紛下盤押注，基於實力考量，大部份的人都押第三名或第四名。

「這怎麼可以，再怎麼樣也要押第一名。」我覺得不可思議，怎麼可以還沒打就想都不想第一名呢？棒球的精神是即使最後一局兩人出局都還不能放棄、拚戰到最後的，這就是我喜歡看棒球的主要原因。

同事說：「你這是夢想，我們押的是現實。這是實力問題。」

實力固然是現實，但人的潛能還是可以被激發的，有誰想得到當初打赤腳用石頭木棍打棒球的紅葉少棒會得世界冠軍呢？一個人只要被劃定在界限之內，就永遠會有失敗的藉口，實力懸殊又如何？當年的項羽於鉅鹿率領八千子弟兵擊敗二十萬秦軍，不也實力懸殊嗎？

不要因為別人的評定，來抹滅自己的能力，不管在什麼情況下，都要相信自己，激勵自己，並且努力去做，唯有這樣，你才會發現在預期以外的另一個自己。

26 堅持自我信念

這世界上只有兩樣東西能引起我們內心的震撼：一個是我們頭頂上燦爛的星空，另一個就是我們心中崇高的道德準則。

~伊曼紐・康德（德國哲學家）

一對父子一同上戰場打仗，父親身為將軍，兒子還只是小兵一個，當戰鼓響起時，父親便給兒子一個裡頭插著一支箭的箭囊，又鄭重地告誡兒子：「這是傳家之寶，只要帶在身邊就可以保佑你百戰百勝，但切記，千萬不能將箭抽出。」

那箭囊用了上等的牛皮，還鑲了青銅，製工相當精美，就算沒將箭抽出，光看箭翎用的孔雀羽毛，也知道是把上等好箭，兒子大喜，便想著自己有這樣一支好箭庇護著，一定能衝鋒陷陣，殺敵無數，並率先拿下敵軍元帥人頭。

而一切也如父親所言，兒子上了戰場後果然一馬當先，奮勇萬分，兒子忍不住得意，便忘了父親的叮嚀，在鳴金收兵後，將箭一口氣抽了出來，未料他看到了一個讓自己難以置信的畫面：

那精美的箭囊裡竟然只裝了一支斷箭。

「原來，我一直帶著的，就是這支斷箭嗎？」兒子嚇得不知如何是好，雖然已經打贏了，卻登時如五雷轟頂般六神無主，原本高昂的意志，突然像被那支斷箭刺破的氣球般消滅了，此時，敵人一支殘箭射了過來，失了魂的兒子應聲掉下馬來慘死沙場，他那當了將軍的父親發現自己的兒子戰死，一臉哀淒地拿起兒子抽出的斷箭：「你不相信自己嗎？不相信自己的人，永遠也敵不過一支斷箭啊！」

我的性格其實很優柔寡斷，好像怎麼樣都行，又好像怎麼樣都不太妥當，任何事情來了，總會在心裡架個天平，這邊秤秤，那邊量量，這邊重了點，那邊輕了點，這邊拿掉一些，那邊多放一些，好不容易兩邊都平衡了，完了，這下該選哪一邊？

人的心其實是最自由但卻又最受限的。自由是因為我們都知道自己的感覺是什麼，心往哪裡去，感覺或許可以從嘴巴裡面說出騙騙人，可是只有自己知道真正的感覺是什麼，騙不了自己。但不是什麼事都能完全跟著心走。跟著感覺走？或許你會覺得有什麼不可以，人要為自己活；但真是這樣嗎？我們真的能自私的只為自己活，不顧慮別人的想法嗎？可以的，只要你承擔得起責任，沒有什麼不行。不過有些遺憾不是承擔的問題，而是一輩子的問題。

當我們隨著年齡的增長、心智的成熟，漸漸知道生命不是只有自己，總得有一些責任是我們必須去面對的事，然後，我們才會真正擔負起責任。那時候，你會很清楚的知道，什麼事該做，什麼事是你有權利但不能去做的事，然後當誘惑來時，你不會動搖，當選擇來時，你會更加堅定。

27

維持你的尊嚴

一個有尊嚴的人，當他被譴責「沒說真話」時，一定會覺得比聽到其他任何譴責還要嚴重。

~米歇・德・蒙田（法國作家與道德思想家）

《讀者文摘》上記載了這樣一個故事。

加拿大溫哥華的英屬哥倫比亞大學開設了一個叫做「人文一零一補校」的特別課程，學生形形色色，大多從貧民區、遊民集中地來，裡頭的學生什麼人都有：遊民、吸毒者、愛滋病患者、前科犯，就社會階層來說，這些人壓根沒想過自己竟然會有上學唸書的一天，光靠著救濟金有一餐沒一餐的他們，能填飽肚子就很萬幸了，還上學？

這個學校標榜的是免費，課程與一般大學完全相同，他們不但學哲學、文學、經濟學，還學藝術、建築，老師也都是義務前來的合格教師。

這其中，有慣竊發現自己的老師就是以前曾經抓過他的警官，也有老師驚喜地發現這群歷經社會大學歷練的學生更容易瞭解許多艱深理論的含意。

這個特別課程源自美國，當初是為了讓窮人也能接受文學洗禮，後來卻漸漸成為這些社會底層人改變自我的重要管道。

許多學生在上課時，發現自己在這個班級裡從未受到任何歧視，來上課的教授也給予相對且充分的尊重，讓他們又重拾久未嚐到的尊嚴，在這樣的課程中，他們不但學習到工作技能，體內的求知慾也被激發出來，於是有為數不少的學生結業後更進一步成為正規大學的學生，有人則進入表演藝術界，甚至還有人參選市長，這個班的班主任認為，這樣的課程並不是要馬上讓窮人脫離貧窮，擺脫吸毒、賣淫、流浪的生活方式，而是要喚醒他們的求知欲，創造出改變自我的生活。

有個結業的學生說的最好：「這班級產生的是連鎖效應，我從夢裡清醒過來，才改變了自己。」

美國是各種民族的大融爐，儘管文化多元，在早期美國還是存在著種族歧視，尤其是白人對黑人，曾經在美國的公車上，發生了這樣的事——

公車上區分了白人該坐的位子跟黑人可以坐的位子，要是有黑人坐到白人的位子，甚至還會有白人不客氣地叫他滾到黑人區；有一個媽媽帶著兒子坐上公車，兒子一屁股就坐到白人的位子，車子裡的白人一個個開始用眼神逼視這個小孩，小孩一無所知，等到媽媽付完車錢往後一看，看到兒子坐在白人區，又見白人臉上嫌惡的神情，不禁勃然大怒，便走到兒子前賞了他一個熱辣的大耳光，小孩大哭了起來，全車白人也露出了驚愕的表情，媽媽很生氣地對兒子說：「這裡是給白人坐的，黑鬼只能坐後面。」此時，車裡除了兒子的哭聲之外，再沒有其他聲音。

人的尊嚴是不能被別人評價的，只有自己怎麼看自己，車上的媽媽雖然教訓了兒子，但我想那一個熱辣的巴掌是打在每一個歧視黑人的臉上，人除了尊重別人也要尊重自己，如果連自己都不看重自己，別人又如何來看重你？生命的尊貴不在於你的種族，也不在於你的職位，而是你如何看待自己，如何活出全然屬於自己的生命。

要成為什麼樣的人，必須靠自己，要讓別人怎麼看你，更要靠自己，因為只有你是自己的主人。

28

信守承諾

美德與膽識之間並沒有最終的和解，彼此永遠保持緊張的關係。經理人同時活在這兩個世界中，一個是由責任、承諾、道德理想編織的網，在這面網中求生存的最佳方式便是尋求美德的平衡與實踐。另一個世界是激烈，甚至殘酷的競技場，要成功就要有膽識。

～約瑟夫．巴德拉克（哈佛商學院教授）

在深山裡，住著一隻美麗的鹿，看過的人都說那鹿長著潔白的角，身上有九種斑斕色彩的毛，是絕世僅見的珍奇動物，大家稱這鹿叫「九色鹿」。

有一天，九色鹿正在河邊散步，卻聽到有人大叫：「救命啊，救命！」九色鹿抬頭，只見一人抱著一根木頭在湍急的河流中載浮載沉，九色鹿一見，便跳進河裡費力將此人救了上岸，那人感激地對九色鹿發下重誓：「感謝你的大恩大德，我對天發誓，這輩子都要供你使喚，當你最忠心的僕人……」但那人話還沒說完，便被九色鹿打斷：「我救你並不是要你作我的僕人，你快回家吧，只要不跟任何人透露我的行蹤就好了。」

這人一聽，又發下另一個重誓：「恩公你放心，我一定會守口如瓶，假使洩漏了這秘密，我就會全身長瘡流膿。」然後又千謝萬謝地走了。

但這國家的皇后有天卻夢見了九色鹿，她看到九色鹿那樣漂亮，便夢想著可以用牠的皮毛做件衣服，於是她對國王說：「我要你抓來那隻九色鹿給我當衣料，不然我就死給你看。」

國王被她鬧得無計可施，便貼了佈告，重賞可以提供九色鹿行蹤的人，那個被九色鹿所救的人見到這消息，受不了誘惑，心想：「雖然我當初答應絕對不洩漏牠的行蹤，但牠就算是隻靈獸，也只是個畜牲，約定哪能當真？」於是他前去揭了告示，進宮通報，國王大喜，便派此人帶路，大軍開往山中捕捉九色鹿。

此時九色鹿正在開滿紅化的草地上小憩，好友烏鴉卻跑來報訊：「不得了，國王帶了大軍要來抓你呢！」

九色鹿此時已退無可退，卻發現國王身邊站著當初發下重誓要保守秘密的人，於是九色鹿走到國王面前：「陛下，是誰告訴你我藏身之地的？」國王指著那人說：「就是他說的。」

「陛下有所不知，當初這人在河裡快淹死時，是我不顧生命救起他的，」九色鹿正色道，「那時他還起重誓說，絕對不會洩漏我的行蹤，沒想到一點利益就讓他背信忘義，聖上，你跟這樣一個小人站一起，豈不辱沒了英名？」

此時那人身上竟然馬上長了爛瘡，又開始流膿，臭不可抑，分明是受到了上天的報應。

國王知道真相後非常慚愧，便痛斥這通風報信的人，又收兵回宮，並下令全國不准傷害九色鹿，至於那沒得到毛皮的皇后，便被活活氣得生了病，最後也死了。

我非常討厭食言這件事，大概是小時候受的家庭教育就是要重然諾，所以答應別人的事，一向十分認份，熬夜加班也要生出來，實在得延後，也必得先打個卑微至極的電話，或是抱歉到底的E-MAIL，總之，先認錯了，別人也不好怪你。

這樣生活散漫的人，記憶裡以前訂下的年度計畫也從來沒有實現過，承諾別人的，打死都會辦到（所以並不輕易承諾），承諾自己的，混著也就過去了，反正時空變數多，找藉口總是容易的，承諾不是件簡單事，當你說出口了，就會像魔咒一般，緊緊箍住你的心思，無論你如何逃避，如何另起爐灶，都無法對原先的誓言釋懷。

你還記得那個跟女子約在橋下見面的尾生，是如何堅守承諾到一個無法變通的地步，連洪水來了也不輕言撤退，最後抱著橋柱而死的故事嗎？在這樣涼薄的世局裡，尾生的癡愚肯定會受到大多數人的訕笑，但我一直想知道的是，跟尾生相約的女子，也就是沒有堅守承諾的那個女主角，會為尾生因她而死鬱鬱寡歡終生，還是會恥笑尾生的頭腦打結，覺得事不關己呢？

想想你有多少說出口卻未曾實現的承諾吧！不管那承諾的對象是自己，還是他人，當誓言如空氣般悄悄增加又懸浮著還未完成時，你是不是也已經變成一個把食言當作人生常態的人了呢？

李進文

死前要做的99件事

永遠的四十歲，男，B型雙魚座，詩人，已經結婚了，老婆AB型雙子座，有一對可愛的小孩，有工作例如當過記者和編輯，有一間老公寓在高雄，現住台北市，有可或僅可代步的車子，即將很有錢，迄今出版過兩冊散文，以及四本詩集——小廣告：《一枚西班牙錢幣的自助旅行》、《不可能；可能》、《長得像夏卡爾的光》、《除了野薑花，沒人在家》，還要再努力……主要因為如下第21、22件事。仍生活在不大或者不小的夢想中。

1 旅行九十九個國家以上。
2 在台北一〇一大樓（開窗就可以撞到雲的樓層以上）擁有自己的房間。
3 中樂透頭彩。
4 開一家頂級拉麵店。
5 在阿里山擁有一片山葵田，自製哇沙米。
6 到西班牙鬥牛。
7 在愛琴海迷航。
8 當眾演唱英文歌曲。
9 與妻到一處有碧海藍天的島嶼度長假。
10 與李多和李函夏比賽誰的笑話最好笑。（編註：前面那個是兒子，後面那個是女兒）
11 連贏李多三盤圍棋和十次五子棋。
12 寫好遺囑。
13 開一家舊書精品店。
14 完成一本面對人生、享受生命的詩集送我的孩子。（差一點點，真的。）
15 完成一本自己最滿意的詩集。
16 完成一部品質像金棕櫚獎電影一樣的多媒體詩。
17 寫一部長篇小說。
18 批註《聊齋》。
19 瞭解《金剛經》說甚麼。
20 在身分證的職業欄登記「詩人」。

21 得諾貝爾文學獎。（這次本書改版我改持「審慎樂觀」的保留態度，嘿，我知道你們嘴角一邊上揚顫抖著，且心裡在想什麼……）

22 為許慧欣寫歌詞。（放棄。改為寫歌詞賺了大錢。）

23 與母親闔家出國旅行。

24 當黑道教父。

25 會輕功。

26 養一支職業棒球隊。

27 寫一套最經典的棒球詩集。

28 擁有一部哈雷機車。（放棄。油價太貴，而且臺灣實在不太適合哈雷奔馳。）

29 聽三千張爵士樂。

30 因為我的抗議導致總統下台。

31 悟道。

32 擁有一座有迴旋梯的中世紀古堡，在裡頭寫作。

33 成為一位踢踏舞者。

34 在茄萣鄉白雲村的海邊慢跑。（已提前達成！）

35 在撒哈拉看日出。

36 重拾畫筆。

37 看馬克．夏卡爾的所有真跡，還夢見被他讚美我的詩寫得好。

38 邀全家去看一場幽默或爆笑的午夜場電影。

39 獨自一個人靜靜地活到最後一秒鐘，且那時我已瞭解孤獨的喜悅。

40 或者，愛人在一旁平靜喜樂地廝守到最後。

41 看完所有經典漫畫書。

42 整理電腦檔案。（改為「銷毀」電腦檔案。）

43 當恐怖分子。（完全不明白我為何會寫出這件「恐怖」的事。就當我沒提。）

44 乘獨木舟看飛魚。

45 親身體驗過人類牙齒再生技術的成功。

46 深呼吸，在聖母峰。

47 與老友喝陳年高粱，回憶或者聊聊死後種種可能。

48 吃茄萣的烏魚子。（提前達成了。還好我有寫一些比較容易達成的事。）

49 專業經理人。（已經無所謂了。改為「擁有某一項專業的人」。）

50 學會愛與關懷。

51 去PUB喝酒聽黃小琥唱老歌。（上次寫這個，一定是為了湊件數。）

52 成為流亡政治犯。

53 親手槍斃綁架集團和強姦犯。

54 駕駛火車。

55 看一千部電影。（接近中。）

56 在百老匯欣賞「歌劇魅影」。

57 救濟窮人。

58 逛過鬼門關一遭。

59 傾家蕩產又東山再起。

60 看孩子平安健康長大。

61 與妻在奮起湖大凍山看星星。

62 在非洲的上空飛行。

63 抽大麻。

64 游出優美的蝶式。

65 看到老婆如願瘋狂購衣穿到爽且露出迷人的笑容。

66 寫一手漂亮且風格獨具的鋼筆字。

67 潛水百慕達。

68 成為考古學家或參加考古隊。

69 偶遇我國小一年級那位有酒渦愛跳舞的女導師。

70 清理混亂的書桌。（已達成。但你不要以為這是一件很容易的事！）

71 痛哭一場。

72 吃母親做的麵疙瘩。

73 又是吃：吃母親煮的竹筍虱目魚粥。

74 向我不愛的人致歉。

75 與家人熱烈討論出一幀皆大歡喜的遺照。

76 一直有戀愛的感覺。

77 甚至在史特拉汶斯基《春之祭》交響樂中仍能專注和諧且忘情且昇華地做愛。

78 信仰一種宗教。

79 仔細聆聽我的父親，雖然他這輩子對小孩說沒幾句話。

80 為親人各買一份愛的禮物並附一首小詩且將它們偷偷藏入牆壁內。

81 將我一生在各國旅行所蒐集的錢幣寄給最初的戀人。

82 先吞下一顆舍利子。

83 在極地鑿冰池裸泳看如夢似幻的極光。

84 和抹香鯨一起游泳。

85 改掉壞脾氣，變得很有耐性。

86 練氣功。

87 不斷有名女人追求我。

88 交待：骨灰要輕輕地撒，不要用倒的。

89 親自設計訃文，且在上頭寫出一則本世紀最冷的笑話。

90 成功公演一齣布袋戲。

91 變胖一次（但要胖得很陽光健康）。

92 防小人，或對小人可以免疫。

93 到死都不會變成「只剩一張嘴」的老男人。

94 若有機會再老下去，要愈老愈有味道和質感。

95 精通英文，再學一種原始部落的語言。

96 變成一個想到什麼就會去嘗試的人。

97 不再迷路！行有餘力還可以開車當導遊。（放棄。我已經接受「路痴」是無可救藥的絕症，故不再自欺欺人。）

98 到死前一刻都還才華洋溢。

99 為復活作好準備。

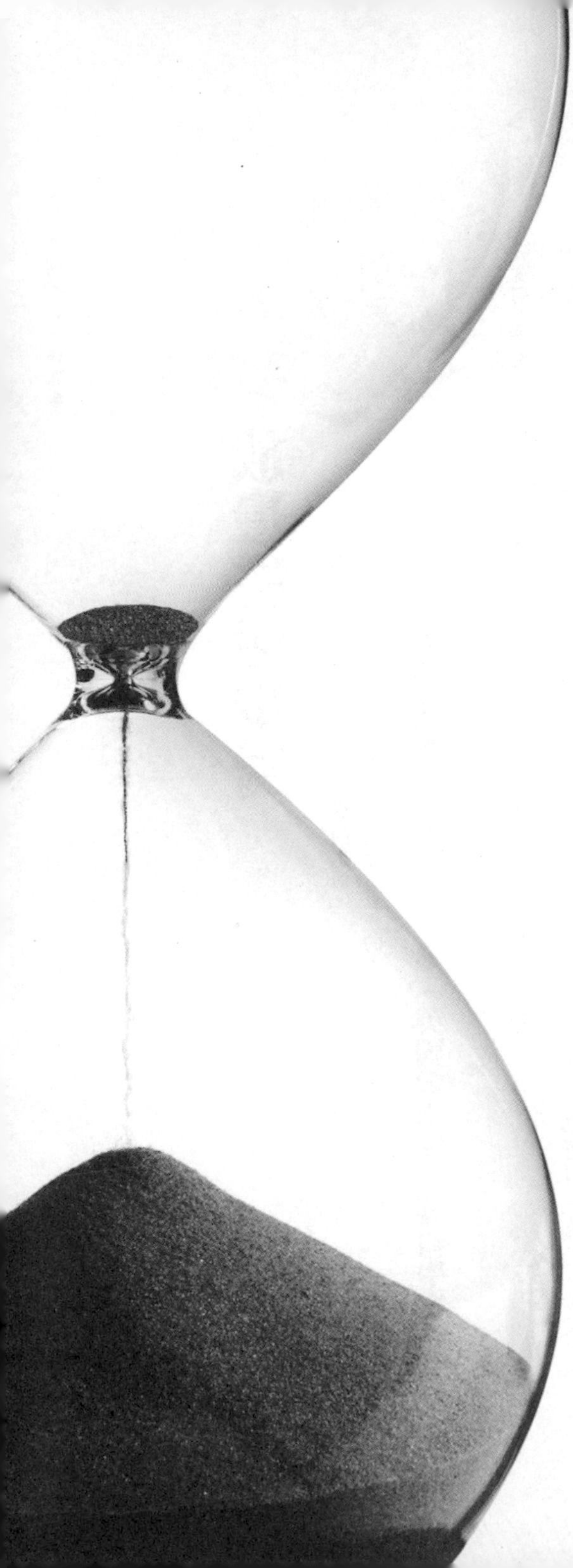

人生的節奏

人生就像是大海，誰的機會在哪裡都不知道，我們只能盡力去做，最後是死，是活，只好靠運氣了。

~林百里

29 放慢生活步調

所謂幸福的生活，必然是指安靜的生活，
因為只有在安靜的氣氛中，才能夠產生真正的人生樂趣。

~博詮德‧A‧W‧羅素（英國數學家、邏輯學家）

從電影《證人》開始，許多人才知道世界上還有這樣一群人。

他們拒絕文明、維繫傳統道德、社會組織嚴密，你可以說他們極度保守，也可以說他們非常自閉，卻無法否認，在生活腳步這樣快速的年代裡，阿米許人擁抱著相當自我的生活態度，若要說現代人嚮往他們那種與世無爭的生活型態，可能也有某些程度是正確的。

阿米許人是在嚴重宗教迫害下，逃離歐陸來到美國的一批基督教徒，剛開始時他們落腳在賓州，後來逐漸散居至美國中西部，包括俄亥俄、印第安那、伊利諾、密西根等幾個農牧業興盛的州也看得見他們。移居美國兩百多年來，阿米許人一直維持著變化清簡的生活型態，他們不開汽車，不用電力，更拒絕拍照，女人一律穿著連身裙與圍裙，帶小帽，男人則穿黑衣，外出時戴著黑色的高帽，以農牧、手工業為生，禁絕任何污染的耕作與畜牧手法，在人際關係上，則不與人起爭執，更禁止任何衝突場面。

阿米許人似乎已經變成美國這個物欲橫流的社會中最後的清教徒，他們雖與一般人家混居，所有文明社會可以想見的產物，都會在他們眼前出現，但能夠秉持理念毫不動搖，將焦點放在生命本身，雖不特別幸福，卻也沒有壓力的生活，說不定正是很多人終其一生汲汲營營追求的。

雖然身在台灣，不同的城市還是會有不同的步調。一向習慣台中悠閒的生活，每次只要去台北，就會不自覺得跟著人潮移動，加快腳步，很自然形成一種必須快速的壓力。同樣的，台北的朋友，只要一到台中，很自然的也感覺到步調的緩慢，腳步也會跟著慢下來。

曾經在喧鬧的城市中，看到馬路邊一家咖啡店吊著大型的看板，上面寫著「事情不做又不會跑掉，急什麼？」一針見血指出現代人的茫然，在車水馬龍的街道，看到這樣的看板，倒像是城市警語一般，讓人停下來想想自己到底在忙什麼？

忙什麼？當你問一個正在忙碌的人時，他們可能會突然呆住：「對啊，到底在忙什麼？好像也沒什麼好忙，卻像無頭蒼蠅一樣瞎忙！」

很多人想用忙碌換取以後的幸福，但黃明堅卻說：「幸福，不在我們擁有或者沒有的東西裡面。幸福，在於拋棄速度，在於趨近沒有速度的緩慢緩慢裡。」拋棄速度意味著停下你的腳步，你才能看到流動的痕跡，就像攝影的人為了要捕捉光影，必須延長快門的速度，才能拍出美麗的光影一樣。

試著緩慢，然後，與幸福相遇。

30 珍惜當下

願你們每天都愉快地過生活，不要等日子過去了才知道它們哪裡可愛，也不要把所有殷望都放在未來。

~瑪麗・居里（波蘭科學家，曾獲諾貝爾化學獎）

美國內戰期間，林肯總統常會去醫院探望傷兵。一天，醫生讓林肯去見一個即將死去的年輕士兵，於是，林肯走到他床邊問他：

「我能為您做什麼事嗎？」

傷重又意識模糊的士兵沒有認出林肯，只是費力地低聲說：「能替我寫封信給我母親嗎？」

於是林肯拿來紙筆，認真寫下年輕士兵交代的一言一語：

「親愛的媽媽：

我履行義務時受了重傷，怕是沒辦法再回到您身邊，千萬別為我悲傷，只要代我給瑪麗和約翰一個吻，願上帝保佑您和父親。」

瀕死的士兵體力虛弱得說不下去了，因此林肯便代他簽了名，又加上：「亞伯拉罕・林肯為您兒子代筆。」

年輕人要求看一下信，當他知道這個代筆的好心人是誰時，他呆住了，「您……真的是總統？」

「是，我就是。」林肯語調平緩地答道，然後又問士兵自己還能幫他做些什麼？

「能握著我的手嗎？」士兵請求，「陪我過完最後一段時間。」

在這寂靜的房間裏，只有高大的總統握著男孩的手，低聲安慰他，一同等待死亡降臨那一刻。

有人請洪州百丈山寺裡的和尚幫忙鋤地，一個和尚忽然因為聽到吃飯的鼓聲，而收起鋤頭，大笑歸去。他的師父懷海禪師看到說：「嗯，不錯！這就是『觀音入理』而有所領會的例子。」

禪師回到禪院，把那和尚叫來，問：「你剛才領會了什麼嗎？」

和尚說：「只是聽到吃飯的鼓聲，回來吃飯而已。」懷海禪師聽著就笑了。

禪師為什麼笑呢？大概是因為這個得意門生說的正是「現實」吧！

人體百分之七十的感官接受器集中在眼部，眼睛看東西，看房子在那裡，再怎麼看它還是在那裡，這就是色境。可是，聲音不一樣，聲音在當下就消失了。

聽！剛才那個聲音，你才想要再去聽它，就已經沒有了，每一種聲音都一樣，瞬生瞬滅，所以頓悟也是瞬間。

和尚聽了鼓聲，瞬間覺察當下。我們當然也要鼓勵自己活在當下，吃飯就認真吃飯，睡覺就認真睡覺，工作自然認真工作。

（摘自《天天天禪》，謝怡慧）

31 挑戰困難

大膽挑戰，世界總會讓步。
如果有時候你被它打敗了，不斷地挑戰，它總會屈服的。

~威廉・M・薩克雷（英國小說家、詩人）

有個女兒向父親抱怨自己為什麼總會遇到如此艱難的人生困境，在這麼多磨難後，她覺得累了，因為不管她多努力去解決，總是一個問題擺平後，另一個問題又出現了。

她那當廚師的父親聽了女兒的抱怨，就把她帶進廚房，只見父親拿出三個鍋子，分別加了一些水，然後用大火燒水，待水燒開後，他就把胡蘿蔔放進第一個鍋裡，第二個鍋放進雞蛋，最後一個鍋則放了磨過的咖啡粉，但沒說為什麼要這麼做。

覺得自己飽嘗挫折的女兒對此頗不耐煩，又不知父親到底葫蘆裡裝什麼藥，便也沉默地等著，二十分鐘後，廚師把火給關了，把胡蘿蔔撈進一個碗裡，把雞蛋放到另一個碗裡，又把咖啡舀到一個杯子裡，然後轉過身問女兒：「親愛的孩子，你看見什麼？」

「不過就是胡蘿蔔、雞蛋和咖啡嘛！」她有點沒耐性地回答。

但廚師毫無惱意，只讓女兒用手摸摸胡蘿蔔，女孩發現胡蘿蔔變軟了，他又要女兒剝開雞蛋，女孩發現蛋煮熟了，最後，他讓她喝了咖啡，喝到香濃的咖啡，女兒便笑了起來，問道：「爸爸，你想告訴我什麼？」

廚師說，「很簡單，這三樣東西面對的挑戰都一樣，就是沸騰的開水，卻有完全不同的結局，胡蘿蔔本來很硬，但煮開後就變軟了，雞蛋本來易碎，卻在煮開後變堅韌了，咖啡粉不但跟水合而為一，還進而改變了水。」他等了一下之後說，「孩子，你是哪一樣？碰到逆境時，你是胡蘿蔔、雞蛋，還是咖啡粉呢？」

「能否在地上蓋上皮毛？」

「不行！」

「那我們該如何？」

「在腳上穿皮鞋。」

腳穿皮鞋跟在地上覆蓋皮毛是一樣的。

也就是說，敵人跟空間一樣，是無所不在的。我們不可能征服所有敵人，但是如果一個人，可以戰勝他的恨意，就等於戰勝了所有敵人，戰勝所有世上的不滿足，戰勝所有因為「自我」產生出來的恐懼困苦。我要如何面對惡魔？將自己從傷害中釋放，並釋放那些深陷苦海的人，要把自我拋開，愛別人如愛自己。

如果困難是可以解決的，那為什麼要不快樂？如果困難不能解決，那不快樂又能何用？這是電影《高山上的世界盃》最後Ending住持跟小喇嘛們上課的一段話，這部電影敘述一群從西藏到印度流亡的喇嘛，因為要看世界盃足球賽，一起籌錢租電視衛星，最後一起安裝，終於如願以償看到世界盃的總決賽。

什麼是困難？對高山上的喇嘛來說，連看世界盃都要想辦法克服才能如願，對於都市人而言卻一點都不困難，因此，困難其實是因為環境，因為人的不同，而有不同的體認。最重要的反而是面對困難的心態，是被困難困住了？還是能迎接困難，盡力去解決困難？

困難，其實一點都不難，因為「難」被困住了，只需要你去找到鑰匙打開它，就不會再被困住了，不是嗎？就像電影《阿甘正傳》裡面說：「人生就像一盒巧克力，你永遠不知道你會吃到什麼口味。每天都要吃點苦的東西，以免忘記苦味。」

32

學會適應壓力

世上本沒有壓力，只是自己想的太多了，看的太消極了，於是就有了壓力。

~魯迅（中國文學家）

在花園裡，有一顆小南瓜正要漸漸成熟變大南瓜，如果這時候用鐵圈牢牢箍住小南瓜瓜身，你猜這個正要成熟的小南瓜會被鐵圈箍住不再長大，還是有其他可能？

這是在麻州大學安城分校進行過的實驗，這個實驗主要的目的有二，一是計算當小南瓜逐漸長大時，對這個鐵圈會產生多大力量；另一是觀察小南瓜在成長過程與鐵圈互動所產生的力量，同時也代表小南瓜在被限制的情況下所能承受的壓力。

研究人員實驗前最初估計小南瓜大概只能承受約五百磅壓力。隨著實驗進展，小南瓜展現了連研究人員都難以想像的力量。

實驗第一個月，小南瓜就承受了研究人員原先估計的最大承受量——五百磅的壓力；到了第二個月，成長的南瓜已經可以承受原先估計的三倍壓力，也就是一千五百磅壓力；突破兩千磅的壓力時，研究人員甚至不得不對鐵圈進行加固，以免南瓜將鐵圈撐爆。

你猜得到最後南瓜承受多少壓力，才因為瓜皮破裂結束這個研究嗎？

整整是原先估計小南瓜所能承受極限的十倍壓力！也就是被鐵圈箍住的南瓜在承受了五千磅壓力後才宣告破裂。

破裂的南瓜在研究人員的分析下，發現內部已經完全無法食用，整個南瓜充滿了層層堅韌而牢固的纖維，每一層纖維都是因為南瓜在成長過程中突破包圍它的鐵圈而形成的纖維化現象。研究人員更發現一件不可思議的事，南瓜為了吸收充足的養分，以便能在鐵圈的緊箍下繼續生存，它的根部甚至延展超過幾萬公尺，所有的根朝不同方向全面伸展，最後這個南瓜的根部幾乎蔓延整個花園的土壤層，讓其他植物失去了生存空間。

如果你是小南瓜，你覺得自己能承受多少壓力呢？是會被研究人員料中只有五百磅的承受力量，還是能展現出驚人的十倍承受力？

現代人的生活忙碌，壓力就像是緊箍在小南瓜上面的鐵圈，小南瓜當然不會意識到阻礙它生長的是鐵圈，生長是它最基本的生存條件，於是它用自己的方式生長茁壯，不但撐爆了鐵圈，最後甚至佔領了整片花園。

面對困難、面對壓力，你的選擇是什麼呢？不可否認的，膽怯往往是心裡最原始的聲音，「我真的有這種能力嗎？」「這實在太困難了。」「我沒法解決。」「我再也受不了！」我們來聽聽看小南瓜是什麼聲音？「嗯，今天的陽光真溫暖。」「呼！空氣真新鮮。」「哇，水真好喝！」小南瓜的力量，不但跌破了所有研究人員的眼鏡，讓人發現植物在面對生存壓迫時展現的生命韌性，更遑論人能有多大的力量去承受眼前的壓力與困境。

不要小看自己，但同時也不要太壓抑，現代人往往因為壓力而出現了文明病，例如憂鬱症，承受壓力的同時也要學會釋放壓力，不然有可能會像小南瓜一樣，在撐爆鐵圈同時，內心早就已經全部硬得纖維化了。

33 實現願望

欲望是無法滿足的，實現一個願望，
接著又產生更新的願望，如此衍生不息，永無盡期。

～亞瑟・叔本華（德國哲學家）

美國喜願基金會創立於西元一九八〇年，起因是美國亞歷桑納州鳳凰城有個罹患白血病的七歲小男孩克里斯，他一直希望能成為一個警察，於是當地的一位警察及社區人士便熱心奔走，努力為克里斯達成願望。後來克里斯不但穿上了警察制服、佩戴警徽，還去巡街、開違規停車罰單……就像個真正的警察。而當初幫助克里斯實現願望的這群人，也為能夠完成小男孩的夢想而深深感動，並體會到重症病童在艱辛的治療過程中，至少該有期待美夢成真的機會，便成立了喜願基金會為重症病童圓夢，積極向世界各地宣導喜願的理念，台灣的喜願協會於一九九四年成立，至二〇〇八年已達成七百多個重症小朋友的心願。

以下這個案例，是發生在二〇〇三年愛爾蘭的喜願兒故事。

六歲的凱立安這輩子最希望達成的願望，就是能當一天的消防隊員，上個星期五他聽到消防車警鈴聲時，興奮地穿著自己的長睡衣跑出家門。

「看啊，媽媽，看，消防隊員來了耶！」他說，當消防車停在家門口，五個消防隊員跳下車時，凱立安突然不說話了。

「這是為了你出動的消防車，凱立安，全部都是你的。」凱立安的媽媽說。

這天對他三十七歲的媽媽和四十二歲的爸爸吉姆來說，都是心情複雜的一天，吉姆說：「凱立安病得不輕，他心臟狀況一直不好，才在都柏林接受開心手術，就馬上腦出血中風。

「雖然病情讓他每天都很不舒服，但幸好這幾個星期來他的狀況滿不錯的，我們很慶幸他在這樣的情形下還能活得好好的，對所有父母來說，看到自己的小孩碰到這種情形，真是惡夢一場。

「這是凱立安第一次又笑又跟人聊天這麼久，他一直很想當消防隊員，我們也希望他今天的狀況夠好，才有辦法完成心願。」

媽媽說：「他出生時，我們就被告知他只有十分之一的機會可以存活，他會上醫院做定期檢查，但我們每天唯一能做的，就是注意他的身體狀況。」

穿戴上消防衣、頭盔和靴子後，凱立安被帶上消防車，繞了小鎮一圈，然後又在縣議會的名人訪客簿上，簽下自己的名字。坐在他身旁的是感性的議長，他說：「凱立安，你真是個特別的男孩，希望你今天過得很快樂。」

當凱立安出過滅火任務，回到消防隊時，消防隊長就正式宣布他成為一個真正的消防隊員。凱立安的媽媽說：「能看到他再度露出笑容，真棒，我們只希望能再跟他多生活些日子就夠了。」

（取材自中華民國喜願協會與國際喜願基金會總會網站）

曾經訪問作家羅蘭，她一個人獨居公寓，頭髮花白，笑起來卻像小孩，雖是老公寓但擺設簡單，唯有書房，寫作的地方，堆滿了書，這就是寫《羅蘭小語》的地方。一個人住，但看她忙進忙出，清瘦的身子仍然精神，她說：「有挫折或覺得失意的時候，就趕快給自己一個希望，有了希望，忙著去達成，就什麼都忘了。」

生日的時候，要給自己許三個願望，很多人的願望都是很抽象的，比如說身體健康，或是大家快樂、世界和平之類的，吹完蠟燭，這三個願望也同時跟著蠟燭一起沉入黑暗，願望到底有沒有實現呢？壽星自己也完全不知道吧！

彭蕙仙寫過一篇文章談目標與願望，她說一般人都只許願，許完了也沒什麼實際的作為，即使真心誠意的想達成願望，也沒有實際的行動力，但目標就不同了，設定目標就會有行動方法，有行動方法，目標才能貫徹。願望通常只是心願，許的人常常隨緣不強求，要實現就真的只能看天意了。

星座專家唐立淇在《火星激發你的行動力》自序中提到「我預定中的計畫一一實現……雖說計畫早在心中，但也不免還是覺得來得太快……知道遲早會做這些事，也必須做，再來，只是動機的問題了。」你是不是有動機用實際的方法去達成你的願望，還是只不過許許願就沒了，實現願望其實不難，只是看你是否真有動機，然後開始行動。

34

體驗失敗的滋味

一個人可以失敗多次，
但只要他還沒開始怪罪他人，就不算一個真正的失敗者。
～威廉・J・巴羅夫斯（美國博物學家）

英國某個保險公司曾在拍賣市場買下一艘自十九世紀末下水後，便遭遇一百三十八次冰山、又觸礁過一百一十六次，還碰過十三次火災，被兩百零七次的狂風暴雨打斷桅杆，卻從未沉沒過的船。

但讓這艘船揚名天下的，卻不是這個保險公司，而是一個到後來此船被安置的英國船舶博物館參觀的律師，彼時，這個失意的律師正碰到人生的低潮，他剛打輸一場官司，那個案子的當事人也自殺了，雖然他並非第一次被打敗，也不是初次碰到客戶自殺的狀況，但每回一有這樣的情形，總讓他分外難受，深深的罪惡感讓他忍不住沮喪，更不知該如何去安慰那些失意的人。

當他在船舶博物館看到這艘船時，突然被它百折不撓的精神給啟發了，他想，如果連一艘船遭遇如此挫折都沒沉沒，他的客戶們應該會從中找到更多人生哲理，於是他把這艘船的歷史典故與照片一起掛在他事務所的牆上，當有人要請他辯護時，他便會讓對方看看這艘船。

你知道愛迪生在發明燈泡以前失敗過幾次嗎？

他和研究夥伴一共做了一千六百多類耐熱材料和六百多種植物纖維的實驗，才製造出第一個碳絲燈泡。當有人問他說：「你試了這麼多種材料還沒法成功，難道沒想過要放棄嗎？」他說：「那很好啊，我至少已經知道有一千多種材料不能用來當燈泡。」

人人都想成功，覺得自己努力了成功是理所當然，看別人成功，就羨慕別人的成功而想一步登天，因此一旦失敗，就難以承受失敗的打擊。回顧以往的學習經驗，小時候開始學走路，也是在不斷跌跤，最後在眾人的驚呼中踏出人生的第一步。學走路讓我們知道，要成功的必經之路是跌倒。

太空人阿姆斯壯踏上月球時說：「這是我個人的一小步，卻是人類的一大步。」全球一片歡欣鼓舞慶祝人類這一大步時，你知道美國太空總署當年試射了幾次，最後才篤定的發表讓全世界來參與這個盛會的嗎？

想要成功，那就先學會失敗，如何在失敗的經驗中去成長學習，而不是自暴自棄，在失敗中繼續挑戰自己，才能真正的成功。

35 做事全力以赴

一生沒有虛過，可以愉快地死，
如同一天沒有虛過，可以安眠。
～李奧納多・達・文西（義大利藝術家、科學家）

美國前國務卿鮑威爾回憶自己年輕時在汽水工廠擦地板時的經歷：

有人告訴我三個挖水溝工人的故事：那第一個說自己將來一定會做老闆，現在這工作根本是大材小用；第二個抱怨工作時間太長，酬勞又過低；第三個則只是默默地工作，什麼話也沒說。

許多年後，第一個工人還在挖水溝；第二個藉口自己有傷，提前退休了；第三個工人則變成那家公司的老闆了。可見得，不管你做什麼事，總會有人默默地注意你的工作表現，因此我打定主意，一定要做這汽水工廠裡最棒的擦地板工人。

可是有一回，有個人打破了五十箱汽水，滿地都是黏答答的糖水和泡沫，我心裡雖然不高興，卻還是努力把地板擦乾淨了，領班看到後，就對我說：「你地板擦得真乾淨！」

於是，第二年我被調到裝瓶部門，第三年就升為副領班，我其實只是牢牢記住這個道理：「凡事全力以赴，總會有人看到的。」

拖延是懶惰的最大來源，往往什麼事都讓我們想「等一下」。明天的功課要做，「等一下再做，我先玩一下」；老闆交待的報告，「等一下再交，我先混一下」；稿子明天要交，「等一下再寫，我現在沒靈感」；垃圾要倒，「等一下再倒，我先吃個東西」。

有一次主管擔心的問我一個案子寫得怎樣了，我其實並無頭緒，進度緩慢，但又不知怎麼回答他，只好跟他說：「別擔心，反正時候到了一定會寫完交出來。」這麼一說他更擔心了，便對我來個機會教育，他告訴我，有個作家說，寫考卷的那一刻就是他準備最好的狀態，那一刻的出手就是最佳的判斷，即使考得不如預期，也不會後悔，因為那是他真正的實力。他自己小時候唸書考試前，也都會把全部的習題跟參考書作完，但考運好像都不怎麼好。

我聽了大感訝異，沒想到他竟然是這麼用功的學生，而我呢？每一次的考試通常都到最後關頭還沒念完，憑著一點考運，雖然沒有科目被當掉，卻因此養成自己能拖就拖，最後用激發潛能來完成事情，常把自己嚇得花容失色。

主管接著說，所以他不喜歡事情拖到最後才完成，通常他都在截止期限以前就完成，這樣才會有時間再修改到最好的樣子，東西出去的時候就是你自己最滿意的時候，他不想讓自己有後悔的感覺。

主管的一番苦口婆心，倒讓我自己覺得慚愧，想到凡事都想等一下的我，也該好好調整心態，用最好的準備來達成最好的結果，雖然不一定是傑作，但至少不再讓自己後悔。

凡事等一下，以後就後悔。全力以赴的投入，以後就成功！

36

勇於改變現狀

這世界可以因人的努力而變得更新更好，沒有人能夠昧於現實，割斷自己與社會之間的連結。他必須對新事物大度又敏感，必須有勇氣與能力去面對事實、解決問題。

～法蘭克林・羅斯福（美國總統）

很久很久以前，有個養蚌人想養出一顆世上最大最美的珍珠。

既然要養珍珠，自然得挑最好的沙，但他在海灘上挑來挑去，又一個一個去問那些被挑出來的沙粒願不願意成為珍珠，要變成珍珠並不容易，得經過暗無天日的許多日子，才有機會成為一顆璀璨明亮的珍珠，但那些沙都說不願意放棄目前逍遙的日子，養蚌人從早問到晚均無所獲，這讓他簡直絕望透頂，以為應該是沒有機會達成自己的心願了。

就在此時，一顆沙願意做他的珍珠，那顆沙不在乎人家怎麼笑它，怎麼罵它傻，因為住在蚌殼裡，不但看不到陽光、雨滴、月亮，又吹不到風與空氣，甚至得跟親朋好友分開，獨自在黑暗潮濕冷冽的環境裡耐住性子，只為了變成不知道成功機會有多少的珍珠，實在一點都不划算。

但沙粒還是義無反顧跟著養蚌人去了。

幾年過去後，當時被訕笑的那粒沙在蚌殼裡已經形成一顆光彩奪目的珍珠，當初不願意接受考驗的那些沙粒又去了哪裡呢？有些還是乖乖地躺在沙灘上，有的卻已風化為土，不知去向了。

人都怕改變，因為未來太不可知了，所以儘管對現狀常常不滿意，還是勉強自己忍耐，如果一切平順，似乎更沒有改變的必要。

畢業的第二年，我在一家營造公司擔任出納職務，公司編制很小，事情其實也不多，還有時間可以看自己的書，每天準時上班準時下班，有需要標工程的時候打打估價單，工程標到了準備合約書蓋印章，就是一些簡單的文書性工作。半年後，我的工作依然在簡單的狀態下進行著，估價單、合約書、領錢付款……，對一般人而言，這是一份還算穩定的工作，簡單又不複雜，但我卻在重複中逐漸懷疑自己，「只是這樣了嗎？」「我還能做什麼？」

當時，我的確不知道自己還能做什麼？找過工作的人，都能瞭解找不到工作的自我否定感，如果要離職卻又會有一段失業的空窗期，想到求職的困難，難免又卻步，日子一天過一天，對自己的疑問卻更加強烈，「真的只是這樣嗎？」

後來我還是決定離職，雖然那時的我甚至沒有自信能找到更好的工作，至少我知道自己不想只過這樣的生活，只做這樣的工作，所以，還是決定提出辭呈。之後，我再度升學，找到了一份自己非常喜歡的工作。現在的我，也不再問自己只是這樣了嗎？

如果你對生活有抱怨、不滿意，為什麼還要忍耐呢？勇敢地做點改變，不改變，當然就不會有變化，但只要改變，什麼都有可能發生。

阿潼

32歲的「前」閒散女作家，目前本業在電視台工作，副業寫作，不能一日沒有網路。生活像貓，愛吃愛玩愛睡覺，喜歡獨處；散步或發呆時偶爾也會流露出貓一般沈思的表情。多位命理人士表示她會活到九十五歲，她惶恐地希望那不是事實，除非當時醫學發達到人們不知「老」為何意。

1 住在日式長屋裡度過餘生。

2 辦生前告別式，請親朋好友預告對我的懷念。

3 吃紅豆粥。

4 留下遺產鎖在木箱裡，還要裝神祕地吩咐後代身後方能打開。遺產是一張紙條，寫著「要勤儉」之類的家訓。

5 還有力氣的話，去環遊世界。

6 清醒的日子，坐在陽光灑落的窗邊發呆，回想一生。

7 把值錢東西捐出去。如果我死的時候很窮那就算了。

8 如果那時還沒受洗為基督徒的話，就趕快去受洗。

9 死前要睡在家中的床墊上。拜託，別用維生系統延續我沒有意識的生命。

10 那時應該可以搭乘太空電梯去外太空玩了。

11 到墳前去探望一個個早我離開世間、我所愛的人們。

12 對了，要不要去拉個皮呢？反正就算拉失敗了再醜也沒幾天。

13 把青春年少時愛讀的小說再拿出來讀一遍。

14 和金城武一日旅行。第二天日出之後便各奔前程。

15 自己寫好墓誌銘，墓碑上要刻一首心愛的小詩。

16 喝珍珠奶茶。

17 學畫畫。

18 住紐約一個月。

19 高空彈跳。

20 生個小孩。

21 四十歲以前就會死的話，寫一本像《挪威的森林》那樣的青春小說；四十歲以後才死的話，則寫一本《國境之南，太陽之西》的前中年期小說。

22 希望還能再看到一次哈雷彗星。上一次看到的時候是國小六年級的事情囉。

23 和真田廣之一夜情。

24 反覆看奧黛莉赫本主演的電影。

25 日夜都可以有人溫柔地用精油按摩全身，一如電影《悄悄告訴她》。

26 台灣走透透。開車大旅行，沒有預定行程，車子開到哪、吃到哪、住到哪、玩到哪。

27 讓我再看最後一次日本的櫻吹雪。

28 向暗戀的人告白。

29 訂做入殮衣，歐洲高級訂製服形式。

30 遺體火化，骨灰撒在自己親手栽種的樹苗下。

31 親訪歐洲米其林三星餐廳十家。

32 入住日本頂級的旅館十家。

33 來不及環遊世界的話，以下三個國家非去不可：柬埔寨、杜拜和北非。

34 坐一次熱氣球。

35 繼續跳爵士舞。

36 當「非慈濟」的環保志工。

37 跟北野武聊天。

38 寫信給到死之前最要好的幾個朋友。去世之後請家人寄給他們，如果他們還在的話。

39 去揍「想到就有氣的人」兩拳。

40 打點一座屬於自己的玫瑰花園。

41 修習日本茶道。

42 簽器官捐贈卡。

43 開辦貓學校，訓練貓成為人類的好朋友。

44 用英國B&W喇叭聽蕭邦或德布西。

45 把一口爛牙都換成新的。
46 住在深山裡，吃自己種的蔬菜。
47 整理從出生到死前的照片。
48 我猜我到死前還是會不斷更動住所的佈置。
49 和相愛的人廝守。
50 逛逛歐洲的跳蚤市場。
51 再看一次小甜甜卡通。
52 先把陪葬物整理好。
53 開間洋溢著復古情調的喫茶店。
54 辦一本符合自己想像的雜誌。
55 養隻黃金獵犬。
56 玩任天堂電視遊樂器的「超級瑪莉」，希望還可以破關。
57 去天體營看看，必要時先隆乳縮臀。
58 將身邊的鍾愛物品上網拍賣，和每樣東西的新主人訴說關於這物品的故事。
59 去羅浮宮看〈蒙娜麗莎的微笑〉原畫作。
60 若曾撒過什麼巨大的謊言，說出實話，並向被這個謊言傷害到的人道歉。
61 保養得還可以的話，就拍個全裸寫真。
62 在歐洲小鎮的麵包店賣麵包，可是不要賣太久。
63 隨時隨地拍照，記錄離世以前肉眼所見的世界。
64 每天睡到自然醒。
65 學著更優雅。
66 擔任生態保育解說員。
67 隨時保有「今日事今日畢」的心境，因為誰也不知道我還有沒有明天。
68 寫出一本非常暢銷的芭樂勵志書。
69 躺在床上無聊的時候就K金庸武俠小說。
70 去拉斯維加斯梭一把。
71 已經找到值得「一生努力」的使命。
72 每一餐進食不同食物。
73 去瑞士銀行開戶，看看是什麼感覺。
74 全世界的人為我瘋狂十五分鐘。
75 一覺醒來擁有林志玲的身材。
76 勸蕭薔去演台語發音的本土劇。

77 死前身世揭密：發現自己原來是某個歐洲小國的公主。
78 擁有一件足以改變世界的發明或創作。
79 找到我離家出走的貓。
80 中樂透頭彩成立基金會，幫助中輟青少年。
81 木村拓哉為了我跟老婆離婚。
82 真的有「哆啦A夢」這種東西，而且就在我身邊。
83 登上《時代雜誌》封面。
84 好朋友做了總統。
85 台灣成為一個讓人「自我感覺良好」的寶島。
86 做一個很有力量的人——舉例說明：即使在電視上挖鼻孔，人們也會認為那是時尚而不是失禮。
87 做催眠，想知道前世今生。
88 推動「反菸害運動」而讓香菸這種東西消失在世界上。
89 在這之前我更希望先推動「反檳榔運動」。
90 看到台灣以「台灣」之名加入聯合國。
91 如果我的孩子還沒滿十歲，那就一起去動物園；十歲到二十歲，一起去旅行；二十歲以上的話……叫他們去忙自己的事就好了。
92 得諾貝爾獎，隨便哪個都好。
93 研究靈魂出竅的方法。
94 去印度洋打撈我家因颱風而沈落、載滿茶葉的貨船——祖父原本是富裕的茶農之子，因為這艘船我家才家道中落。
95 去念魔法學校。
96 不要哭，要常常笑。
97 生前要有鉅額保險，死前先預支這些保險金盡情花用。留給後代的有形財產越少越好。
98 不要想什麼「死前要做的九十九件事」，難想死了。
99 可不可以不要死？

37 美化家中擺設裝潢

看客廳，可以知道主人的事業成就；
看廚房，才知道主人的生活品味。
～歐洲名言

有個準備退休的老木匠告訴老闆自己準備離開建築業，返鄉與妻子兒女共度家居生活，由於老木匠手藝相當好，老闆捨不得他走，便要他留下來蓋最後一棟房子，只要蓋好這棟房子就讓他告老還鄉，老木匠答應下來了，心思卻全沒用在蓋房子上，因此許多材料和作工相當粗糙，其他工人都看出來，老木匠最後這棟房子可算是他一生中的大敗筆。

當房子蓋好時，老闆將一把鑰匙交給了老木匠，帶他來到他最後蓋的這棟房子前。

「這是你的房子，」老闆說，「我送給你的禮物。」

老木匠嚇呆了，羞愧得無地自容，他壓根沒想到蓋的會是自己的房子，這下可好了，自己一生以蓋出精美的房子為業，臨老，卻要住在一棟粗製濫造的房子裡，連後悔也來不及了。

日本的電視節目《全能住宅改造王》，節目裡頭會進行各式各樣的舊屋改建計畫，房子改裝前需要把舊裝潢全部打掉，每次屋主看到多年住的房子在瞬間化為烏有，總有一種不捨與擔憂，不知道房子改裝好後是不是自己想要的，隨著裝修的進度，改裝的房子慢慢成形，當裝潢好的樣子呈現在觀眾與屋主面前，總讓人不自覺要驚呼：「哇！好舒適，簡直跟新的一樣。」有時候家裡的成員一回家看到煥然一新的樣子，無不興奮的叫起來：「這真是原來的房子嗎？」

有句話說，你不能改變世界，但是你可以改變心情，房子也是，雖說小小的上班族，要擁有一棟屬於自己的房子已經是很大的夢想，但你買不起房子，卻可以改變房子的裝潢擺設，小小的變化，就能在生活裡創造新奇的樂趣，換換心情也是很不錯的喔！

38 碰碰運氣

人生就像是大海，誰的機會在哪裡都不知道，我們只能盡力去做，最後是死，是活，只好靠運氣了。

～林百里（廣達電腦董事長）

馮夢龍的《醒世恒言》記載著一個這樣的故事。

有個叫做文若虛的人，自小就聰明，什麼都一學就會，小時還有人說他未來會賺大錢，但這人自恃甚高，不但把家裡的產業都花費殆盡，做生意的運氣和眼光又不好，敗了不少錢，他之前聽人說北京扇子好賣，便批了些白扇子又加上些名人字畫，想賣了些錢花用，卻沒想到北京那年天天都在下雨，有天終於放晴，他正想著可以拿扇出來大發利市，沒想到一開箱，卻發現撇了字畫的全數黏在一起，撕開就報廢了，類似這樣的狀況層出不窮，久而久之，許多人就叫他作「倒運漢」。

某天，有一群人招攬他到海外去作些小買賣，文若虛自覺不是做生意的料，就算跟船遊歷海外長點見識也好，這群朋友又給了他一兩銀子買貨，文若虛也不知道該買什麼貨，見到遠遠有人挑來太湖洞庭山上盛產的橘子，他忖度自己這一兩銀子買不到什麼好貨色，便買下百斤的洞庭紅橘子，就算賣不出去，沿路還可解渴，於是他帶著一簍一簍橘子上船了。

過了數日，這船終於靠岸，其他人都下船做生意去了，只剩文若虛一個人無聊地看船，他忽然想到自己擺在船艙裡的那些橘子不知如何了，便盡數搬了出來，結果岸上的人看到他那一簍簍紅紅的東西，都不知道是什麼，文若虛也不回答，逕自剝開一個吃了起來，岸上的人大樂，便說：「原來是吃的啊！」有人問文若虛一個多少錢，船上的水手代他比了一個指頭，說：「一錢一個喔！」結果問的人就馬上掏出一個銀錢，文若虛挑了個大的給他，那人接到便馬上剝開，沒想到香氣逼人，那人不知道吃橘子要吐掉子，便囫圇吞棗，一吃發現甜水滿溢，馬上又掏了十個銀錢來說要買十個，圍觀的人也跟著那人三三兩兩地買了些，開心地離開了。

文若虛見所剩不多，便說：「不賣了，要留著自己吃。」結果沒買到的人，想多些錢來買卻也買不到了，此時，剛剛買了十個那人策馬來到，他對著船上大叫：「別賣別賣，我通通買了，要進貢來著。」文若虛頭腦靈活，發現這生意有賺頭，他看看簍裡的橘子，說道：「剛說要自己留下來吃，不賣了，如果肯多出點錢我就考慮考慮。」結果那人就給了他一個橘子三錢，把剩下的橘子盡數買光，其他人看沒得賣了，便一哄而散。

文若虛見圍觀人都散了，算算自己的錢，大約有一千多個銀錢，他打賞幾個給船家，又把餘下的錢收拾起來，想到上船前有個瞎子算命仙說他就要轉運發大財，「瞎子說的還真準啊！」文若虛心想。待上岸做生意的眾人回來了，聽到文若虛的遭遇，大家都拍手叫好，說：「沒想到你沒本的，卻先賺到了錢，想來可能要轉運了。」大家要他再去尋些奇珍異寶，文若虛卻如何都不肯，只說好好守住賺來那些錢也就夠了。

沒想到船隻再張帆航行時，卻碰著大風浪，船家也無法控制船的方向，隨波漂流到一無人荒島，船上其他人都被晃得暈頭轉向，文若虛想下船去走走都沒人願意陪同，他便一人精神抖擻地跳上岸了，只見到遠遠草叢裡有個高起的東西，他進前一看，發現是個巨大的空龜殼，文若虛沒看過這樣大的龜殼，自認是珍物異貨，便把自己的綁腿穿在龜殼中間，拖了就走，走到船邊，大家都笑他拖個大龜殼來作啥，文若虛說，至少可以拿來當行李箱，於是他取水洗淨，把自己的行李都塞在龜殼裡，兩頭用繩子一拴，就是個大皮箱了。

沒多久，船又行到了福建地方，與大家做生意的是個波斯人，前一天談生意時大家都說文若虛沒什麼貨可賣，但第二天清早，那主人發現船艙裡放著個大龜殼，心下不快，便對其他人說道：「我跟各位做生意許多年，為什麼這樣作弄我？明明有貴客，卻讓我怠慢了。」又連忙把文若虛請到上位，說道：「請問貴客這寶貨賣是不賣？」文若虛老實，說道：「有好價錢為什麼不賣？」主人聽到他肯賣，笑顏逐開，「貴客說多少就是多少。」文若虛哪知道這龜殼值多少錢，有人看了文若虛的手勢，說道：「文先生要一萬呢！」

主人卻說：「不要開玩笑了，這等寶物哪裡只值這種價錢？」結果大家都被嚇傻了，文若虛便說，「五萬如何？」主人不高興起來：「五萬，豈有這樣的價錢？分明是不想賣吧？」

在座其他人馬上出來打圓場：「不是不想賣，而是老實說，這兄弟只是跟我們一起出門玩耍，並非做生意的，這寶物也是意外得來，若真有這五萬，也足夠了。」

「此話當真？」主人大喜道，馬上銀貨兩訖，又拿了一千兩要分享給在場其他人作吃酒錢，但五萬兩實在太重，主人就建議文若虛暫時先在這裡住下，他提供一個本錢三千兩，價值二千兩的綢緞莊，讓文若虛在這裡做生意，錢也無須全數帶在身上，文若虛一想，自己反正是孤家寡人，碰到這樣大的機緣，乾脆在這落地生根也好。

當場有人便問了主人，何以肯出這樣高價來買一個龜殼，那波斯人笑嘻嘻地說：「這種龜裡有夜明珠，光一顆就超過剛剛我付出的那些銀兩，」他又入房去拿了個布包出來，「大家請看，就是這個。」

本來倒楣的文若虛此時碰到好運，突然變成富商一名，眾人還要他乾脆取消交易，把龜殼換回來，文若虛卻說：「要不是主人識貨，這龜殼也不過就是個廢物而已，我這樣一個倒運漢，能有此造化已經很幸運了。」

大家便說道：「文先生宅心仁厚，才能有此富貴，轉運也是理所當然。」

此後，文若虛作了福建的富商，又在那裡娶了妻子，家業殷富不絕，但一切，只不過是一簍橘子帶來的好運啊！

樂透剛開始在台灣發行的時候，見面的問候語不再是「吃飽了沒？」，而是「這期買了沒？」很多人躍躍欲試，甚至大家集資買樂透，有些人一想到中獎機率很低，就意興闌珊，不願投資。

多年前，台灣流行「大家樂」，造成了一股賭博的歪風，很多人甚至傾家蕩產，只為了想成為大富翁，一時之間，有人瘋明牌，有人包牌，有家庭主婦把菜錢都拿去簽大家樂，有丈夫因為太沉迷而使家庭破裂。最後，由政府明令禁止，總算才延緩家庭悲劇的再度發生。

多年後，大家樂披著公益的外衣換成了「樂透」，加上公益的樂透，幾乎也成為全民運動，連一向自認沒有偏財運的我都去買了「樂透」想碰碰運氣，即使真的不中，還可以安慰自己是作公益，也算善事一件。

只要五十元，就有可能成為大富翁，我想很多人都會心動去買一張。區區五十元，對一般人的負擔不是太大，能作一個當有錢人的夢，還能成為茶餘飯後的話題，即使沒中也只虧了五十元，如果中了不是更好？怎麼算好像都不是賠錢的生意，小賭果真是怡情。

如果人生連五十元都不願失去，那你的人生還能冒什麼險呢？趕快去買張來碰碰運氣，說不定下個富翁就是你，試試看吧！

39 在報刊上投稿

寫作是一種治療形式，有時我會想：那些不寫作、不作曲、不畫畫的人，他們是如何宣洩人類與生俱來就存於心中那種瘋狂、憂鬱以及恐懼害怕的感覺。

～格雷安·葛林（英國小說家）

查理斯·休茲筆下的漫畫人物查理·布朗與狗狗史奴比，還有一大群可愛的小朋友，一直是全世界諸多史奴比漫畫讀者的最愛，而這其中最受讀者寵愛的史奴比，沒事就喜歡用打字機孜孜不倦地寫小說，也不斷地投稿，希望能成為一個名作家，但它每回的小說開頭總是：「那是個黑漆漆的狂風暴雨夜……」，史奴比總是一邊打稿，一邊為自己的創意而嗤嗤怪笑，即使這麼努力筆耕，它還是不斷地被退稿。

史奴比寄過各式各樣的稿件給各種報刊，卻也收過五花八門的退稿信，例如：「親愛的投稿者，我們收到你的最新稿件，但我們沒惹你啊，為什麼要寄這種稿子給我們……？」還有威脅口吻的：「再寄這種稿子來，小心我們登門拜訪！」以及躲無可躲的：「退回您的稿件，而且請您注意，我們已經搬家了，也不想再收到您的來稿。」

更離譜的是這樣的信：「感謝您近來沒有投稿，我們就是需要這樣……」

看來史奴比的作家之路不可能會平順了。

小學班上都會訂《兒童天地》，這是開放小學生投稿的一本刊物。有一次老師將同學寫得不錯的作文挑選出來，投稿給《兒童天地》，竟然入選刊登了，一時之間，班上掀起了一股投稿熱潮，大家高高興興地把寫好的作文交給老師看，老師再改改錯字，看還有哪些文句不順的部分要修改，之後就幫大家寄到《兒童天地》投稿。

當然，我也身在這股熱潮之中，大家都期待有一天《兒童天地》會刊登自己的文章，每期雜誌送來時，大家總是趕快翻開來看有沒有自己的名字在目錄上。

終於有一天，我竟看到自己的名字「××國小賴純美同學」登在上頭，那時，我簡直不敢相信，真的刊登了，原來文章被刊登比可以吃糖果零食更讓人高興，當時還在朝會上台領獎狀，並且收到五十元的稿費，這人生中的第一筆稿費，捨不得花掉，還跟媽媽換成硬幣，存到小豬撲滿裡。之後，因為老師鼓勵同學寫日記，雖然沒有規定一定要寫，只要寫了，老師就會評分，寫評語，為了能讓老師改我寫的作文，還能看評語，幾乎天天都會寫日記，還成為全班少數每天寫的同學，一共六、七本的日記本，直到現在還留著呢！

每一個作家都經歷過投稿的過程，當然也多少都嚐過退稿的滋味，寫出去的稿子在歲月中失去聲音時，往往讓人懷疑自己寫的東西，就連《哈利波特》都曾經被退稿拒絕出版（現在那個出版商應該很懊悔），不如就再接再厲，退稿其實是磨練筆力的絕佳過程，只要有熱情持續寫作，總有一天你的文章會遇到知音的。

40 為健康投資

還沒生病前，
健康總是沒啥價值。

～湯瑪士・福勒（英國內科醫生）

一個野心勃勃的男人，看著自己那點微薄的存款簿時，心裡不禁想著：「如果能在這一千元存款後頭再多兩個零該有多好？」於是他辛勤地工作，終於達到這個目標了。

但這男人看著自己十萬元的存款，不禁又想道：「假使再多兩個零、四個零就更棒了。」於是他日以繼夜地辛勤工作，終於達到自己的目標，成為一個擁有上億身家的有錢人。

但這時他卻因過勞而驟然倒下，性命岌岌可危，即使擁有無數身價都換不回生命一條。沒有前面那個「一」，後面有再多的「零」也是徒然。

現代人常常用工作換健康，忙碌的工作除了三餐不定時，也因為疏於運動作息不正常，造成血液循環不良，容易腰酸背痛，小毛病一堆；又因為壓力大，造成了許多的文明病，例如憂鬱症。

癌症目前仍列居國人十大死因之一，根據數字統計，平均每四個人會有一個人得癌症，談癌色變，因為很多早期的症狀容易被忽略，往往在症狀不容忽視時再檢查，通常都已無法治療了，也因此，癌症的死亡率才會這麼高。

很多人以為年輕就有健康的本錢，而忽略健康的重要，有句話是這麼說的：「棺材不是裝老人而是裝死人」，聽了讓人怵目驚心，如果你有機會走一趟醫院，更會發現不是老人才會有疾病，連小孩年輕人也都會出現健康問題。

我有一個朋友，不到三十歲，有一次因為車禍進了醫院，車禍的傷害倒還好，胸部X光檢查卻發現有硬塊，再進一步檢查，竟然已經是肺癌第二期。還好因為這一次車禍才意外發現，因為他說自己完全沒有感覺身體有什麼異樣，而這樣竟然也已經第二期。他說接受化療在隔離病房等報告的日子最難捱，因為不知道自己的狀況會怎樣，就被丟在那裡，沒法跟外界接觸，好像被全世界放棄了在等死。幸運的是，他走過來了，但體力卻有很大的損傷，他覺得健康實在太重要了。

沒有健康，後面有再多的零也是徒然。工作不會因為你而停止，但你卻可能因為工作忙碌而失去健康，甚至犧牲生命，這樣賺再多的錢，又有什麼用呢？或者我們也可以說，為了要能繼續工作，更要注意自己的健康，除了每年定期的檢查之外，還要作健康保險的規劃，以免真的出現問題時，無法保障生活，就真的得不償失了。

41 跟往事道別

把那往事當作一場宿醉，明日的酒杯莫再要裝著昨天的傷悲，
請與我舉起杯，跟往事乾杯。

～姜育恆〈跟往事乾杯〉

從前有個有錢人，作了不少善事，有一天在家裡唸書時，卻看到有一人從窗外走過，他被那人的相貌吸引追出門去，卻怎麼也找不到那個莫名其妙吸引他的人，有一晚他作夢夢見菩薩，菩薩說他積德甚多，有沒有什麼願望想達成，他便說：「我想見那人一面。」

菩薩只說：「可以，你只要捨棄這一生所有榮華富貴，去掉肉身，投胎當一棵大樹，五百年後就可以見到那人。」

富翁想了半晌，實在無法抹去想再見到那人的想法，便答應菩薩，願意捨棄過去所有，專心當一棵樹。於是他轉世成為一棵河邊的大樹，五百年來飽受風吹雨打與外界環境折磨，不能移動說話，只為了見那人一面。五百年後，他終於見到有個人從河那頭走過來，正是他夢寐以求想再看到的那人，於是他開心地拚命抖動身上的枝葉，想引起那人注意，讓他在樹蔭下歇個腿也好，但那人根本沒瞧他一眼，他好想大叫卻辦不到，因為他已經是一棵不會說話的樹了。

他是多麼失望啊！等待了五百年，不就是為了這一刻的相見嗎？當晚，他又夢見菩薩，菩薩說，只要他再做五百年的樹，說不定可以再見到那人，他心想，反正都已經耗了五百年，就算再五百年也不算什麼，於是他又耐心等待了五百年。

再過了五百年，他終於又見到那人，這次他沒有鼓動枝葉，只是靜靜地站在那裡，為了這一面，他當了一千年的老樹，等待的就是這一刻。

只見那人緩緩向他走來，在他樹蔭坐下，一坐就是七七四十九天。

原來他夢寐以求的那個人就是釋迦牟尼，而那棵樹正是佛祖修行時賴以遮陽的菩提樹，這菩提樹，後來也跟釋迦牟尼一起成佛升天了。

曾經我深愛一個人，以為可以就此跟他白頭偕老，後來，他離我而去。

失去他的那些日子，好長一段時間，我天天活在曾經美好的回憶當中，想著過去的種種，想他的好，想他為什麼要離開，想他怎麼忍心讓我難過，想他現在在做些什麼，想著以前斤斤計較不想做的事現在再也不能做了，每天就只是想，什麼都沒法做，無法吃，無法睡，僅能靠著一點理智勉勉強強的工作，真的，很不想活了……

直到有一天颱風夜裡，一個人躺在窗邊，房間一盞昏黃的燈亮著，窗外狂風怒吼，我的窗台並沒有安置鐵窗，這時我突然深怕會有飛過來的東西，破窗而入，直接打中我，讓我魂歸西天，那一刻，我才真正瞭解到，原來我一點都不想死。失去他，固然心痛到無法承受，但在真正意識到有危險時，原來我一點都不想失去生命。

颱風過後，我漸漸恢復正常的生活，正常的吃，正常的睡，想他時就想辦法轉移自己的注意力，做能讓自己比較開心的事，再不就沉沉入夢，因此練就了一身不愉快就睡覺的本領。記得在一部電影裡看到一位母親在勸自己失戀的女兒說：「失戀即使心痛也沒有關係，就去痛，等到有一天，妳在洗澡的時候，突然想起他，那就是你忘記他的時候。」

跟往事道別，笑過的，哭過的，都會在往後的記憶中浮現，不曾失去，也不再擁有，明天的陽光依然燦爛地在等待你的微笑。

42 感悟生死

一旦你死了，不論對你、為你做了什麼事，或做了多少與你有關的事，對你都毫無好處或壞處。我們所做的任何損害或禮儀都只會影響到生者，如果你的死真的對別人造成影響的話。生者必須要面對它，而你不用。

～湯瑪斯．林區《死亡見證》

季節的氣味，那種隱微的騷動就埋伏在氣味裡，最喜歡夏夜裡蚊香的味道，嗆鼻的輕微刺激，香而廉價，極好，讀到張愛玲《傾城之戀》的最後一段，白流蘇笑吟吟的把蚊香盤子踢到床底下，便彷彿也嗅到那暖暖涼涼的夜晚，薄被外的刺鼻氣味。幼時回鄉，吃過晚飯後在三合院的前庭乘涼，飄著的就是這種刺鼻之香。瞌睡著伏在母親的膝頭，嚶嚶的語聲散在夏夜的晚風。

伏在母親的膝上瞇著眼睛看閒聊的大人們，說著大伯母，大伯母生得奇怪，不對稱的眼睛，傾斜的嘴，陰沉的烏雲倚在她的臉頰上，笑的時候也總看來很悲傷。她抱怨一切，孩子拿回來的錢不夠多，丈夫不肯回鄉和她同住，她索性把自己變成一塊堅硬的憤怒。看見她時特別覺得畏縮，醜怪有時也是一種力量，迫使你不得不逼視它，卻又害怕。奶奶過世的時候，白帳裡都是她的哭調，有一種唱戲的作態，高低抑揚的哭著她的辛酸委屈，時辰一到就立時住嘴，抹乾眼淚繼續計較遺產。

鄉下的喪事即使哀傷也是溫馨的，鄰居太太一起縫著麻上的紅布，一點觸目的死亡表記，按著尊卑行禮如儀。爺爺死時我才剛上小學吧，夜色裡隨著父母奔喪，從門口的七里香小徑爸媽就匍匐哭進家門，我痴痴的跟著，只覺得有一種作戲的刺激。在記憶中爺爺始終是瞎的，還記得他遲鈍的握著我的手那粗礪的觸感，他雖然看不見，但心裡也是極喜愛這台北回來的小孫女，摸索著在房間裡孤獨的吃飯，不知道他知不知覺在門口窺看的小女孩。

那是記憶中的第一個死亡吧，白布垂掛掩住幽幽亡靈的住居，暈黃的燈光裡大人來來去去，媽媽告訴我要向爺爺告別，請他保佑我會讀書快長大，我跪在靈前隨著嚶嚶的哭聲行禮，茫昧的覺得有一點點淒涼，因為此番回來堂兄姐們都不陪著玩耍了，只安靜的在庭前遊逡。一點點淒涼的感覺。外公過世的時候就清楚了。傳統的台灣社會對兒女的對待是截然不同的，媽媽沒唸過書，底下的弟弟都是她帶大的，談起小時候，天沒亮就得起來起灶煮早飯，以前的房子廚房和住房是分開的，得穿過黑暗摸到冰冷的灶間，冬天裡冷得打哆嗦，六七歲的小女孩蹲在灶前生火的景象，真是可憐，簡直不是現在的我們可以想像的，媽媽說起來都還含著眼淚。

外公偏疼男孩子，所以大舅舅竟還能重考初中；在那被媽媽說成「窮到快要被鬼捉去」的年代，是件多麼奢侈的事。四散的兄弟姐妹各自成家之後，彷彿那牽繫著血緣的臍帶就斷裂了。外公的葬禮很體面，不似早夭的小阿姨，三十七歲的如花年紀，遺下一兒一女，遠在花蓮的葬禮非常非常淒涼，母親哭了又哭，哭了又哭，可憐美麗的小阿姨為了求生吃盡苦頭，癌病折磨得她形容枯槁，但她堅決要活，吃遍親友提供的祕方，忌口到刻苦的程度，終究還是不免。

親人的死總是覆著一種親密的哀愁，彷彿預示著什麼，記憶如此單薄，小阿姨逝後不久，姨父再娶，一個年紀與我相彷的年輕女子，還不懂事便要做母親，從此兩家幾乎便斷了消息。一直到數年前大舅父猝逝，葬禮上一個靦腆的女孩子，沒人和她招呼，怯生生的坐在角落。我笑笑坐在她身邊，突然意識到不知如何稱呼她。

墓草青青，芳魂杳杳，如果記憶真可以召喚那些芬芳的氣息，讓我們回到當日，那麼，你要選擇什麼樣的片刻，童年印象裡老家的七里香花徑，穿過去是竹林，夏天的風吹過蕭蕭瑟瑟的歎息，那是竹葉的低語。堂哥踩著鐵馬載我去買糖，嫌我重，踩得好辛苦。唱戲的棚台下是躲迷藏的好地方，焦焦香香的烤魷魚，棉花糖隨著風一點一點的化了，空氣裡還有一點點焦香，那是還沒有吹散的記憶。

（摘自〈還沒有吹散的，記憶〉，作者劉叔慧為台灣中生代女作家）

都知道人都難免一死，但，往往還不真實，因為死亡一直很遙遠，像在非洲，不是到不了，但總有一天會去，總有一天會去……

有一天佛祖問弟子：「生命有多長？」大弟子說：「五十年。」佛祖說：「不對。」又有其他弟子猜：「二十年」「十年」；佛祖搖搖頭說：「都不對。」這時最小的弟子摸了摸發亮的腦袋滿臉困惑地問佛祖：「那麼生命到底有多長呢？」佛祖說：「生命就在呼吸之間。」

因為呼吸對健康的人來說，從來就不是難事，所以一直無法深刻真正的體會生命在「呼吸」間的那種頃刻感受，一直到爸爸走的那一天。

爸爸走的那一天，一切如常，他還說著話，喝著東西，甚至還能下床去上廁所，只是到了夜半，忽然的劇痛，讓他無法忍受嚷著要打止痛針，等了半晌，護士請示醫生後，總算來幫爸爸打了止痛針，隨著藥劑注入，爸爸的呼吸漸漸平緩，虛弱的身子安靜躺在白色的床單上，藥效走到了爸爸的身體裡，緩解了他的疼痛，也緩解了我糾結的心情，以為這一針後，爸爸至少會有個好眠到天亮。

隔壁病床的中年男人已經呼呼大睡，爸爸卻還是無法入睡，輾轉反側，只維持了約莫半小時的舒緩，爸爸的劇痛漸漸甦醒，而這一次，連止痛針都來不及打，爸爸就走了，「爸——加油！」這是我對爸爸說的最後一句話。

那一天起，爸爸走的每一幕歷歷在目，時常像電影一般在我腦海裡不斷流動，就那一刻，爸走了，我甚至來不及好好的跟他道別，甚至連哭——都來不及……

奧修說：「我曾經聽過別人的死，但那只是聽到，我並沒有看到，或者即使我看到了，它們對我也毫無意義。除非你愛一個人，然後他死了，否則你沒有辦法真正碰到死亡。」爸爸走的那一刻，我終於知道生命有多長——就在呼吸之間。

43

編織一個美夢

只要有勇氣追求，
所有的美夢都能成真。

~華德．迪士尼（迪士尼卡通王國創始者）

這是發生在英國的一個真實故事。

有個沒生育兒女的孤獨富翁，因為體弱多病，決定搬到養老院頤養天年，當老人宣佈要出售他漂亮的豪宅時，欲購者蜂擁而至，雖然底價是八萬英鎊，卻被這樣一波炒作搞得房價馬上揚升，攀高到十萬英鎊還不斷上漲，但老人並不希望自己的愛宅變成這樣的局面，要不是身體實在不行，誰願意離開自己親手打造的家呢？

此時，一個穿著樸素的年輕人來拜訪老人，他彎下腰輕聲對老人說：「先生，我非常想買這棟房子，但我只拿得出一萬英鎊，假使你願意把房子賣給我，我可以保證你還能夠繼續在此生活，並且可以跟我一起喝茶、看報還有散步，每天都愉快得不得了，你覺得如何呢？」

老人點點頭露出了微笑，馬上以一萬英鎊的價錢把房子賣給了年輕人。

完成夢想，不一定非得要以心機與欺瞞才能達到目標，有時，只要你擁有同理心，和一顆愛人之心就可以了。

奈知未佐子的漫畫裡有這樣一個故事，每個鳥巢裡孵著都是一個稀奇古怪的夢，只要你想得到，夢就孵得出來。

造夢的力量在這裡變得大到毫無邊際，如果是你呢？你想作一個什麼樣的夢？

如果只能作一個夢，說不定大多數人會在左右為難之間喪失作夢的契機，或是腦裡靈光閃現過一個怪念頭，也突然就實現了，但或許那個最美好的夢想，還沒有機會孵化便胎死腹中。這就好像看到流星打算許願時，卻東拉西扯痛失良機，還不如那個日復一日許著同樣心願的癡人：「給我個男人，給我個男人。」

說不定哪天上帝真的遣來一個男人，但並不保證品質。

大學還沒畢業那年，我開始跟所謂的女性雜誌扯上了關係，那時候的老闆最喜歡講給我們聽的一個故事便是：「一個女性雜誌編輯突然發現真的有人照著女性雜誌指導的方式生活，竟叫了出來，不會吧？真的有人照書生活？」造夢的人不活在夢裡，築夢踏實的是別人。

或許是因為，當你造夢給別人時，你已經想過太多不可能實現的阻礙，於是便停滯了抓住夢想的汽球，將之落實的行動，但你永遠不做，又哪裡知道究竟會不會成功呢？

44

重整人生的方向

生活就像個洋蔥，
你一次只能剝開一層，有時還會流淚。
~卡爾・桑德堡（美國詩人、歷史學家和傳記作家）

這是一個小小的，關於人生與哲學的故事。

一天，一個哲學教授開始授課，面對台下眾多期待的眼神，他什麼也沒說，只拿出一個空玻璃罐，又拿出一袋乒乓球，然後把整袋乒乓球倒進玻璃瓶去，登時瓶中充滿了乒乓球，教授問台下的學生這玻璃瓶是否已經滿了，學生都肯定已經滿了這件事。

接下來，教授再拿出一杯小石頭倒入玻璃瓶，一邊搖晃瓶身，讓小石頭一顆顆掉入乒乓球縫隙間，然而，玻璃瓶已經滿了嗎？台下的學生面面相覷，似乎不敢肯定這個答案。

教授見狀沒說什麼，又拿出一小袋細沙，倒入玻璃瓶，被乒乓球與小石頭塞滿的玻璃瓶，竟然還有不少空間可容細沙進入，教授問學生這瓶子是否真的裝滿了？學生這下肯定的說：「是，裝滿了！」

但教授從講台下拿出一杯咖啡倒進瓶內，登時咖啡被細沙吸收，消失無蹤，他又拿出第二杯咖啡倒入，結果還是一樣，看似再也裝不下任何東西的玻璃瓶，又吸收兩杯咖啡才算真的滿了。

教授笑著說：「你們知道我今天做這件事為的是什麼嗎？」

學生都不明白。

教授正色道：「這玻璃瓶就好像人的一生，乒乓球代表人生大事，例如家庭、健康、朋友、真愛與事業，若缺乏這些東西，生命是毫無意義的，而小石頭代表的是金錢、房子、車子，細沙代表的則是那些瑣碎的小事情。如果我今天先把細沙倒入，勢必沒有空間來放乒乓球與小石頭，換言之，若我先放小石頭，乒乓球也放不進去了。

「生命正是如此，假使你把大多數時間花在瑣事上，就沒有更多時間可用在重要的大事上，因而生命事務的先後順序很重要，我們該多花時間在那些會讓我們感到幸福、快樂的人與事上，多數人覺得自己沒時間做的那些事，例如錢賺得不夠多、房子沒換新，都只是次要，因為你總有時間來做這些事情，如此一來，生命才能活出意義。」

但台下學生不解：「那麼，兩杯咖啡代表的又是什麼呢？」

教授笑笑：「這問題問得好，這兩杯咖啡的意義就是，不管你過得多忙碌，總還是有辦法可以跟你最愛的人一起享受咖啡的。」

受到台灣產業外移與經濟不景氣影響，許多公司進行了裁員的動作，失業率也創歷史新高。這其中，有很多被裁員的員工是中階主管，有的人中年失業，很難再找工作。

有一句話說：「危機就是轉機。」

當前面的路已經無法通過了，難道就沒有別條路了嗎？

美國作家安泰勒有本小說《補綴的星球》，講的是一個年少時因失風被捕，而過著別人眼中支離破碎人生的三十歲男子，如何在眾人懷疑之下，寂寞且理直氣壯活下去的故事。

主人翁巴納比是個讓人難以忘懷的角色，身處在那個自以為高貴的家庭及環境中，他的「沒出息」和「不上進」反而成為最真實的人格，也映照出其他人的虛偽及無聊。

讀者直到快看完了，才知道「補綴的星球」一詞典出之處，這是小說裡身為看護的巴納比客戶艾爾佛太太過世後，她女兒找出老太太生前用碎花布拼出來的一顆球，「是顆將就拼出來的星球，拼得隨便又草率，還亂疊在一起，擠成一團，活似隨時都會碎成片片。」讀者此時才明白，看似樂觀的巴納比，是這麼悲觀地看待自己的人生的。不過幸好巴納比隨後馬上提了自己的想法，「它真的很漂亮，只是不在章法之內，不在意料之內。」巴納比到了三十歲之後，終於釋放了青少年時因失足被禁錮的自己。

人生剛開始時，好像一艘不知方向的船隻，如果風大一點，或許就被吹到某個物產豐美的小島獲得大筆資源，也或許會碰到暗礁冰山因而翻船失事，或是碰不到任何風浪，徒然在漫無邊際的大海上漂流，直到船上的人發現非得找出一張航海圖，非得靠雷達跟陸上的人取得聯繫，否則終其一生都可能會渾渾噩噩隨風擺盪、不知人生方向時開始，人生這艘船才有靠岸的可能，你想當個什麼樣的人？先拋掉你的年齡，因為每天都是新的一天，隨時重新出發，不管幾歲都可以！

45 踏實地活過每一天

多數人在二十五歲就死了，
直到七十五歲才下葬。

~班哲明・富蘭克林（美國科學家、文學家、思想家）

我們屋後有半畝隙地，母親說：「讓它荒蕪著怪可惜，既然你們那麼愛吃花生，就闢來做花生園罷。」我們姊弟幾個都很喜歡，——買種的買種，動土的動土，灌園的灌園；過不了幾個月，居然收穫了。

媽媽說：「今晚我們可以做一個收穫節，也請你們爹爹來嘗嘗我們的新花生，如何？」我們都答應了。母親把花生做好成好幾樣食品，還吩附這集會要在園裏的茅亭舉行。

那晚上的天色不大好，可是爹爹也到了，實在很難得！

爹爹說：「你們愛吃花生嗎？」

我們都爭著答應：「愛！」

「誰能把花生的好處說出來？」

姐姐說：「花生的氣味很美。」

哥哥說：「花生可以製油。」

我說：「無論何等人都可以用賤價買它來吃；都喜歡吃它。這就是它的好處。」

爹爹說：「花生的用處固然很多，但有一樣是很可貴的。這小小的豆不像那好看的蘋果、桃子、石榴，把它們的果實懸在枝上，鮮紅嫩綠的顏色，令人一望而發生羨慕的心；它只把果子埋在地下，等到成熟，纔容人把它挖出來。你們偶然看見一棵花生瑟縮的長在地上，不能立刻辨出它有沒有果實，必得等到你接觸它，纔能知道。」

我們說：「是的。」母親也點點頭。爹爹接下去說：「所以你們要像花生；因為它是有用的，不是偉大、好看的東西。」我說：「那麼人要做有用的人，不要做偉大、體面的人了。」爹爹說：「這是我對於你們的希望。」

我們談到夜闌纔散，所有的花生食品雖然沒有了，然而父親的話現在還刻在我心版上。

（摘自〈落花生〉，作者許地山為現代作家、學者。筆名落花生。生於台灣台南，民國六年考入燕京大學，曾積極參加五四運動）

和一群新認識的朋友到新社的薰衣草森林去郊遊，星期假日整個小山頭停滿了車，園內也有許多遊客，很多人得站著，沒有位置坐，那一天還下了點小雨。

薰衣草森林是網路上最早被開始轉傳的香草咖啡店，很多人從南從北慕名而來，絡繹不絕。

當然這裡並沒有想像中滿山遍野的薰衣草，這片小森林的主人是兩位六年級的女生，曾經是花旗銀行的職員詹慧君，和曾在高雄擔任鋼琴老師的林庭妃，原本對香草都不熟，但有一次詹慧君休假到同學先生的老家遊玩，試種的香草成功了，讓她決定在這片園地開始種植香草。

因為對香草的喜好，她投入種植香草的行列，放棄銀行高薪的工作，用一年的時間研究香草，到處請教別人，跟有經驗的人學習，因緣際會之下，兩個都市女孩，就這樣開始經營起薰衣草森林。

一開始純然是對香草的熱愛，完全沒有想到這一片香草園，竟然在媒體報導後帶來大量人潮。因為薰衣草森林，台灣也開始吹起一陣香草旋風，以香草為名的店一家家如雨後春筍般在山林鄉間矗立，網友間轉傳信件奔相走告，開啟了大家對香草的認識與興趣，以及周休二日的山野小店休閒風。

「有夢最美，逐夢踏實。」因為有夢想，所以有熱情；因為有熱情，所以肯付出；因為肯付出，所以能踏實；因為能踏實，所以能圓夢。「千里之行，始於足下」，要走一千里遠的路，也必須從腳下的第一步開始，只有踏實地踩出每個步伐，才能在生活中穩步前進，至於能達到什麼樣的美麗境地，到了目的，花朵自然為你綻放。

邱光宗

死前要做的99件事

三十六歲，男，已經不能再說自己年輕的好老公與好爸爸（希望），老婆的名字剛好與這年代最帥的華人男星相同。職業是最喜歡的網路跟棒球，居然有自己的房子車子跟孩子，小時候寫過一篇論文，也掛過一本書的作者。

1 過世的事，別讓我老婆太傷心
2 留下一個讓我老婆家人能好好過下去的環境
3 見到職棒走向專業管理及制度化
4 吃點松坂牛肉（現在不能吃啊啊）
5 再吃一次曾在Las Vegas吃過的超級好吃大螃蟹
6 看到台灣爛政客死光跑光閃光（反正別出現就好）
7 看著小朋友變成大朋友，有著自己的家庭
8 多看看世界的每個角落，可以毫無目的，只是想看
9 搞清楚宇宙到底是怎麼回事
10 看到全台北市老小都在坐火車公車捷運時曉得什麼叫「先下後上」並身體力行
11 親眼看看Ichiro打球（看過Barry Bonds了）
12 把房貸還光光再加上手上還有不少閒錢
13 讓很多人會在我過世之後想我（方法不限）
14 把二十年內台灣棒球（職業、業餘）紀錄數位化
15 讓公司賺錢，我掛掉還能正常運作（也許現在就可以？）
16 看破所有紅塵事
17 突然悟道（沒在修，只是講一種狀況而已）

18 去非洲看看金字塔跟各種野生動物

19 試試看有沒辦法再活久一點

20 死前洗個熱水澡還是什麼的，把身體弄乾淨清爽些

21 記得要去把屎尿拉光，別憋著

22 看到鏡子中的自己是個很有魅力的老帥哥

23 跟所有朋友再講講話，聊聊天，知道大家都很好

24 再多看幾部好看的電影或是影集

25 搞清楚自己到底會怎麼死

26 多吃一些好吃的甜點

27 如果老到打不動了，還是希望自己站在棒球場的草皮或紅土上，給自己一些年輕的感覺

28 突然瞭解人類的起源與未來

29 煮一桌好吃的飯菜宴請親朋好友

30 看到台灣真的有「全民運動」，大家都身體力行而不是只看電視報紙

31 發現自己在理想與現實間找到了不錯的平衡點

32 開飛機或直昇機載著老婆在空中繞一圈

33 退休後能住在日本、美西或是紐西蘭的自己房子裡

34 能有個打動人心的作品，不過不曉得是什麼

35 坐飛機時可以坐頭等艙

36 有外國人朋友來台灣找我帶路去玩

37 在櫻花紛飛時，與老婆在東京上野公園的櫻花樹下賞櫻

38 親眼看到地球外的生物

39 可以的話，跟老婆兩個健康地多看兩次哈雷彗星

40 正確地回答出來所有朋友問我的問題，而且不是用唬爛帶過去的

41 跟現在一樣滿意並喜歡自己的生活及工作

42 在很美麗的地方渡假，而且渡完假沒有變笨

43 有能力或影響力，讓更多人不去做很糟糕的豬頭事

44 在美國花一兩個月用火車旅遊

45 寫個十本書，而且都賣得還不錯

46 瘦到可以勇敢穿泳褲在海邊玩水（不要像現在

這麼心虛……）

47 做幾次不會太害怕的高空彈跳

48 在雪地裡堆雪人、打雪仗

49 去非洲看看野生動物，而且是不會打擾牠們的方式

50 嚥氣前還能覺得自己對得起所有在意的人，包括自己

51 有自己的農莊，退休後可以住在哪兒

52 再去一趟GHIBLI美術館，而且花一整天在裡面好好逛

53 能看到國內有一座合理堪用的棒球場

54 能有一次不是很嚇人的靈異經驗

55 有不認識的人跑來，對我做過的事真心道謝

56 打棒球打到六十歲……五十歲也不錯

57 在仍然繁榮的條件下，見到台灣沒有詐騙集團

58 活在沒有酒醉駕駛的世界，一個月也好

59 二手煙退散！

60 可以無懼無畏堂堂正正地活著

61 開啟無視大法，忽略掉所有討厭的人事物

62 看到自己的小孩成為開心而有用的人

63 永遠都曉得自己在做什麼、要做什麼

64 有個可以造福許多人的小發明

65 會聽、會說流利的英日文

66 現場聽George Michael的演唱

67 可以調出很讚的長島冰茶

68 去某個美麗的小島休息整整一個禮拜

69 長期贊助偏遠地區的少棒球隊

70 一直以身為自己自豪

71 讓更多人知道，每個人都是獨一無二且有自己優點的

72 搞清楚什麼是演化、什麼是生物

73 改掉咬手指的習慣

74 牙周病不再復發

75 以最舒服的穿著與心情過世

76 明確地告訴我討厭的人們「我就是覺得你很爛」，而聽到的人知道他聽到了什麼

77 想出個反制醜惡媒體的讚方法

78 多看很多很多很多本好看的書

79 中一次比較多錢的統一發票，或是樂透
80 在無人的海島上跟老婆裸泳
81 一次也好，在浪上站著衝
82 學會至少三種看起來有趣的魔術
83 當個一日笨蛋，整天就是發呆什麼都不做
84 騎著超過250cc的重型機車，載老婆在海邊兜風
85 親自走過各段的長城
86 進到金字塔內看看裡面到底怎麼個神秘法
87 去歐洲的偏遠古堡瞧瞧
88 就算退休了也能不無聊也不為錢煩惱
89 把我覺得有機會做出些事的小朋友們都帶起來成就一些事
90 投出超過130km/hr的球速
91 催生中華職棒名人堂
92 看能不能讓某條路以我命名
93 買一塊地、種點東西、蓋自己的休假小木屋
94 搞清楚人類到底是怎麼開始的
95 跟老婆拋開孩子好好約會個二十年
96 到Las Vegas享受賭桌上豪賭的氣氛
97 鼓起勇氣去看人體展，而且看得很仔細
98 搞出某個自創品牌還能大賣兼永續經營的玩意兒
99 做到無欲則剛，死前想做的事一件也沒有也許更好

人與人之間

一個人如果對待陌生人都能親切又有禮，那他一定是一位真誠而有同情心的好人，他的心常和別人的心聯繫在一起，就不會孤伶伶的。

~法蘭西斯·培根

46 得到真正的友誼

當你身心倦透，感覺渺小，當你眼睛充滿淚水時，我會把它們抹乾。我支持你，噢！當你困厄時，朋友都離你而去，我會為你赴湯蹈火，當你惡水上的大橋。

~賽門與葛芬柯〈惡水上的大橋〉

西元前四世紀的義大利，有個叫皮司阿斯的青年，因冒犯了國王尤奧尼索斯，被判處絞刑，這皮司阿斯是個孝子，他希望臨死前，能跟住在遠方的母親當面訣別，為自己無法為母親養老送終一事向母親致歉，雖然國王因其孝心答應了他的要求，但皮司阿斯必須找個人來替他坐牢，保證他一定會趕回來受刑，否則無法應允他，但又有誰肯冒死替人坐牢呢？可是皮司阿斯有個叫達蒙的朋友竟然在此時挺身而出，願意做人質替他坐牢，假使皮司阿斯沒在行刑前趕回，達蒙也願意替他受刑。

這賭注很大，不只考驗了達蒙對皮司阿斯的信任，也深深考驗著兩人之間的友情是否會因為死亡這個因素而遭逢破局。

但達蒙依約下獄後，返鄉的皮司阿斯卻好像斷線一般，再也沒有消息，眾人都以為達蒙與皮司阿斯的友誼根本不如想像堅固，眼見刑期將屆，皮司阿斯卻連個訊息也無，有些多事人嘲笑達蒙太傻，竟然拿自己的性命作為友誼的賭注，行刑日那天下著雨，達蒙被押赴刑場時，即使有些圍觀群眾不斷訕笑他的愚蠢，但達蒙心裡很平靜，也很篤定，他相信自己的朋友一定會準時趕回，當絞索掛在達蒙頸上那一剎那，大多數人都深深為這個至死深信朋友的好人惋惜，更痛恨背叛了朋友的皮司阿斯，但就在那千鈞一髮之際，皮司阿斯出現在滂沱大雨中，大聲喊著：「我回來了！我回來了！」

沒人相信世上真會有這樣一幕，兩個肝膽相照的好朋友，一個至死都相信好友會回來，另一個明明有機會捨棄友情保有性命，卻如約回來受刑，國王聞訊便親自趕到刑場，赦免了皮司阿斯，他說：「我願意傾我所有，來認識這樣一個朋友啊！」

念書時老師曾經問我們：「人一輩子要有幾個朋友才夠？」年輕的我們體會不出老師問的真意，只覺得朋友當然是愈多愈好。老師卻說：「人一輩子真正知心的朋友，一個就夠了。」

科技界在二〇〇二年登了一則尋人啟示，目的是要找尋當年在三愛電子工作的老伙伴，發起人是台灣科技界很有身價的企業家——林百里（廣達電腦董事長）、葉國一（英業達集團董事長）以及溫世仁（英業達集團副董事長）。

當年他們三個還是年輕的窮小子，因為高琮富董事長的投資，讓他們可以生產計算器，從小成本的二百五十萬資金竟能創造出一千萬的利潤，從此這三個人便踏上電子工業的領域，成為台灣七〇年代的電子先鋒之一。如今，個個身價百億，成為科技界的名人，回過頭來再看三愛，他們懷念那一段一起打拚創業的日子，飲水思源，尋找老戰友，除了發揚三愛精神之外，他們更想感謝的是當年願意投資的高琮富董事長。

當年的三愛幫，如今在科技界卻是魚幫水水幫魚，業界甚至有傳聞：「廣達的業務不會去搶英業達的訂單」，人家說商場如戰場，很多人自立門戶後，反過來咬自己原來的東家，甚至也有自家人打自家人的狀況，兄弟都如此，更何況是有利益衝突的朋友呢？

這也是三愛情誼最難人可貴之處。當年的窮小子，如今的大富豪，沒有利益的衝突，只有彼此的合作，更沒有權力的鬥爭，在現代社會裡，真正的友誼除了有難同當之外，我想，還需要有福一起分享。

47

與陌生人聊天

一個人如果對待陌生人都能親切又有禮，那他一定是一位真誠而有同情心的好人，他的心常和別人的心聯繫在一起，就不會孤伶伶的。

~法蘭西斯・培根（英國哲學家）

剛退伍的約翰，由於身上可用的錢不多，便想搭便車回家，當他豎起大拇指準備搭順風車時，卻發現迎面而來的那台車看來很昂貴，應該不會隨便載陌生人，於是他放下了手臂，想等下一輛更有可能載他的車子。

沒想到那車竟然停了下來，連前座的車門也打開了，他興奮地跑了過去，先把自己沉重的行囊放在後座，再規規矩矩地坐進前座的皮椅，一個模樣很親切的老先生微笑著跟他打招呼：

「年輕人，你是要回家還是要出門？」

「我剛從軍隊退伍，當兵好幾年還是第一次回家呢！」約翰也笑著回答。

「如果你要去芝加哥的話，就真的走運了。」老先生滿臉都是笑容。

「倒沒那麼遠，」約翰接話，「不過我家正好在去芝加哥的路上，先生，您住芝加哥嗎？」

「是啊，我在那裡有些事業，叫我羅賓森就可以了。」兩人便交談了起來。

約翰與羅賓森先生很投緣，兩人一聊開就天南地北說個不停，此時，身為基督徒的約翰，突然跟這個好人說：

「羅賓森先生，」約翰躊躇好久不知該不該說，「我想跟您說件重要的事。」然後他便問羅賓森先生是否願意接受耶穌做他的救世主。結果老先生竟把車子開到路旁停了下來，約翰還以為羅賓森先生準備趕他下車，沒想到老先生竟然低頭靠著方向盤哭了起來，並感謝約翰傳福音給他，把約翰送到家門後，老先生又朝芝加哥方向開去了。

五年後，約翰結婚生子，開創了自己的事業。有天他正在收行李準備去芝加哥談生意時，卻不意翻到一張名片，上面寫著「羅賓森」，那是老先生順手交給他的名片。

約翰到了芝加哥後就先去羅賓森的公司，接待人員說他見不到羅賓森先生時，約翰覺得有點失望，但稍後接待人員卻帶他去見了羅賓森太太，這個坐在辦公桌後面的老婦人伸手示意：「你認識我先生？」

約翰便把五年前羅賓森先生讓他搭便車又送他回家的事說給羅賓森太太聽。

「那是哪一天呢？」羅賓森太太聽得興致盎然。

「是五年前的五月七日，那天我剛從軍隊退伍。」

羅賓森太太問他那天路上是否有發生過什麼特別的事，約翰卻遲疑了起來，因為他怕自己的不慎會導致這對夫妻產生任何誤會，但他仍說了。

「有的，那天我跟羅賓森先生傳福音，而他也將車子開到路旁哭泣起來，他接受了主。」約翰一五一十地說了。

沒想到羅賓森太太哭了起來，幾分鐘後她擦乾眼淚，緩緩說道：

「我自幼就是基督教徒，羅賓森先生則不是，我一直向主禱告要祂拯救我先生，而那天，當他把你送回家後，便跟一輛迎面而來的車對撞，重傷不治，我一直以為主並未信守諾言，於是從那時起，我便開始不信主了，沒想到……」

現代的爸爸媽媽從小就告訴小孩：「別跟陌生人講話。」這條守則的意思大抵如此：「陌生人可能是壞人，他可能會傷害你，綁架你，騙你的錢……」

但在詭譎萬分的今時今日看來，就算不是陌生人，也可能傷害你，綁架你，更別說騙你的錢了，為什麼獨獨陌生人就得遭到這樣待遇呢？

你一定還記得在異鄉碰到的陌生人，那個不為其他只是為你提拿沉重行李，甚至也不在乎一聲謝的年輕人，為你東奔西走尋找旅館的小男孩，為你熱心指出該往哪裡走的歐吉桑，甚至是一次體貼的開門、一聲親切的問候，都足以讓原本築起防禦心的你備覺溫暖，雖說，這裡頭你也會遇到些人看似親切卻只是想騙你的錢，似乎無害卻可能對你有不當意圖。

但人皆如此，不僅僅陌生人有這樣的特性，重點不在於你們是否熟識對方，而在於彼此存心是否良善，你又有沒有識人之明而已。

網路發達後，我的朋友裡多了一批名為「網友」的組群，也許是因為我的運氣一向不錯，其他人或許會碰到網路騙財騙色之類的狀況，於我卻好像天方夜譚一樣，靠著網路跟我熟識的網友們，要說壞人幾乎沒有，倒是有太多，如果從不曾涉足網路這一個板塊，很可能一輩子連邂逅機會都沒有的好人。

網路社會是虛擬的嗎？我倒覺得即使見不到面，人與人之間相互吸引的溫度不會稍有消減，善意也無法藉由刻意偽裝構築而成，不是說網路才是真實，每天眼見為憑、聲息相聞的只是虛假，人本來就不是這麼絕對的動物，網路不過是另一種人際管道，科技的便利當然不只帶來速度，也發展出新的困擾，諸如不管是陌生人或熟人都可以直達你的信箱，二十四小時你都有可能找到能夠聊天的朋友。

面對電腦聊天，是不是就會快樂一點？在大家剛混跡聊天室那段時間裡，有個朋友即使見到我們來，手下還不肯停，「等等，我一下就好。」於是乎，我們用嘴巴聊，他用手聊得更起勁，認識對方？完全不！對方是不是連體雙胞胎或男或女或變態或正常全不知，一切都處於曖昧中。

固然即時通訊上的人你都認識了，卻不代表現實生活中你們也能夠變成什麼好朋友，有一回我掛在網上，卻突然看到一人跳出來把我加入他的聯絡名單裡，我說：「請問你是誰？」對方說：「請把我加入你的名單裡。」這個對方根本是個陌生人，這樣完全看不到對方的聊天，實在感覺太寂寞了，尤其在午夜時分，突然看到有陌生人莫名其妙發訊息過來，彷彿午夜裡有一雙饑渴的手，只是盲目地探尋、摸索電腦網路另一頭是不是還有另一雙未眠的、同樣饑渴的手，總會讓我覺得分外慌張。

陌生人也許很可愛，也許很可怕，但若你從未與他們交談過，又哪裡知道他們是什麼樣的人？而所有的朋友，不都是從陌生人這個起點開始的嗎？

48

交一個外國朋友

我們永遠也不會知道，自己是和什麼人打交道；甚至得碰到重要關卡時，才能真正認識自己的朋友；因為惟有到了這種時候，認識朋友才會成為最重要的事。

~尚・雅克・盧梭（法國哲學家、文學家）

急診室的神林醫生跟因染病而無法上學，也沒有朋友的小女孩小萌，說了自己小時候的故事：

我小時候的外號叫做蠶豆，是個瘦小的孩子，因為身體不好無法上學，所以交不到什麼朋友，於是在八歲那年，我在一張便條紙上寫了大大的字：「有沒有人要跟我做朋友？」再寫上住址跟姓名，然後放進蕃茄醬的空瓶裡，丟到港口的海裡，心中只希望這封信能飄到某處並讓某人看到，就算飄到很遠的國外也無所謂，只要讓我能交到朋友就好，可是秋天過了，冬天也過了，我還是沒收到回信。

當我覺得應該永遠不會收到信時，春天來了，而我也竟然收到一封上面寫著「我就是你的朋友，我會一直守護著你」的信，不過那上面沒有寫任何名字，即使是這樣我也很高興啊！因為我終於交到生平的第一個朋友了，有人能夠關心自己，是件很幸福的事喔！因為那人是個無可取代的存在，而我，也想當小萌的這種朋友。

隔壁床受傷的拳擊手不相信這是事實，便大叫：「這還不是你自己編出來的劇情，誰會相信啊？」但神林醫生搖搖頭，拿出一張已經泛黃的紙條，上面的字跡清楚寫著：「我就是你的朋友，我會一直守護著你。」醫生對拳擊手說：「你的生命裡，未來一定也會出現這樣的一個人。」

（日劇《急診室大醫生》部分情節）

小時候，只要在馬路上看到外國人，都會覺得非常稀奇，那時候看到的外國人多半是傳教士，他們將耶穌的故事作成小冊子，發給路人看。有一次，傳教士來到家附近，他一邊發小冊子，一邊開始講耶穌的故事，很多小朋友聽得津津有味，趕快又跑回家找弟弟妹妹或是鄰居來聽，後來越來越多小朋友，幾乎把傳教士圍住動彈不得。

傳教士講完耶穌的故事，問說有哪位小朋友要帶他去家裡拜訪，所有的小朋友都被告誡不能隨便跟陌生人接近，一聽到傳教士這樣說，大家一哄而散，紛紛趕快跑回家躲起來，深怕傳教士要跟自己回家，但還是偷偷躲在門縫裡看他。

傳教士後來到底去了誰家，我記不得了，要不是其他小朋友都跑走了，我很想自告奮勇帶他回家。現在在台灣，常常可以看到外國人，有的小朋友學校有外國的美語老師，所以對於外國人也比較沒那麼好奇。有一天，小外甥女還跟我說她們學校有一個外國老師，她覺得超可怕的，因為他的眼睛是藍色的。

網路無國界，二十一世紀的今天，要認識外國朋友，已經不一定非得信耶穌才能認識，只要連上網路，到各國的聊天室去聊天，簡單的英語會話可以溝通，連在非洲的外國朋友都有可能認識。想交個外國朋友嗎？不用出國，只要在家上網就能讓你和外國朋友天天聊不完。

49

尊重你的對手

放下了人我是非，宇宙萬物，原是沒有區隔的整體；
消滅了敵我意識，一切眾生，無非彼此扶持的伴侶。

～聖嚴法師（法鼓山創辦人）

中華職棒十四年總冠軍賽第二場，沒能搶得第一場勝利的興農牛隊，在一開賽就狠狠地痛擊了昨天才剛打敗他們的對手兄弟象隊，當比數大幅領先時，在這場比賽裡狀況好得驚人，綽號「阿東」的巴塞隆納奧運銀牌選手黃忠義，擊出了一個朝右外野飛去，相當深遠的飛球，那時為兄弟象守右外野的，是這年才剛剛轉任外野手的「恰恰」彭政閔，只見他飛一般奔著想搶在落地前接到這個球，但他只注意到球的去向，卻沒發現自己離全壘打牆已經不遠，奮力奔跑的他整個人重重地撞到了牆，雖然撞得有點昏，但他還想扶著牆站起來處理回傳球，無論如何不能讓一個安打變成了場內全壘打啊！恰恰當時這麼想著，但撞擊的力道實在太大，他還是倒在地上爬不起來，鎮守中外野的隊友陳致遠此時也趕到了，先把球傳回內野，制止阿東繼續往前推進，然後才蹲下身來查看恰恰的傷勢。

此時全場的球迷，無論是支持哪一隊的，大聲喊了起來：「彭政閔、彭政閔……」因為大家都目擊那一撞力道之大，雖說戰局處於極度緊繃的狀態，但不會有人希望靠著對手的傷勢獲得勝利，就在那時，有點暈眩的彭政閔站起來了，全場響起了熱烈的掌聲，支持兄弟隊的球迷當然不希望看到自隊的強棒有所閃失，心痛的神情溢於言表，但興農的球迷也為他的拼勁所深深感動，就連擊出三壘安打的黃忠義，也在恰恰站起身那一刻，朝右外野方向鼓起掌來，事後有記者問他為什麼要拍手，黃忠義說：「因為他的拼勁，讓我覺得他的確是個可敬的對手，給他鼓勵是應該的。」

運動場上有太多「值得尊重的對手」可舉例，不管那心態代表的是「既生瑜、何生亮」，還是「兩強相爭必有一傷」，只有對手的存在才能讓你免於自尊自大到忘了自身何在，就像棒球場上，絕佳的投手對上最好的打者，所謂「男人之間的對決」，就在電光石火那一剎那間，如果投手刻意閃躲，讓打者想打也不行，只是懦弱的表現，只有攻擊對方最弱的一環，才能展現出真正的兩強相爭本色；而在對決之前，投手必然會對對方不擅長的球路做出一番研究，而打者也會看好投手失去準頭那一球，毫不客氣地，讓對手還在為自己剛剛投出來的球懊悔時，就立時遭遇更大的傷害，這樣的功課一樣也不能少，因為對手跟你一樣，也是戰戰兢兢等著你的挑戰，你哪裡可以輕忽半分？

許多人在戀愛失敗後，才終於發現自己性格中以前難以發現的缺陷，而那是在沒有戀愛，或甚至碰到這個戀愛對象前，你從來不曾思考過的問題，失敗可能痛苦，但千萬不要因此產生怨懟，相反地，你應該感謝上天創造一個那樣的人，讓你知道自己最大的缺點在哪裡，只要對手用的不是下三濫手段，而是光明正大針對你的缺點直擊而來，痛雖痛，說不定多年以後，你還會發現，那樣一個人，或許正是你最好的貴人。

因為在面對對手挑戰時，才會有「天外有天，人外有人」的感悟，對手是用來時時刻刻提醒你不能夜郎自大的鬧鐘，只要稍有鬆懈，他們絕對不會客氣，很可能一個閃神，你所享有的榮譽與財富，就會在一瞬間消弭得無聲無息，很多時候，我們大方稱讚對手的優點，正代表了「我也時時刻刻盯著對手的動靜」的訊息，在商場上這樣的態勢尤其明顯，你可以稱讚對方，可以提醒對方的小缺失，但也不要忘記對手不是朋友，朋友會因為客氣而不對付你，對方卻是一聞到血腥，馬上就會擠上來將你粉身碎骨的那種人類，你怎能不兢兢業業？

網球名將桑普拉斯封拍退休時，他的對手們紛紛發表言論，還有人流下淚來，說自己這輩子再也找不到更好的對手。許多人都把對手視為是心腹大患，是眼中釘、肉中刺，恨不得馬上除之而後快。但反過來仔細一想，便會發現擁有一個強勁的對手，是一種福分、一種造化。

不是何時想找個旗鼓相當的對手，都能有這樣好機會的。

50 表達心中的感激

右手要感激左手捧碗；
左手要感激右手拿筷，才能吃飯滋養。

~證嚴法師（慈濟功德會創辦人）

一三七四期的《時報週刊》上記錄了這樣一個人與事。

十九年前，才十九歲的陳光明正要從高雄小港機場與好朋友趕赴前往澎湖的一班小飛機，不料到機場前，他突然發現自己的機票不見了，於是他順著自己來過的路慢慢尋找，終於在一個公共電話亭裡發現自己的兩張機票，他欣喜若狂，趕忙搭上飛機，並且在機上碰到許久未見的同鄉，於是三個年輕人，便愉快地聊了起來。

沒想到這趟愉快的旅行，卻是陳光明和另外兩個朋友的訣別之行，這班飛機在尚未飛到目的地前就墜落，機上十三人，只有陳光明一人獲救。

陳光明永遠記得自己獲救那個時刻：「我只記得我要逃離濃煙，但是走沒幾步路，我就被嗆得受不了。在快要失去意識的時候，看到了一雙模模糊糊的手，及時拉了我一把，把我拉出了鬼門關。」

當時還是懵懂少年的陳光明度過這次死亡經歷後，開始思索起自己人生的意義，當時靠著那雙手的溫度重返人間的他，選擇了以手作為吃飯的工具——成為一個腳底按摩師傅，也結婚生子，生活十分充實。

但他始終未曾找到當初握住他，把他從飛機殘骸中拉出來那雙手的主人，只知道那是個消防隊員，他這十幾年來，始終想當面跟那時的恩人親口說聲謝謝，工作的按摩院老闆娘也希望助他一臂之力，於是他們透過打電話、發海報、登廣告、找民代幫忙、向員警機關求助種種管道，卻始終沒能找到那個人。

甚至陳光明工作的「足心道」按摩院同事，也瞭解他想找到恩人的心意，於是在每次出現陌生客人時，那裡的員工總會問：「先生，請問您是不是消防隊員？」

十九年過去了，消防隊的成員早已變動，連當時參與救災的隊員都記不得當初拉出陳光明的是哪個同事，但陳光明還在等，只是為了想緊緊握住那雙手，跟他說：「真的很謝謝你。」

日本的電視連續劇《阿信》在台灣上映時，很多媽媽時間一到就守在電視機旁，一邊看《阿信》，一邊想起自己還有自己的媽媽。當時的電視主題曲是〈感恩的心〉，由旅日歌星歐陽菲菲主唱，也成為一首街頭小巷播放的流行歌曲，即使是三歲小孩都能琅琅上口。

我來自偶然　像一顆塵土　有誰看出我的脆弱
我來自何方　我情歸何處　誰在下一刻呼喚我

天地雖寬　這條路卻難走　我看遍這人間坎坷辛苦
我還有多少愛　我還有多少淚　要蒼天知道　我不認輸
感恩的心　感謝有你伴我一生　讓我有勇氣作我自己
感恩的心　感謝命運花開花落　我一樣會珍惜

雖然我沒有看過這部連續劇（實在太多集了），每次一聽到這首主題曲，心裡不禁跟著歐陽菲菲低沉的嗓音沉澱情緒，那些過往的人便一個個浮現，那些記憶，那些點點滴滴，那些人，那些事……只要下班的時候，一個人關在車子裡，面對霓虹閃爍的街道，車子在每一顆歸心似箭的方向前進，收音機播放這首歌，都會讓我因此想起這些在生命中曾經感動的人與事，每每都讓我情難自禁地流淚。

當你在某些時刻，突然想起某些人，想對他們說些什麼話時，這一次，請不要再錯過了……

51 向傷害過的人致歉

侮辱人的話，彷彿用手指寫在沙灘上；
而受到侮辱的人，卻用鋼板把這些話鐫刻在心頭上。

～莎士比亞（英國劇作家）

有個脾氣很壞的男孩，老在遭遇不順遂時亂使性子，父親見他如此，便給了他一袋鐵釘，要他每次發脾氣時在後院牆上釘一根，結果第一天男孩就釘了三十七根鐵釘，但隨著時光流逝，他釘的鐵釘越來越少，釘鐵釘也不是件容易的事，男孩發現了管好自己的脾氣似乎比釘鐵釘還簡單些。

當男孩終於學到不會失控亂發脾氣那天，父親要他每次能壓抑住自己發脾氣的衝動時，就去後院拔掉一根鐵釘，當男孩告訴父親自己把後院的鐵釘都拔光時，父親拉著他的手走到後院，對他說：

「我的好孩子，你終於學會了，」父親說，「但你要記住一件事，亂發脾氣，就像你當初釘下鐵釘一樣，一定會留下痕跡，即使後來你拔掉這些釘子，當初釘出來的洞也不會消失，如果你說話傷害了其他人，即使在事後道多少次歉也是徒然，因為傷痕已經在了，要知道，用話語造成的傷害，絕對不會比拿刀捅人還輕微。」

有一次上國文課，老師決定用分組報告來決定這學期佔三分之一的平常成績，由各小組來打分數，最後分數加總起來，再加上老師的分數就是小組的分數，也是每個小組成員的平常成績。

我們這組報告的是金庸武俠小說《笑傲江湖》，小組成員推選我和另外一位男同學搭檔上台報告，由於準備充分，報告的效果很不錯，各組給的分數幾乎都是最高分。但我注意到其中有一組，給我們這組最低分。

課後，我私下問那一組相熟的同學：「為什麼你們給我們這組最低分？」他說：「沒辦法，我們那組有一位同學說，只要是你在的那組，就會給最低分。」

我感到非常不可思議，首先是那位同學跟我不熟，幾乎也很少交談，為什麼會這樣說？再者，我實在想不起來什麼時候得罪過她，自己卻完全不知道。

這件事，成為我日後的警惕，當時年紀小，做事說話難免衝動，因此說話得罪人也不知道，說者無心聽者有心，言語的傷害更是無形，或許真是在哪一次交談中，刺到她的傷口，否則她該也不會那麼絕對的表現出她的不滿吧？

最近家裡的小外甥女因為多了一個小弟弟，心情難免受到影響，有時跟弟弟玩，手腳常會不經意地踢到他，當我們要她小心一點，她卻很生氣又委屈地回嘴說：「我又不是故意的。」事後隔天，她卻在進電梯裡時突然說了句：「對不起。」我們很納悶地問她為什麼要說對不起。她說：「因為昨天不小心踢到弟弟啦！」

當別人有無心之過時，我們試著寬容些，不要得理不饒人；當自己傷害人時，用最大的誠意去彌補自己造成的傷害，我想莫過於一句最誠懇的道歉。

52 不吝嗇待人

慷慨不是你把我比你更需要的東西給我，
而是把你比我更需要的東西給了我。

～卡里・紀伯倫（黎巴嫩哲理詩人）

李公向來以慷慨好施出名。同鄉有個黃某，非常貧窮，跟李公租房子住，一家四口過得十分辛苦。說起這黃某，懶惰又散慢，成天遊手好閒，也不幫忙耕田，不過因為他手腳勤快，所以李公常叫他辦事，並且賞給他豐厚的小費。儘管如此，黃某還是常常沒米煮飯，一天到晚跟李公喊窮，李公便常常一斗兩斗的借米給他。

有一天，黃某告訴李公：「小人平日受老爺如此照顧，讓我們一家子沒給餓死，但是這樣救濟我們的情況可以維持多久呢？乞求您借我一袋綠豆做為資本，以後我會還的。」李公很慷慨，馬上就派人拿一袋綠豆給他，黃某背著綠豆出發去做生意了。一年之後，李公問起來，黃某慚愧地回答：「時運不好，全被我賠光了。」李公同情他家境清寒，便不跟他要那些綠豆錢。黃某覺得愧對李公，於是帶著家人離開了李家。

三年後，李公突然夢見黃某說：「小人今天帶著跟當年豆子同等值的錢來還老爺了。」李公開玩笑地說：「如果你真要還我錢，那麼以前我借你的米啊、麥啊，算不算數？」

黃某愀然說：「有些人接受別人千金饋贈，根本不回報，我這樣報答你，已經夠好的了。」說完，李公就醒了，覺得很奇怪。

當天，家人告訴李公：「昨晚咱們的馬兒生下小馬了，長得很雄偉呢！」李公突然領悟，「難道這匹駿馬就是黃某投胎來報答我的嗎？」

過兩天，李公去馬廄看馬，開玩笑地呼喊黃某的名字，沒想到那匹馬兒竟然像是聽得懂似的，直奔李公而來，因此李公就把這匹馬取名叫做「小黃」。

李公乘著小黃到青州，府衙裡有個大官很喜歡這馬，願意以重金買下牠，但是價錢一直談不攏；正好李公有急事需要返家，就這樣不了了之。過了一年，小黃跟另一匹雄馬在同一個馬槽吃東西，不小心被咬傷了腳骨，需要名醫才能治療。

李公請來一位醫生，醫生見到這匹馬便對李公說：「我跟李老爺開個口，請將這匹馬交給我，因為牠需要療養個一年半載才會好。如果我能將牠完全治好，可不可以將賣馬得來的錢分我一半做為醫藥費呢？」李公覺得無妨，便答應了。

過了幾個月，醫生把小黃賣了，得到一千八百個銅錢，並依約分一半給李公。李公收到錢才恍然大悟，這數目剛好跟當年借給黃某的綠豆價錢是一樣的。

（摘自《蒲松齡的失意哲學》，潘月琪）

有個朋友，一向遵循分攤原則，不管任何東西都堅持要跟人分著出，於是吃飯時從沒看他請過客，甚至偶爾還會忘記帶錢，於是帶著錢的人便免不了要分攤他的餐費，卻也不見他回請人或還錢，久而久之，大家越來越不想找他一起吃飯，並不是因為貪圖他請客，而是他那存心要佔人便宜，又不想被人佔便宜的心態讓人覺得很不舒服，那朋友並不知道自己這樣的行為惹人厭，有一回他問我為什麼最近大家都沒有聚會，我只對他說：

「是嗎？不會啊！前幾天才剛聚過……」

只見那朋友臉上一陣青一陣紅，應該是發現自己在無意間被這個團體排斥了，「這樣啊……」，語氣裡有著意外與不解，我急忙說：

「可能是這次聚餐的地方消費額比較高，怕你覺得太貴，就沒有找你。」

這下他的臉色更難看了，「覺得……我出不起嗎？」

吝嗇這件事，不單單指金錢部分，還包括愛情、友情、親情、同情、憐憫等等能付出卻不想付出的狀況，有些時候，吝嗇的人也並不是真的沒有錢，只是貪小便宜，想省下自己該出的錢，或是擔心自己太慷慨會被當作凱子，未來將有無窮無盡的客要請。

但對人吝嗇就能賺到大錢，或保護自己嗎？

有個故事是這樣的，一個吝嗇的老闆被老虎抓到眼看性命不保，結果他一邊呼救一邊開價：「救我的人，可以加薪一倍！」結果一個小夥子馬上從樹上跳下來嚇走了老虎，當他救出虎口下的老闆時，老闆卻說：「只有下個月加一個月薪水，你不過跳下來而已，又沒做什麼別的事。」小夥子心下十分不快，便說：「那你就在樹下等老虎來好了，反正你有的是錢，可以用錢賄賂老虎！」

這個小氣的老闆後來是生是死？沒人知道，總之以省錢為上，卻可能連自己的命也一併省掉，因為付出與獲得常常呈現一種相對的模式，不是說付出多少就一定能獲得多少，但有付出的，就算不求回報，也至少會有自我滿足的快樂，有些人吝於付出自己的感情，因為不確定對方是不是也會回以同樣份量的感情，但感情這種東西從來無法計量，對方可能付出感情了，你卻覺得還是不夠，便關住自己付出的這個閘口，但其他人也不是省油的燈，你想用供需原則來控制感情流量，對方就乾脆斷你的源頭，讓你什麼也得不到。

往往吝於付出那一些，卻會換來更大的損失。

九月

死前要做的99件事

女，永遠二十五歲，履歷表上的職業類別是流行雜誌副總編輯，自我期許的是繪本插畫家、舞蹈家、瑜珈大師，有做不完的夢，所以封自己為「夢想家」。目前是一隻貓的飼主與外甥們的寵物，因為記憶力差又缺乏執著精神，無法緬懷過去，只能任性的苟活著，並為目前擁有的一切和即將發生的事情，竊笑且期待著。

1 練習一種，只要任何人聽到都會覺得很好笑、非常好笑、忍不住跟著笑出來的笑聲。

2 買《死前要做的99件事》這本書，看到更好的創意馬上截長補短，讓人生更有意義。

3 為什麼好多男人以為自己是孫悟空，其實是不折不扣的豬八戒？把西遊記重新拿來研究，以探討兩性關係和同性戀的角度，寫出一本書評。

4 找出一個能提前退休，但是仍然能遊山玩水的方法。

5 在自己有錢又還有美色迴光反照的時候，一定要去托斯卡尼住一下，雖然不必像電影《托斯卡尼豔陽下》的女主角買一棟房子，但至少體驗一下被美食和帥哥包圍的滋味。

6 持續練瑜珈、舞蹈，年輕時雖然不能當班花，但年紀越長，至少可以看起來像「當年班花」小好幾屆的學妹。

7 每年認識一個新朋友，做一件對這個新朋友有幫助的事。

8 蒐集童書，在台東或是某個靠海的鄉間開一間咖啡店，裡面擺滿童書，定期免費播放卡通影片，成為方圓百里之內最會說故事的傳奇性大人，為孩子的童年播下夢想的種子，自己再享受一次童年。

9 舉辦一場拍賣會，把自己的收藏拍賣給同好，這樣就沒有牽掛，也不必再費心整理，結束時再來個紅酒派對，為每個自己珍愛的收藏品和新主人合照。

10 在還能穿比基尼之前，一定要找個年輕帥哥教練陪我學會游泳。

11 至少去北歐度過一整個夏天，一次以上。

12 竭盡所能收集自己喜歡的作家簽名書、偶像簽名照，跟著我一起火化。

13 跟海豚共泳，地點不拘，是個真的、如假包換，沒有老到戴假牙的海豚就行。

14 每年有陽光的夏天，都要趴在木頭桌上畫畫。

15 和摯友舉辦一個攝影展，分享每個人心目中最重要的moment。

16 和村上春樹一起慢跑，喝威士忌，用流利的英文問他是不是從小漫畫和卡通看太多，所以老是會出現羊男、鼠男、大象、發條鳥這一類的東西。

17 和梁朝偉兩個人一起被卡在電梯裡面，當時又停著電，除了擁抱跟表白以外，什麼事也不能做。即使他已經在不丹結婚，但我對他的心意不變。

18 學會原諒讓自己傷心的人，學不會至少學會用多國語言罵髒話。目前會的只有中文、台語、廣東話、日文跟法文。

19 至少體驗過一次高空彈跳之類不怕死的經驗。

20 再去瑞典的基努納（Kiruna）搭狗雪橇去ice hotel（冰旅館）住幾個晚上，體驗一下活體變標本的感覺，想像自己死亡後躺在冰櫃裡的感受。這次一定要看到極光，還要寄明信片給自己。

21 跟所有愛遲到、拖拖拉拉、浪費過自己生命的人酌收費用，捐給展望會。

22 把從長輩繼承到的集郵本，加上自己這輩子收集到的郵票和垃圾繼續傳給下一代，並且跟他們說，只要他們相信時間的魔力，總有一天這些東西會身價百倍，在「開運鑑定團」節目上為台灣人揚眉吐氣。

23 學會能讓人吃了之後產生幸福感、雙眼噴淚的料理。

24 把自己從小到大最喜歡的音樂錄成專輯，臨終前播放，獲得「感動到死」之感受。裡面一定要有《教父》第三集快結束時，坐在歌劇院裡面聽的那一首歌劇。

25 把陪朋友一起學，以致於學了四次的五十音，又去千葉縣待了半年仍學不好的日文，終於學好，免得下輩子被處罰當日本人。

26 跟自己展望會的泰國女兒，一起度過她十八歲的生日。

27 向馬英九當面道歉，自己一直沒有做好垃圾分類。如果沒辦法跟馬總統當面道歉，起碼拿到他的簽名，並確實做好垃圾分類。

28 與每個朋友、自己所愛的人盡量擁抱，記得對方每個階段的質感和形狀。

29 出一本名為《幸福時光》的攝影集，把不同型態、不同種族的「家庭family」最幸福最溫馨的時刻拍攝下來。

30 去男不婚、女不嫁，自由走婚的雲南摩梭族，住一陣子，寫出他們的愛情故事。

31 完成這輩子要做個「三巴」女人的計畫——巴黎、古巴、巴西，深信這三個國家的港口都有男人苦苦相候。

32 絕不放棄中樂透，然後包下海邊小島跟好友一起度假的夢想。

33 至少讓我有一次甩掉帥哥的機會，告訴他：你休想！就算你得到我的身體，也得不到我的心！

34 能夠變小富婆，而非小腹婆。

35 跟我的好友小乖每年自製一本月曆，做為新年新希望的紀念。

36 擁有最多多才多藝的「素人」頭銜——素人插畫家、素人陶藝家、素人攝影師，素人設計師，活到老學到老。

37 每天確實地謝飯禱告，用感恩的心情看待每件發生的事情絕非偶然。

38 有機會站在宮崎駿本人旁邊看他畫畫，一次就好，為他搥背也行。

39 把媽媽家上一代青島四大家族的故事寫出來，其精彩度媲美公共電視加八點檔。

40 和自己愛的人共擬一個夢想清單，替對方實踐夢想。

41 看看自己敗德的極限在哪裡，不過這個只適合在沒有認識我的朋友的國家暗中進行。

42 和名模林志玲、孫正華一起去海島度假。

43 安排好友糊塗塌客親自採訪兄弟象球員們，讓她專心跟這群猛男共處，絕不跟人分享。

44 去峇里島學舞蹈、去泰國學按摩，然後把know how的學習過程畫成繪本。這兩個地方都有提供給觀光客的短期班，至於為什麼一定要去當地學？那當然是為出國繼續找理直氣壯的理由。

45 至少買下一兩件現在不紅，以後很紅的藝術品，證明自己一向眼光獨具，而子孫會不斷稱謝我英明。

46 六月去柏林，剛好遇到他們舉辦住在柏林各個民族的「電子音樂花車大遊行」，音樂好聽，旁觀的人隨時可以加入隊伍唱唱跳跳，還有殘障者坐輪椅一起參加……。把這些好玩的活動idea引進台灣，讓生活時時有樂趣。

47 說服政府官員，既然他們出國考察都沒有建設台灣的具體方案，不如把預算拿出來給老百姓抽獎，招待大家輪流出國旅遊。哪個黨派提出這個政見，我絕對投他一票。

48 開一間物美價廉有品味的店，定期舉辦活動、講座、才藝班。如果能像Tokyo Hands有做不完的手工藝品就更好啦。

49 重新看王家衛所有的電影，由《旺角卡門》開始一部一部仔細的看，想到每個演員花了那麼多時間等待殺青，就有賺到時間的感覺。

50 請Louis Vuitton、Hermes分別為馬友友的大提琴訂製皮套，而馬友友在其時裝秀上現場演奏，現場所有人無不聽得如癡如醉，謝幕時馬友友特別感謝促成這個活動的我。這件事說明了，死亡前必做的事情之一，就是做白日夢。

51 把自己所有熱愛的愛情文藝片，整理出「愛情名句」、「完美的愛情法則」、「邂逅絕技」……。

52 把父母、兄弟姊妹、家族裡個人擅長的事情，濃縮成一部《傳家寶典》，後世子孫不需要「自宮」，人人可以取閱。

53 每天讀書，什麼都好。

54 保持健康，卻不要長壽。

55 一整年絕不花錢治裝、買奢侈品、出國旅遊，看看自己這個「節慾」戶頭到底能存下多少錢。

56 跟自己最愛的男人，在有花火的夜晚擁吻，然後模仿《鐵達尼號》的情節，互相畫裸照。

57 學會手鼓或是踢踏舞，最好是能像stomp或blue men group在舞台上亂打一氣又很好聽。

58 把曾經答應過別人而沒有做到的事一一兌現。

59 誠心誠意，用分享的心情寫作，但是心裡吶喊著：讓我嚐嚐暢銷作家無人能擋的魅力吧。

60 成為大橋步這樣傑出的藝術家，不僅和村上春樹合作，為其配上插畫，還推出個人雜誌《Arne》，全部由自己企畫、編輯、攝影、取材。

61 在積雪的冬天，窩在長城旁邊的「長城公社」，這個國際水準的design hotel建於2002年，推開窗戶，長城就在眼前。

62 參加搭乘輕型小飛機在不同營地穿梭的非洲之旅，住在大草原上，一面飽覽草原遼闊美景，一面在露天浴池洗澡，望著黃昏中被陽光染成各種顏色的綿延的沙丘，親身體驗大自然的奇妙。

63 研究好喝又具療效，媲美英式下午茶的中國藥草茶。

64 改掉自己死要面子、脾氣又急的個性。

65 試戴八位數字以上的高級珠寶，如果有人誠心相送，也不反對。

66 想辦法提高自己的愛情智商。就算失戀，也不悲觀失望。

67 吃遍天下好吃的甜點。

68 做些蠢事娛人娛己。

69 過馬路的時候，永遠走在比自己年紀大的人後面，順便幫他注意左右來車，安不安全。

70 學會輕易取悅自己所愛的人。

71 重遊西班牙，這次不能錯過普拉多美術館和位於畢爾包的古根漢美術館，要在格拉那達舉行音樂舞蹈節的時候前往，做好美術史、建築跟音樂的功課。而且在巴塞隆納住到身上沒有旅費為止。

72 每年給自己一個新的目標，養成一種新的生活習慣，做一個沒有做過的嘗試。

73 把自己在巴黎遇到設計師山本耀司，他慈愛又友善地應允和我一起合照的照片放大，掛在家中最明顯的角落。每當有人問起，就假裝很謙虛地說：其實這沒有什麼啦。

74 穿真絲睡衣，睡義大利進口的亞麻床單。

75 一面揮霍一面提醒自己過儉樸簡單的生活，看看必做之九十九件事能不能濃縮少做幾項，或是用更省錢的方式去做。

76 不要忘記自己愛過的人，必要時養寵物用他們的名字，免得忘了他們。

77 來不及生小孩的話，考慮把卵子冷凍。

78 可以繼續很天真的相信一些事情，例如說：天上的飛機在飛的時候，把它抓到手中，然後閉上眼睛，許一個想了很久卻沒有完成的心願，等到收集到一百架之後，心願就可以實現。

79 完全不相信前世今生，但有機會還是想瞭解一下，被催眠是什麼回事。

80 擁有峇里島情調的浴室，有一片綠蔭的落地窗，有蒔花弄草的地方。

81 在大片落地鏡子前，模仿馬歇馬叟給自己看。

82 用September&friends成立一個將盈餘做慈善事業的機構。

83 某一年的愚人節，包下一台公車，上面的乘客突然站起來跳鋼管秀。

84 促成「雇主不得以年終獎金為由，要求員工一定要在尾牙春酒表演餘興節目」的法律通過。

85 向主張「Spa由勞保給付」的民意代表投下神聖的一票。

86 請開明的母親先寫下遺囑，讓她親眼看見自己的心願一一完成。

87 愛家人跟朋友，勝過自己的成就。

88 買一台真空管音響，當作伴唱機。

89 成立奈良美智粉絲會。

90 開發自己的第六感和直覺。老的時候能用咖啡渣、假牙替人占卜。

91 在歐洲的鄉間開敞篷車。

92 滑翔翼、熱氣球、輕型飛機…至少有一次從上空眺望這個世界的經驗。

93 辦一個能賺錢的個人雕塑展。

94 看溫德斯的《慾望之翼》，相信天使就在我的周圍。

95 「把」個足以當晚輩的年輕弟弟，體會男人喜歡「老來入花叢」，把未成年少女講的言不及義的讚美照單全收、智能不足的心情。

96 能成為如同「小錯誤，大發明」，因為一個偶然的無心之過，卻因為換個角度看事情而變成造福人群的發明者。

97 講出一句「至理名言」被後世廣為引用。

98 想好死前要見的人，以及要對他們說什麼話，以免嚥氣前講些結結巴巴，或是花瓶的水該換了之類的廢話，並且希望現場能有一杯好喝又沒冷掉的現煮咖啡。

99 懂得恰如其分的道理，到死都不被別人討厭。

53 寬恕他人

為甚麼看見你弟兄眼中有刺，卻不想自己眼中有梁木呢？你不見自己眼中有梁木，怎能對你弟兄說，容我去掉你眼中的刺呢？你這假冒為善的人，先去掉自己眼中的梁木，然後纔能看得清楚。

~《聖經》・路加福音

有天一批新囚犯入獄時，一班老囚犯便都聚集到他們身旁，問他們入獄的原因和來歷。伊凡每回都會夾在人群之中，但總是垂著頭聽，一句話也不說。

這批新來的犯人中有個又高又強壯的傢伙，他六十歲了，下巴滿是灰白的鬍渣，正在說自己入獄的原因。

「兄弟們，」他說，「我不過就是順手牽了匹拉車馬，就以偷竊罪被起訴了，我說我只是暫時借用，待回到家後就會放牠回來的。何況那車夫也是我的朋友，我說自己才沒做錯呢！可是他們偏要說我偷馬，又沒有證據可以證明我在何時何地偷。其實我以前犯過一件案子，理應被流放到這兒來，但那次沒被查出，這次卻冤枉下獄。唉！我在胡扯什麼呀！其實我以前來過西伯利亞，只是時間並不長。」

「你打哪兒來？」有人問他。

「我從佛來基密爾來，那兒也是我的故鄉，我叫米海爾，姓沙莫維奇。」

伊凡立刻抬起頭來，問道：「米海爾，你有沒有聽說商人埃克謝努夫家人的情況？他們還活著嗎？」

「怎麼會沒聽說過，雖然他們家男主人流放西伯利亞，不過聽說他們家裡還是滿有錢的，那個男主人大概跟我們一樣，都是可憐的囚犯，咦！老爺，你又是為啥被關進來的呢？」

伊凡・埃克謝努夫並不喜歡講自己的事，因此他只嘆了口氣：「因為犯了罪，所以才到這裡受了二十六年活罪。」

「你又犯了什麼罪呢？」米海爾問道。

但他只輕描淡寫說道：「因為犯了該罰的罪。」並不想多說，他的獄友卻開始說明他之所以會到西伯利亞，完全是因為被誣賴殺了一個商人，又在行李中找到一把染血的刀子所致。

米海爾聽到這裡，就望了伊凡一眼，又在自己膝蓋上用力拍了一下，驚叫道：「怪！這可真怪啦！不過老爺，你真的變老了不少。」

他一說出這話，伊凡就想這人也許知道真兇究竟是誰，於是他問道：

「米海爾，你以前難道聽過這事，或是曾經看過我？」

「當然聽過啦！流言才傳得快呢！不過這事實在太久了，就算聽說過也早忘了。」米海爾說道。

「你知道是誰殺了那個商人吧！」伊凡問。

米海爾只是笑著說：

「嗯嗯，這個嘛，當然是從誰的行李找出兇刀，誰就是兇手啦！要是有人要陷害他，也得有憑有據，才知道誰是真兇。行李就放在你枕頭底下，怎麼會連一把刀放進去都沒感覺呢？」

伊凡聽到這些話，就知道這人一定是殺害商人的真兇。於是他便起身走了，這天他整夜不能入眠，滿腦子想的都是妻子最後一次送他去趕集的情景，他記得她那時的臉龐、眼神和笑靨；還有孩子們，一個穿著皮襖，另一個還抱著餵奶；他想起自己當年年輕快活的模樣，他想到自己被抓時正在小旅館的川堂中彈吉他，當時心情非常高興。還想起自己受鞭刑的那個行刑臺、腳鐐、圍觀人群、劊子手，想到二十六年的冤獄，想到已經消逝的青春，就恨不得早點自行了斷。

「全是那傢伙害我的。」伊凡自言自語道。現在他滿心都是復仇的欲望，就算是同歸於盡也無所謂。他整夜向上帝禱告，都還是不得安寧。第二天他就有意跟米海爾保持距離，看也不看他一眼。

這種情形持續了兩個星期之久，伊凡一直無法闔眼，心裡有萬分痛苦煎熬，不知該怎麼辦才好。

一天夜裡，伊凡正在牢房中走來走去時，突然看到有些土塊自一張床板下滾了出來。他站住看了半晌，卻不料米海爾意外地自床板下爬了出來，他看了伊凡一眼，伊凡原想裝作啥也沒看見，米海爾卻抓住他的手，還把自己在牆腳下挖地道的事、自己每天把挖出的土塊放在鞋裡偷偷倒在路邊的事，一五一十地全告訴了他。

「老頭，你要是啥也不說，咱們就可以一起逃出去了，要敢洩漏半個字，就算我被打得半死，也要先結束你的老命。」

伊凡面對自己的仇人，恨得全身戰慄起來，馬上抽回自己的手，說道：「我不會逃走，你也用不著殺我，因為你早就結束我的生命了。至於說不說這檔子事，還要看上帝怎麼定奪。」

第二天，當士兵發現米海爾竟從自己靴裡倒出土塊，便開始大肆搜查，最後終於查出了那個地道，典獄長還親自到牢房裡審問所有犯人，想找出誰是主謀，但知情者都不想供出是米海爾幹的，因為他們知道，一旦被供出的話，米海爾肯定會被打得半死，此時典獄長就轉過頭來問伊凡，因為他知道伊凡是個正直的人，他問道：

「老爺，你為人正直，現在當著神面前，你告訴我是誰幹的？」

米海爾面無表情地看看典獄長，又偷偷看了伊凡一眼，只見這個可憐的老人不自然地全身抖了起來，老半天說不出一句話，他心想：「我何必保護這個毀了我一生的壞人呢？就讓他為我所受的苦付出代價吧！不過如果我真的供了出來，他一定會被打得半死的，而且，說不定是我冤枉他了。再說，就算他被打，對我又有什麼好處呢？」

「喂！老爺，」典獄長催促著，「就告訴我實情吧！究竟是誰挖的地道？」

伊凡偷偷看了米海爾一眼，才說道：「先生，請恕我無法告訴你實情，因為我沒看見，更不知情。」

任憑典獄長怎麼問他，伊凡都不肯說，到最後也拿他沒辦法，只好作罷。

這天晚上，當伊凡正要進入夢鄉時，突然一個人走過來，在他床邊悄悄坐下，他在黑暗中，認出來人就是米海爾。

「你還想怎麼樣？」伊凡問。「到底要幹什麼？」

米海爾沒說話，伊凡便坐起身說道：「你想幹嘛？再不走，我要叫警衛來了。」

米海爾卻挨近他，低聲說道：「伊凡．埃克謝努夫，請你原諒我。」

「原諒你什麼？」伊凡問道。

「先殺死商人、把刀放在你行李裡的人就是我，我當時本也想把你殺死，但我一聽到外面有聲音，就把刀放進你的行李裡，跳窗逃了。」

伊凡一句話也說不出來，卻見米海爾自床邊跳下，雙膝跪倒在地，哀求他：「伊凡，請你原諒我，就算看在上帝面子上，放我一馬，原諒我好不好？我會去自首自己才是殺商人的真兇，你被放出來之後，就可以回鄉去了。」

「你說得倒好，」伊凡說道，「可知我已替你擔了二十六個寒暑的罪，你要我現在到哪兒去呢？我妻子大概早就死了，我的孩子可能早就忘記我，你要我現在再到哪裡去啊？」

但米海爾不肯站起來，只是不斷地磕著頭：「伊凡，請你原諒我。」他不斷哀求著，「連他們鞭打我時，我所受的痛苦還沒有現在厲害呢！你卻憐憫我，沒把我名字全盤托出，請你看在上帝的面子上，原諒我吧！」他開始抽抽噎噎地哭了起來，伊凡見他在哭，忍不住心酸起來。

他最後終於答應他了，便對他說：「上帝已經原諒你了，說不定我還不及你呢！」說完這話，他突然覺得輕鬆了起來，不再想家，也不再想出獄，一心只等待最後宣判的時刻來臨。

但米海爾並沒有聽伊凡的話，還是去自首了，當伊凡可以出獄那天，老人卻早就蒙主寵召了。

（摘自〈等待真理〉，作者托爾斯泰為俄國文豪，著名作品有《安娜．卡列妮娜》、《戰爭與和平》

等）

聖經裡有段故事，有個女人犯姦淫罪，被人抓住了，結果人們將她帶到耶穌那邊，要試探耶穌的做法，其實帶這女人去耶穌跟前的那些人沒安什麼好心，他們只是想丟個兩難的題目給耶穌，假設他今日放了這女人，代表他不在乎姦淫這種罪惡，假設他用石頭砸死這女人，這行為便跟平日他教誨別人的仁愛慈悲或寬容背道而馳，總之這些人冷眼看著耶穌如何解決這個麻煩問題，未料耶穌思索半晌，邀請了在場「無罪的人」拿起石頭丟那女人，若女人真有罪就該受罰，但要丟石頭前，必須想想自己是不是真有高尚的情操，從來沒有任何罪過，沒有的話，當然可以正大光明地唾棄這女人。

結果聽到這話的人，開始反省自己是不是真有權利處罰這女人，待他們思及自己其實並沒有懲罰這女人的資格時，便一個個偷偷溜走了。

當現場終於沒有人願意拿起石頭時，耶穌便對那女人說，我不定你的罪，但你從此以後不可再犯，去吧！

寬恕他人並不容易，尤其當對方可能曾經深深傷害過你時，更是如此，但作家李碧華說過「恨一個人也是要用感情的」，既然連仇恨都需要使上力氣，你聲嘶力竭耗盡氣力去恨一個人，卻不肯花時間把仇恨的力量轉換成正向的動能，就像俗套的武俠小說裡，主角的人生目標永遠是「為父報仇」，一個根據仇恨塑造出來的人物，很難在其中找到更為複雜的人性面，房龍在他的史學名作《寬容》引用了大英百科全書裡對「寬容」這個詞的解釋：容許他人有行動與判斷的自由，對與自己或大眾觀點不同的意見耐心且無偏見地容忍。

　　馬克吐溫也說，紫羅蘭把自己的香氣留在踩扁它的腳踝上，這就是寬恕。因此我們會看到火災罹難者家屬，原諒了縱火犯；兇殺案被害人，原諒了殺人兇手；兇殺案受害者家屬，不但以受害者的名義捐出一筆錢成立基金會，受害者好友並在基金會成立現場表示：「如果我們讓今天成為一個籠罩憤怒與仇恨的日子，她一定會很不諒解……」

　　你寬恕了別人，也解放了自己，因為沒有人能夠毫無過錯地活著，你給人空間，也是給自己空間，忘卻那些傷害你的事情，你才能在新的旅程上毫無罣礙地上路。

54

熱心幫助他人

愛的相反詞，
不是恨，而是冷漠。

~德蕾莎修女
（天主教修女，一生獻身於貧民救助工作，並獲諾貝爾和平獎）

她很瘦弱，卻是世界上許多窮人的靠山，她那乾瘦的手，在許多人眼中，正是最美麗的天使翅膀。出生於阿爾巴尼亞富豪之家的德蕾莎修女，小時候就立志要加入傳福音的宣教工作行列，於是當她有到印度服務的機會時，便義不容辭地投入了這個工作，卻不料那時她準備去接手的，其實是一個貴族學校的校長職位，一日德蕾莎搭火車到大吉嶺隱修，卻在火車上聽見神要她去服務那些最窮困的人們，而不是在大吉嶺的上流社會裡過著優渥的生活。

但諷刺的是，她那時服務的貴族學校牆外，正是印度最窮困的貧民窟之一，一看到這樣的對比，德蕾莎就明白了，自己的責任絕對在貧民窟裡，雖然這樣的抉擇對舒適生活已久的她來說，的確是個艱難的決定，沒有奧援，沒有支持，她隻身離開了原來的修女會，開始了她服務貧民窟的另一個人生。

進入最庶民、最下層社會的德蕾莎，此時才發現世界上竟然如此有人生活：生病了，沒人願意看病；無家可歸，沒人願意收留，她便請求員警給她個地方讓她照顧那些遊民，至少可以讓她幫他們清洗身體與包紮傷口，或是在死亡前，有個還算尊嚴的處所，於是德蕾莎創辦了死者之家，專門用來收容垂死的遊民。

有回在大雨裡，德蕾莎見到一個婦人帶著孩子徘徊在雨中不知何去何從，只是因為繳不出房租，於是她在同樣的信念下，創立「棄嬰之家」，開始收容被棄養的孩子們；更創辦痲瘋之家，好讓痲瘋病患者獲得較佳的照顧，免於流離失所。

一九七九年，德蕾莎獲頒諾貝爾和平獎後，她成為全世界貧窮地區的精神領袖，但這樣的知名度並沒有讓她昏了頭，她還是藏身在印度貧民窟裡，樸素且慈愛地照顧著病人、棄兒和遊民，她最知名的一句話，也幾乎能夠描寫她一生追求的目標，那就是「人最大的貧窮不是物質上的缺乏，而是不被需要與沒有人愛。」

印象很深刻，德蕾莎修女走的那一年，全世界心中永遠的王妃黛安娜也走了；當世界都在為黛安娜不捨難過時，德蕾莎過世的消息卻受到了嚴重的漠視。以新聞角度而言，德蕾莎修女的新聞性是不及黛安娜王妃，但關於德蕾莎修女的報導，卻令我再難忽視而且深深動容。

我看到的是，德蕾莎修女的遺體供人瞻仰，她看起來貧苦，卻富足，她的喪禮沒有簇擁的鮮花，更沒有整齊的儀隊，她是諾貝爾和平獎的得主，但她卻依然堅持在貧民窟裡服務，因此，來瞻仰她的都是受她照顧的清苦貧民，他們哀傷，他們流淚，他們不捨，甚至無法獻上美麗的花環，卻獻上最深的感激——他們親吻德蕾莎修女的腳。

爸爸走後，我甚至無法去探測他的溫度，但那些清苦的貧民，用他們僅有的溫度去親吻德蕾莎的腳，為她送別，這一幕讓我深深震撼。

已故的台灣企業家溫世仁曾經說過：「世界上只有一種人，就是需要關心的人。」德蕾莎用她的關心幫助貧窮的人，收容被棄養的小孩，甚至成立垂死之家照顧病患；溫世仁關懷中國西部的貧窮，用網路幫助他們告別貧窮；還有許許多多慈濟的義工、國際的志工，他們付出，他們關懷，他們樂於助人。

他們的偉大無非就是出於關心，出於愛，出於一份熱心助人的關懷，而我相信，這顆心，早就深深種植在每個人的生命中。

55 誠心讚美他人

只憑一句讚美的話，
我就可以充實地活上兩個月。

~馬克・吐溫（美國作家）

我剛開始教書時，第一個任職的學校是明尼蘇達州的莫理斯聖瑪莉學校，帶一班小三學生，那是我極為喜愛的一個班級，但全班三十四個學生，最特別的一位叫馬克，他家教很不錯，外表也相當整齊清爽，唯一的問題是上課愛說話，每當我再三叮嚀他沒經過允許，不可以在課堂上任意插嘴時，他總是誠懇的說：「謝謝修女的糾正。」乍聽到時我相當不習慣，不知該如何反應，但久而久之我發現那是他的習慣，每天都要被我指正好幾次，也照例會聽到他好幾次答謝。

有天上課，馬克又在課堂上不斷插嘴，我實在受不了了，就警告他：「馬克，如果再讓我聽到你說話，我就要用膠帶封住你的嘴！」但這話才說完沒多久，班上另一同學恰克告了馬克一狀：「修女，馬克又講話了！」

雖然我沒讓其他學生幫忙看管馬克，但話既已說出，只好說到做到。

我永遠會記得那一幕，從講桌抽屜裡拿出膠帶，又貼了交叉狀在馬克嘴上那個情景。

馬克眨眨眼對我示意，全班見狀忍不住爆笑出聲，於是我走到他面前，撕下他臉上的膠帶，馬克說的第一句話又是：「謝謝修女的糾正。」

教完這一年，我轉到同一所學校中學部門任教，時光飛逝過了許多年，馬克再度成為我的學生。他的儀容依然整齊，而且變得更為帥氣，只是愛講話的他在上了中學後，似乎沉默了不少。

有個星期五，我感覺班上氣氛有點焦躁不安，因為這週我們上的數學課程不大容易，學生學得吃力，為了緩和大家的心情，我要求學生在紙上寫下其他同學的名字與優點。

這突如其來的要求引起學生一陣小小的騷動，他們看來非常開心，因為每個學生將紙交回給我時臉上都露出微笑，馬克更不改其禮貌本色，交回時跟我說了：「謝謝修女的教導，週末愉快！」

我利用那個週休將每個學生得到的看法整理好，週一交回給他們時，我聽到台下有人低語：「我不知道人家這樣看我耶！」「原來我的人緣還不錯。」

在此之後，班上的氣氛轉緩，但也沒人再提起這件事，只是我看得出這個舉動對他們是有益的，至少學生的表情變柔和了，也因此而更喜歡自己與其他同學。

在許多年以後，有一回返家時，爸媽突然說了一個讓我無比震驚的消息：「馬克在越南過世了！」

喪禮就在明天，馬克的父母希望我能抽空參加。

躺在棺木裡的馬克看來仍如昔日般英俊，見到他最後一面的我腦海裡突然浮出：「如果能換來你一句話，我願意丟掉全世界的膠帶。」

教堂裡擠滿馬克的知交好友，當年告馬克一狀的恰克的妹妹還獻唱一首聖詩，我抬頭讓不斷飄落的小雨打在我臉上，站在墳墓旁目送你的至親好友下葬已經夠難受了，為何還下雨？

馬克的親友依序走至棺木旁灑下聖水，我是最後一個擱下鮮花的人，有個前來扶棺的軍人傾過身問我：「請問你是馬克的數學老師嗎？」

我無言點點頭。

「馬克常會提到你。」他說。

葬禮過後，多數參與喪禮的賓客齊聚恰克家的農莊吃午餐，馬克的父母等在那兒，似乎有話要對我說：「我們得給你看樣東西。」他父親一邊說一邊掏出皮夾來，「馬克殉難時，我們從他身上找到這個，你應該還記得吧！」他遞給我兩張顯然經過不斷補貼與折疊的破舊紙張，無須細看，我就知道自己曾在那上頭抄下同學對他的評語——多是他的優點。

「謝謝你，這孩子好珍惜它。」馬克的母親也說。

看到我們交談，其他學生也靠了過來，查理說：「我也留著！放在我家書桌最上層抽屜。」

恰克的妻子說：「恰克吩咐我要放在我們的結婚相簿裡。」

越來越多人告訴我他們都還留著那張記憶，「我隨身帶著。」

「我想大家一定都保留著自己那張紙。」此刻我無法壓抑情緒，為我再也無法謀面的學生馬克而哭泣了起來。

聽過這樣一個用讚美鼓舞人心的故事，一天，一個男子與朋友在紐約街頭搭了一台計程車，下車時，那朋友跟司機說：「謝謝你，你車開得真好。」司機望著他，臉上滿是訝異，那朋友又說：「司機先生，我真的很佩服你在交通如此混亂時還能夠沉得住氣。」

男子下車後問朋友為什麼要說那些話，因為紐約計程車司機的態度是出了名的粗魯，朋友微笑了：「我只是希望這句話可以讓他一整天都很愉快而已，只有這樣，紐約市才有救。」

這樣小小的期望真能發揮功效嗎？朋友說：「讓一個司機心情愉快，他今天就會保持這樣的態度來開車，也會有將近二十個乘客因這樣的態度而得利，假使這二十個人因為司機的態度，一天都很開心的話，就能讓紐約市近一百人當天情緒都很高昂，何樂而不為？」

男子懷疑地對朋友說：「假使那司機對你講的話一點反應也沒有呢？」朋友笑笑：「那我就再多讚美幾個計程車司機，總會有人受到鼓舞吧！」

讚美不嫌多，只是千萬別油腔滑調失去真誠，許多人很少受到父母親的讚美，許多父母習慣用沉默來表達他們對孩子的愛，如果孩子表現好，通常會得到禮物的餽贈，久而久之，我們就成為一批吝於表達讚美的成人，這樣循環下去，整個社會也就呈現一種非得要有功才得到獎賞讚美，一有錯失時就會被大肆批評的狀況，何不從現在開始就試著去用讚美來鼓勵別人？或許你會發現每個人臉上的線條都變得柔軟許多喔！

56 要相信他人

猜疑是真誠友誼的一劑毒藥。

~聖奧古斯丁（北非基督教神學家）

有天拿破崙在勤務兵迪羅克陪同下，來到一家餐廳，由於兩人不希望行蹤曝光，所以穿著都很樸素。

吃完午飯後，餐廳老闆送來一張十四法朗的帳單，迪羅克卻發現自己沒有錢，拿破崙便笑了笑，說道，「我來付就好。」但他也發現自己身上一毛都沒有。

於是迪羅克便跟老闆說：「對不起，我們忘記帶錢了，是不是可以等我一小時後再回來結帳呢？」老闆怕他們吃霸王飯，便無論如何都不答應，還威脅他們若不付錢他就會叫警察來。

此時一個侍者看到這情形，很同情他們兩個，就跟老闆說：「算了啦！偶爾都會有忘了帶錢的時候，別叫警察，我先幫他們墊錢好了，我相信他們會付錢的。」

沒多久後勤務兵回來了，他問那老闆：「你花多少錢買這個餐廳？」

老闆說：「五萬法郎。」

那勤務兵便打開錢包，拿出五萬法郎丟在桌子上，說：「我奉主人，也就是當今的皇帝拿破崙之命，把這餐廳送給剛剛那位侍者，因為他在我們困難時，不但相信我們，還熱心幫助了我們。」

國中二年級，我從放牛班幸運地被調到升學班，每天在測驗與段考中掙扎求生存，那時只要「模擬考」（閩南語發音）就是大家「抱著哭」的時候。國文科一直是我比較喜歡的科目，但也僅是表現平平，不好不壞，學生時代我最大的娛樂，大概只是對著天空發呆，對唸書實在沒興趣。

有一次「抱著哭」後，國文老師發下考卷，並且公佈正確答案要我們訂正，訂正完後問同學有沒有分數算錯的需要改，因為每次「抱著哭」都會有全校排名，分數關係到排名順序，我發現老師有一題算錯，我的答案修改後是正確的，老師卻打叉，於是我跑去要老師訂正分數。

老師一看到我的考卷，馬上就說：「你你你……這是偷改答案。」我一臉錯愕，怎會說我偷改，明明是老師自己改錯，就說：「我沒有偷改，這個是我原先寫的時候第二次改的答案。」（心裡暗自想：誰偷改會這麼明顯，打個叉再寫答案，何況只有一題。）老師勉強再瞄一下還是堅持我偷改，我非常生氣，把考卷留給老師，頭也不回地回到自己座位。（真是不懂事的小孩啊！）

從那之後，我發憤圖強非常用功唸國文，每次模擬考國文科幾乎都是全班最高分，後來的聯考也因為國文好拉高分數，考取不錯的學校。

這是我被猜疑後因為氣憤而勵精圖治的事，現在看來，結果是好的，不知你的經驗是不是也是好的？對了，後來在我甩頭離開後，老師大概被我的激動驚嚇到，事後寫了紙條跟我道歉。

57 學會說「不」

唯一真正自由的人是能夠拒絕宴會的邀請而不用提出理由的人。

～朱爾・勒納爾（法國劇作家）

寫過《人性枷鎖》的大作家毛姆，曾經寫過這樣的一個因說不出「不」而受到教訓的小故事：

我看戲時瞧見她，她也朝我示意了一下，於是中場休息時，我就走過去坐在她身旁。上次我看到她已經是很久以前的事了，如果不是有人提到，我根本就認不出她來了，她愉快地跟我打著招呼。「哎呀，我們第一次見面是好多年前的事了，時間過得還真快啊！我們都不年輕了。你還記得我第一次看到你時的情景？你請了我一頓午餐呢！」

我還記得嗎？

二十年前我住在巴黎時，在拉丁區有個面對墓地的小公寓，賺的錢僅容餬口。她是因為讀了一本我寫的書，便寫信來與我討論，我回信謝了她，不久就收到來信，說她剛好路經巴黎，想跟我聊聊；但因時間有限，只有下個星期四有空，星期四早上她在盧森堡公園，問我是否願意請她在弗約特餐廳吃一頓簡單的午餐？弗約特餐廳是法國參議員常去的地方，消費高到超乎我的能力，我從來沒想過要去那裡；但那時我被奉承得有點暈陶陶的，又年輕到還沒學會怎麼對一個女人說不，（我得說，在男人沒老到說什麼女人都沒反應前，很少人可以學會這件事。）我當時還有可供這個月維生的八十金法郎（編註：純度為九十萬之一的黃金法郎），一頓便飯應該不會超過十五法郎。如果我把接下來兩個禮拜的咖啡錢省下來，應該就夠應付了。

我回信約她星期四中午十二點半在弗約特碰面。她並不如我期待的那麼年輕，很有架勢模樣卻不吸引人。她其實已經四十歲了（一個迷人的年紀，卻不會讓人產生激情、一見鍾情），她給我的印象是牙齒又白又大又整齊，而且數量比實際需要的多。她很健談，既然她想談我這個人，我也就準備當個專心的聽眾了。

菜單送上來時我嚇了一跳，因為價格比我預期要高得多。但她再三向我保證：

「我午餐不吃什麼東西的，」她說。

「喔，別這麼說！」我回答得很慷慨。

「我從不吃超過一樣東西，現在的人吃太多了。也許，一條小魚就可以了，不知道這兒有沒有鮭魚。」

當時還不是鮭魚季，所以菜單上沒有，但我還是問了侍者有沒有。是的，他們才剛進了今年第一尾，還是條上好鮭魚。於是我為她點了。侍者又問要不要在等餐上來前再點些東西。

「不用了，」她答道，「我從不吃超過一樣東西，除非有點魚子醬，我就不介意吃些。」我的心稍稍一沉。我知道我吃不起魚子醬，卻很難告訴她。我告訴侍者無論如何一定要上魚子醬，自己則選了菜單上最便宜的羊排。

「我覺得吃肉不太聰明，」她說，「我不知道在吃了羊排這樣重口味的東西後，你怎麼可能工作得下去，我從不讓自己的胃太撐。」

然後就是喝什麼的問題了。

「我午餐時不喝東西。」她說。

「我也不喝。」我馬上說。

「除了白酒，」她又接口，好像我什麼都沒說。「這些法國白酒很清淡，對消化很有幫助。」

「你想點什麼？」我問，雖然還是好客，但已經不那麼熱情了。

她的白牙光亮友善地朝我閃了閃。

「我的醫生除了香檳不讓我喝其他任何東西。」我想我的臉有點發白。我點了半瓶香檳，又不經意地提起，醫生嚴禁我喝香檳。

「那你要喝什麼？」

「水。」

她吃魚子醬，又吃鮭魚，愉快地談著藝術、文學和音樂，但我卻擔心等下要收到的帳單。等我的羊排送來時，她便嚴肅地指正我。

「我發現你午餐的口味吃得太重了，這絕對不行，為什麼不學學我只吃一樣東西呢？我保證你會覺得更好。」

「我是準備只吃一樣東西，」當侍者又拿著菜單過來時，我說。

她優雅地向他招招手。

「不，不，午餐時我從不吃任何東西，就只一口，決不多吃，而且我吃那麼一點，也不過是因為這樣方便交談，我不能再多吃了，除非他們還有大蘆筍，到巴黎不吃蘆筍就太遺憾了。」

「夫人想知道你們是不是有大蘆筍，」我問侍者。

我努力希望他說沒有，但一個開心的微笑在他如牧師般的寬臉上綻開，他還向我保證他們絕對有那樣肥大、漂亮、鮮嫩的蘆筍，在這個時節並不多見。

「我一點也不餓，」我的客人嘆了口氣，「但若你堅持，我是不介意來點蘆筍。」於是我點了蘆筍。

「你不吃點？」

「不，我從不吃蘆筍。」

「我知道有些人不喜歡蘆筍，但那是因為，你吃的肉把你的味覺給毀了。」

我們在等蘆筍做好時，慌張的情緒突然襲擊了我，因為現在不是我能剩多少錢過完這個月的問題了，而是錢還夠不夠付帳。如果付帳時發現差了十法郎，得向客人借錢的話，我會丟臉透頂，絕不能讓這種事發生。我知道自己有多少錢，於是我決定，若帳單上的錢超過預算，我就把手放進口袋，然後誇張地大叫錢包被偷了。如果她也沒有足夠的錢來付帳的話，當然會很尷尬。唯一的方法是留下我的手錶，然後說我過會兒回來再付。

蘆筍端上來了，看起來真是又肥又美味。那融化的奶油味刺激著我的嗅覺，就像虔誠的猶太人獻來祭品的香味鑽入耶和華鼻孔一樣。我看著這個自暴自棄的女人滿足地將蘆筍大口大口吞下，而我仍維持禮貌地談著巴爾幹各國的戲劇。最後，她吃完了。

「來點咖啡？」我說。

「好，只要冰淇淋和咖啡。」她答道。

我現在已不擔心帳單的事了，所以也給自己點了咖啡，為她點了冰淇淋和咖啡。

「你知道，我一直非常相信一件事，」她邊吃冰淇淋邊說。「吃完一餐時，一個人總會覺得自己還能再吃點別的。」

「你還餓嗎？」我無力地問。

「哦，不，我不餓；你看，我不吃午餐。我每天早晨喝杯咖啡，接下來就是晚餐，但我午餐時不會吃超過一樣東西。我是為了你才說這些的。」

「哦，我明白！」

然後可怕的事情就發生了。我們等咖啡的時候，那領班臉上堆著虛偽討好的笑容，帶著滿滿一大籃桃子朝我們走過來。那桃子有著天真少女臉上的泛紅，完全飽滿的義大利風景色調。但現在不是桃子的產季，天知道這些要多少錢。但我稍後也知道了，因為我的貴客，一邊持續談話，一邊又心不在焉地拿起一個。

「你看，你就是胃裡塞滿了肉，」——我那可憐的小羊排——「你吃不了什麼了，但我就可以再吃點心，我要再嘗個桃子。」

帳單來時，我發現剩下的錢只能付一點點小費。她的眼光停在我留給侍者的三法郎上時，我知道她覺得我很小氣。但當我走出餐廳時，我前頭還有整整一個月，可是口袋裡連一分錢也沒有了。

「你得學學我，」我們握手時她又說，「午餐吃的東西絕對不要超過一種。」

「我會努力，」我回敬她，「我今天不吃晚餐了。」

「真幽默，」她開心地叫道，跳進一輛計程車，「你真幽默！」

但我終於還是報了仇。雖然我並不是個復仇心強烈的人，但若連老天也插手這件事的話，看到這樣讓人滿意的結局，也就不奇怪了。今天她看起來肯定有二十一英石重（編註：約合一百三十三公斤）。

（摘自〈午餐〉，作者威廉・S・毛姆為英國著名小說家）

攤開手掌那一刻，她說：「妳心太軟，沒辦法拒絕別人。」

「天啊……怎麼會那─麼─準。」聽到這句話之前，我才對朋友說：「我最大的困擾就是沒辦法拒絕別人，常常『不』已經到了嘴邊就是硬生生像啞巴一樣沒法吐出來，簡直就是有口難言。」

朋友是個很直爽的人，我常羨慕她擁有毫不留情的拒絕能力，她說拒絕對她來說一點都不困難，話一出口又讓我羨慕的想跟她換名字，怎麼在我嘴裡很困難的事她講起來像喝水一樣容易，實在讓人納悶。

「我也沒辦法啊，就講不出口……」

『怎會講不出口，喜歡就喜歡，不喜歡就不喜歡，幹嘛要委屈自己呢？』

「也不是委屈啦，就是覺得不好意思，常常心裡的第一個直覺是說不要，從腦袋的中樞神經傳達到嘴巴的指令不知怎的就自己變成嗯……好啊，沒關係。」

『怎麼會有這種事，如果心裡都已經不想了，還勉強去做，事後往往都會有悔不當初的感覺吧？』

「是啊，就是常常悔不當初，所以每次都下定決心下次一定要勇敢一點，但事到臨頭，往往就像錄音機卡帶一樣，毫無理由地一直不斷重複播放，完全沒法在腦袋按快轉快速通過。」

『那為什麼會覺得不好意思呢？』

「可能是覺得做人要合群吧！」

『團體才要合群，兩個人就應該互相體諒，況且，如果真是朋友也不會因為你這次的拒絕而傷感情，親兄弟都要明算帳了，朋友如果連這個都無法了解怎麼是朋友，如果本來就不是朋友那就更好解決，公事公辦反而不傷感情。』

「嗯，有道理，我下次一定要試著拒絕。」

『那晚上有沒有事，一起去唱歌？』

……

「嗯……好啊！」

58 學習溝通的藝術

如果可以像糖或咖啡一樣，買得到做人處事的能力，我願意付出任何代價來得到這種能力。

~約翰・洛克菲勒（美國慈善家、環保人士）

一個悶熱的下午天，奉命擔任四庫全書總纂編的紀曉嵐正跟其他編輯一起在書院裡趕著編四庫全書，雖然做的是斯文事，但怕熱的紀曉嵐管不了這麼多，索性打了赤膊，免得大量汗水把書弄濕，反倒不佳。

正在這一天，心血來潮的乾隆皇突然來到紀曉嵐編書的書院探看，下屬來不及通報紀曉嵐，而光著上身有失儀態，罪當斬首，紀曉嵐靈機一動便躲到桌下去，未料乾隆老遠就看到精光的紀曉嵐，也不客氣的就往紀曉嵐的座位坐了下去，看他要躲多久才會出來，桌下悶得受不了，只見紀曉嵐低聲問道：「老頭子走了沒？」乾隆就答話：「朕就在這兒！」

紀曉嵐一聽不妙，只得硬著頭皮出來見乾隆，乾隆問他：「紀昀，你為何叫朕老頭子？說個道理，有理的話免你無罪，沒理的話死罪難逃！」

紀曉嵐穿上衣服後，跪地奏曰：「萬歲，『老頭子』三字實在是微臣對聖上的尊稱，絲毫沒有不敬之意，世人皆稱皇上為『萬歲』，這是『老』，皇上為萬人之首，這豈非『頭』字？您是『天子』，以『子』簡稱，『老頭子』這三字只有皇上用得，別人都不能用啊！」

乾隆相當欣賞紀曉嵐的才學，原本就只是想開開他玩笑，何況四庫全書還得仰仗紀曉嵐，說要處他以死罪原只是嚇嚇他，見紀曉嵐急得滿身大汗，不禁叫人：「來人啊，賜茶一盞給紀卿。」

紀曉嵐靠著機智逃過一劫。

在報紙的副刊看到一篇極短篇的小小說。

有一個人因為想買錶，到一家鐘錶行逛，這時候進來了一位客人，東逛西逛後問道：「老闆娘，這只錶多少錢？」

老闆娘回答說：「一萬五千元。」

後來又走進來一位客人，也是一樣東逛西逛，問了同樣一只錶的價錢：「小姐，這只錶多少錢？」

老闆娘這次卻自動減價變成一萬兩千元。

之後，又進來一位客人，又問到同樣的手錶價格：「看起來像學生的小姐，請問這只錶多少錢？」

你猜老闆娘這次說多少錢？

答案是八千元。

我們都以為溝通就是講話，講話哪還需要什麼溝通技巧，同樣一位老闆娘，卻可以因為客人的稱呼不同，而對同樣的手錶，賣不同的價格，這是不是很神奇呢？

日本的一休和尚，小時就聰明機智，有一次不小心打破了師父心愛的杯子，正不知怎麼辦才好，師父剛好走進來。一休和尚急中生智就問師父：「師父，為什麼人都會死？」

師父回答說：「生死是天地間自然的事，萬物都有生有死，師父有一天也會死。」

一休聽到師父這樣說，趕忙拿起破掉的杯子對師父說：「師父，那你的杯子已經壽終正寢了。」

紀曉嵐因為善於溝通，機智地不致因失禮而招罪；第三位客人只是不小心誇獎老闆娘年輕，就替自己省下五千元；一休和尚因為機智的語言，免除被師父處罰的災禍；良好的溝通除了能潤滑人際之間的關係，還能在無形中獲得利益，雖然廣告說，四十歲的男人只剩一張嘴，不過，一張嘴確實還是蠻好用的。

59 學習和他人合作

單獨一個人可能滅亡，
兩個人在一起可能得救。

~歐諾黑．D．巴爾札克（法國小說家）

單位裡調來一個新主管，大多數同事都聽說這個新主管能力極佳，便期待他能夠大刀闊斧好好整頓由來已久的萎靡氣息，但日復一日，這主管什麼也沒做，每天只是行禮如儀，蕭規曹隨，並沒有太積極的作為，本來聽說新主管上場，因此乖了好一陣子的懶散同事，也慢慢恢復原狀，把新主管當成病貓一樣看待了。

四個月過去了，就在其他努力工作的同事對新主管深感失望時，這個主管卻突然展現鐵腕，一舉將那些打混度日的人盡皆開除，認真工作者則獲得擢升。

待尾牙時，這個新主管才對所有同事緩緩道出自己的想法：

「我想各位一定對我剛來時與現在的表現差別這麼大，覺得很不解，就讓我先講個故事給大家聽：我有位朋友，他買了棟有著大庭院的別墅，才一搬進去，他就把院子裡所有野花雜草都拔掉了，改種自己新買的植物，有一天原來的屋主去探望他，才進門就驚道：『哎呀，牡丹到哪裡去了？』然後我的朋友才發現，原來自己把牡丹當作雜草給拔掉了。

「後來他又買了一棟仍有附有院子的房舍，這回他學了乖，不再任意除去院子裡所謂的雜草，果然在冬天看起來像是普通樹木的，春天就開了滿樹燦爛的花朵，春天時按兵不動的，夏天裡可美得很呢！還有那個半年都不知道種來做什麼的樹，秋天時葉子竟然紅了，直到此時，他才知道哪些是真正的雜草，哪些是真正該保存下來的。」

此時這主管舉起杯，「我敬各位，這辦公室若是個花園，你們就是其中的珍奇花木，雖然不可能一年到頭都開花結果，但只要經過長期觀察，一定可以看得出來的。」

三個和尚在廟裡修行，本來這挑水的工作是歸一個和尚管，他自己挑自己喝，生活倒也過得輕鬆愜意，沒想到廟裡陸續來了另外兩個和尚，剛開始時那和尚還會去挑水，但他後來發現只有自己挑三人份的水，實在太不公平，便不願意再去挑水，另外兩個新來的和尚也以為對方會去挑水，於是一點也沒想到要去挑水，於是某一天，水缸都乾涸見底時，三人才驚慌起來，因為即將面臨無水的困境，三人一定會渴死的。

於是他們便開始分配挑水的時間表，如此一來，大家都有水可喝，也不至於把挑水的重任擱在某一個人肩上，造成勞力不均的狀況。

三個和尚從沒水喝這件事學到了合作的概念，究竟合作有多麼重要呢？

在越來越個人化導向的社會裡，許多人嚮往的是「個人工作」、「獨力完成」、「一人公司」，也就是不需要其他人，更無需聽取其他不同意見，得到更多資源的工作形式；但究竟一項工作是不是真能夠只靠一個人就能完成呢？

以前有三個兄弟，大哥種麥子，二哥養豬，小弟種菜，但三個人的獲利始終不佳，農產品永遠會遭到中間商人的剝削，三個兄弟從沒想過要怎麼突破這個困境。

有一天這個種菜的小弟把大哥種的麥子磨成麵粉，做成麵皮，又把二哥養的豬肉剁成肉醬，再加上自己種的菜，他捏來捏去，卻無意間捏出一個兩頭尖尖像小船的東西，他捏了幾個，又下水去煮，發現美味可口，便喚大哥二哥一起來吃，三兄弟一嘗，發現味道鮮美，可能會成為相當特殊的吃食，便試著販賣，沒想到竟然賺的錢比三人分別做生意還要多。

個人的力量就像一支支筷子，也許很獨特且有創造力，但一碰到外力時，只能以一人之軀來抵擋，遠不如一把筷子來得牢固，「兄弟齊心，其利斷金」說的便是合作的要義，許多工作、比賽，甚至藝術，都無法以一人之力完成，中國大陸籃球名將姚明領軍打奧運，雖然個人表現奇佳，卻無法得到勝利，姚明一怒之下揚言退出，並稱：「球都往我這裡傳，難道不知道籃球是五個人打的嗎？」

同樣的情形也發生在ＮＢＡ洛杉磯湖人隊身上，這個薪資超高的籃球隊，雖然擁有明星球員小飛俠布萊恩與俠客•歐尼爾，卻無法產生出雙效合一的功能，因為籃球畢竟是五個人的運動，不是球球都自己運球然後帶球上籃，球隊就會贏球，當個人意識過重時，縱使有再多明星球員也是徒然。

你還記得唸書時大家為了運動會或表演，熬夜作道具的經驗嗎？假使這作道具的只有一個人，恐怕到上台前也無法完工，而且會惹來抱怨，把原來繁瑣的工作分配給大家後，不但有參與感，工作速度也加快了，何樂而不為？

死前要做的99件事

DH47

三十二歲，男，處女座A型，窮苦台北市民，喜歡喝紅茶，專長是投降。自己自費印了兩本詩集，下場是沒什麼人知道並且還有兩百本堆在家裡。另外寫了幾本散文書，不過也不是很賣。

1 跟最凶惡的悍婦、潑婦吵架，並且像周星馳在《九品芝麻官》裡面那樣以一敵八地吵贏。

2 打電話給從前的老闆：「哈囉！老闆，你知道嗎，我那時候跟你說什麼我不適任的理由，都是屁啊！我純粹是因為你又小氣又有香港腳才求去的啊！」

3 肆無忌憚地提款，去碩果僅存的小鬥士德州炸雞，點像小山那樣高的小鬥士紅茶，然後通通倒在塑膠充氣小游泳池，熱淚盈眶地跳進去洗純紅茶澡。

4 去整型，失敗也沒關係。（感謝台北・陳文德先生提供）

5 在非常平靜安寧的情況下跟父親說：爸，高中三年的聯絡簿，家長簽名都是我幫您代簽的。

6 招搖地走過治安不好的地方，被扒以後去扒扒手的皮夾。

7 朝著凶惡的吠狗噴灑玻璃清潔劑。

8 還能記得，趕快把跟前女友的種種愛情故事寫下來，捏造也無妨。

9 趁還能寫得，趕快寫下追不到的各個女生的虛構愛情故事，捏造當然無妨。

10 請很多螞蟻來房間一起用餐，並絕對保證牠們的生命安全。

11 與大概二十隻左右的厲害飛天蟑螂進行空前絕後的蟑、人決戰。在用盡一切辦法後把他們擊敗消滅，然後一邊擦汗，非常英雄氣概地對牠們（一坨，分不清楚誰是誰）說：「唉，你們真是可敬的對手。」

12 把已經解散的職棒隊找回來，穿上昔年的球衣，在滿是藍色彩帶的左外野，再看他們打一場比賽。第九局，三比六，滿壘兩人出局，滿場敵方球迷，這時候打出再見逆轉滿貫全壘打，我的眼淚也一起跟球掉下。

13 不用顧忌，挖出大快我心的大塊鼻屎，公然甩掉它。

14 講英文流利及艱難到使得老外必須流著眼淚查字典，一次就好。

15 趁美麗的女主播在播報新聞的時候，飛快地衝過去，撲倒。（有五百多個「總有一天要撲倒她」願望對象，在此濃縮簡化成這一個代表。）

16 在漢堡肉的世界裡上班：所有的公文都寫在煎成金黃色的香噴噴、油酥酥漢堡肉排上。送公文給主管，他們也用美乃滋在上面批「可」或者是「再議」，擬稿有問題的話就直接把稿子吃掉。

17 把自己搞得像《無間道》裡的梁朝偉那樣，穿著酷皮衣，留著滿臉鬍渣，憂鬱地走來走去，說自己心理變態，什麼事也不做。

18 自然而然地睡足十八個小時，沒有家人、鬧鐘、手機、電話、詐騙集團、火警、中共飛彈的打擾。

19 享受各式高熱量油炸食物，大概要吃到「這輩子都不想再吃」的程度。

20 自然而然地抖腳，不受任何外在或內在良心的打擾，大概會抖到「這輩子都不想再抖」的程度才會停。

21 在眾人面前吹莫札特的法國號協奏曲，所有音準都沒有錯、一個拍子也沒有延遲。（一次就好！）

22 流利地用客家話教訓聽不懂客家話的人。（一次就好！）

23 流利地用布農語教訓聽不懂又自以為關心台灣的一大堆人。（一次就好！）

24 流利地用M87星雲語教訓聽不懂卻自以為關心的我自己。（很多次也無妨。）

25 在政變失敗後的首都、行人神色徬徨的夜市大街上，享受夜風徐徐，吃著足有巴掌那麼大、外殼煎得酥脆金黃、內餡兒噴香多汁的搭鏈火燒，然後不明所以地流淚。

26 在不知地名的深山，能見度良好的黃昏，用電蚊拍把在頭頂飛翔的蚊子全部電死。

27 在不知地名的山嶺，能見度良好的黃昏，站在山頂的草原，拿著剛買的原住民小米酒，開心地大聲唱歌。

28 去聽那位四十多歲的性格歌手演唱會，等到他又喝醉了，開始胡搞、不認真唱歌、忘詞、把粗俗當成男人魅力、並且罵歌迷髒話的時候，凶狠地罵回去，告訴他，其實他沒什麼了不起，寫出歌得要認真唱。（一次就好！）

29 在紐約的深夜酒館，像馬修．史卡德那樣敏感憂傷地喝著波本威士忌。

30 連線玩戰略遊戲，把對手殺得全軍覆沒，至少二十次。

31 在國家音樂廳開個人演奏會。

32 去總統府前抗議政府罔顧宅男權益。

33 至少也要講一句聽起來很有程度，比如「悲欣交集」、「此心一片光明」的話，讓後人嚇呆才能死去。（感謝台北．黃同弘先生提供）

34 跟一大群當兵時代的弟兄（要挑交情好的），穿著厚重的民國七十年代草綠陸軍野戰服，全副武裝地打漆彈。

35 打一場職籃或是職棒，一場就好；下場揮個棒或是運個球就好。（感謝台北．地瓜先生提供）

36 偷摸第一名模的小腿和上手臂，無論那時我已經78歲她已經80歲，仍然會興奮。

37 爬樹。

38 吃以下內容的早餐：煎到有點焦的培根片、兩個蛋黃三分熟的荷包蛋、一片全麥土司、灑上烤得酥脆義大利香料麵包丁的凱薩沙拉一大盆，以及不加奶精的美式蒸餾咖啡。連續吃，吃到想吐為止。

39 寫出一本不能再更動一個字、登上國際一流舞台的學術論文。

40 搭乘過世界上各大都市的地鐵，然後很鄭重的發表：台北市乃是乾淨舒適第一名。

41 養一隻聰明獨立又愛乾淨的短毛虎斑貓。

42 養一隻會算命且長壽的白文鳥。

43 出一本非手工、非影印的彩印個人詩集。

44 活得夠久的話，出一本回憶錄，踢爆一大堆內幕。

45 如果是年紀大的話，一定要接受訪問，出版口述歷史。

46 在外國的街道上與也進入暮年的S・H・E重逢，然後跟其中一人^*%&^$$^#$^。

47 看遍國內外所有背號47號左投手的比賽。

48 至少去一次酒店。

49 出錢贊助窘迫潦倒的年輕漫畫家，讓他可以畫出蕩氣迴腸、流芳百世的作品，然後在封面感謝我。

50 跟知心的女朋友聊天到天亮，然後無話可說的早上，手牽手去吃早餐。

51 把房間整理得井井有條。

52 參加演奏貝多芬〈第九號交響曲〉演出的樂團，躲在裡面濫竽充數。

53 同時被好多不同年紀、血型、職業、政治立場、星座、國籍的女生暗戀。

54 吃台北市延平南路的清真牛肉麵，一直吃到想吐為止。

55 暗中搞色情網站，看著不斷湧進的人潮含笑而終。

56 把遺囑寫得勁爆無比，拐來拐去讓子孫不知道最後遺產到底是怎麼分的。

57 成功地跟雙子座女生調情，把她逗得很開心。

58 自己學會做五種不同口味的紅油抄手。

59 如果能夠知道下輩子是做女人的話，剩下的歲月會好好規劃使用下輩子身體沒有的那些部分。

60 憑自己的力量查明一件歷史懸案。

61 定要親眼見識並認識法國女人。

62 無論如何，寫詩寫到死。

63 跟天蠍座女生談以結婚為前提的戀愛。

64 練好刁鑽銳利的羽毛球正拍高壓殺球。

65 跟梁詠琪一起去非洲當義工，她服務貧童，我服務她。

66 到自己七十歲的時候父母依然健在，並且每天都可以繼續嫌我懶散。

67 在有生之年目睹基因生化遺傳科技的重大突破及應用在人體醫學上，然後參加實驗計畫使生命延長足足一倍。

68 在有生之年目睹讀者為了搶購我的書大打出手，美麗的少女因為讀完我的書感動地邊笑邊哭。（能看到這場景我也會哭的。）

69 保持有生之年都不被《壹週刊》報導的紀錄。

70 寫幾篇具有村上龍風格的小說。

71 把陷害過我的某女從她躲藏的巢穴中揪出來，狠狠地海扁她一頓，並且因為正好快死了，所以不用怕吃上官司。

72 唱幾首自己寫的傻宅男愛慕之歌給陳綺貞聽。

73 自己做出好吃的蔥油餅、牛肉餡餅、鍋貼。

74 搞清楚星相學，不被算命郎中牽著鼻子走。

75 成為非常低調並跌破很多人眼鏡的三分球神射手。

76 該臉紅的時候就要臉紅；不該臉紅的時候連脖子也不要紅；該說話的時候絕對不小聲，該沉默的時候什麼屁也不該有；該呻吟的時候就要大聲；不該呻吟的時候連眉毛都不皺一下；該忍耐的時候就要怡然，可出手的時候每一拳都不要放過。

77 跟台南父老以流利的閩南俚語交談。

78 提著法國號盒子，裡面裝水槍，在九月的波多黎各流浪。

79 痛罵我的國中導師一頓。

80 蒐集到全部原尺寸的鹹蛋超人家族。

81 消滅凸起的小腹！

82 出錢請章子怡再扮一次玉嬌龍，由我擔任羅小虎，然後演在山洞一起滾來滾去那幕。

83 學周潤發在《賭神》裡面那樣裝白痴報仇。

84 能夠成功地向所有我心懷愧疚的人致上歉意。

85 親自調查到打電話恐嚇我的詐騙集團，並痛扁他們。

86 請一堆好朋友來家裡，煮出一堆菜，調出一堆酒，聊一整個星期。

87 自編自導一部電影。

88 在有生之年向大家宣揚凡事投降的好處，並身體力行。

89 絕對不會因為被女生拒絕而哀傷。

90 訂做長袍馬褂，手持長劍，演完整套太極劍。

91 在西班牙留學的時候與西班牙公主熱戀，並成為王夫。

92 在自己家的庭院栽滿茉莉花。

93 總有一天能夠更清楚一點地明瞭「時間」之於「人」到底意義何在。

94 去高空彈跳（一次就好）。

95 把頭髮、鬍渣染金。

96 儘可能地讓爸媽開心。

97 用從此以後的生命來證明、人可以不用像成龍的電影那樣子，有門不走去跳窗也還能夠鮮明開朗地活下去。

98 成為一位有為有守的宅男。

99 再想出更多個99件事。

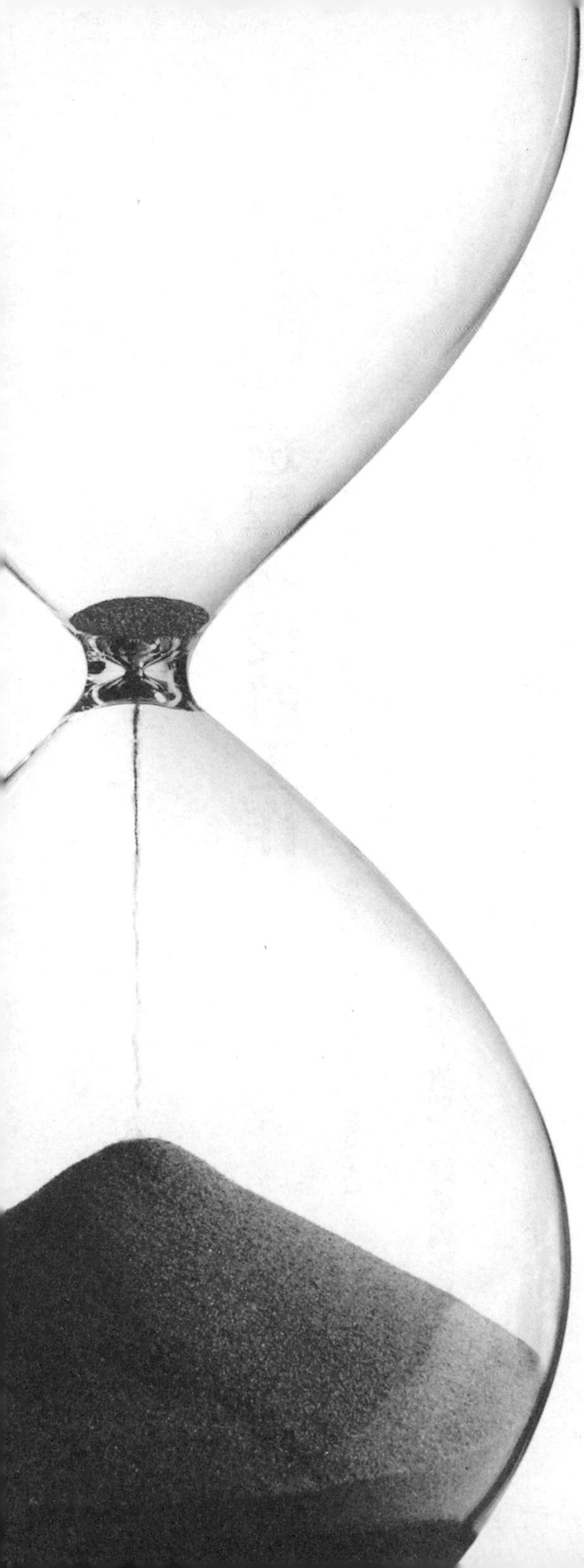

感情的宣洩

人要透過自己所愛的人，才能真正瞭解自己。
因為真愛的對象，正是自己本質的一種表現。

~古斯塔夫・福樓拜

60 選擇熱愛的工作

如果哪天能拿到那座小金人，我一定會欣喜若狂，但我絕對不是為了這一天的到來而表演，我所從事的一切已經給我帶來足夠的樂趣。

~金・凱瑞（好萊塢影星）

大文豪雨果有次出國旅行，到了某國邊境時需要檢查登記，海關人員問他：「你叫甚麼名字？」

「我叫維克多・雨果。」

「你做什麼的？」

「寫東西的。」

「吃飯工具是什麼？」

「筆。」

於是，海關人員就在登記簿上寫著：

姓名：維克多・雨果

職業：賣筆。

五專聯招成績單寄回來後，接著就是依分數梯次選填學校及科系志願。因為考完那年暑假，看了瓊瑤的電視連續劇，裡頭的女主角就是唸五專，所以登時對大學服與五專生三個字有很大的憧憬，即使可以念第二志願的高中，也放棄了，一心嚮往成為五專生。

爸媽得知我想念五專，也很贊成，準備分發那天，爸特地跟我一起去。填志願時，看到一堆花花綠綠的科系，根本不知道該怎麼填，爸爸說就依去年的分數填寫。但什麼銀行保險、會計、資訊那些我都沒興趣，只有商業設計覺得好像有興趣，就跟爸爸商量，想把商業設計填在銀保科的前面。

爸爸想了想，銀行保險是比較熱門的科系，填銀保科以後可以去銀行工作，銀行是鐵飯碗，唸商設以後要做什麼？於是，我就如爸爸所願進入銀行保險科就讀。畢業後，銀保科的同學當然沒有都在銀行工作，選銀行組的同學如今在銀行工作的少之又少，選保險組的同學更絕少真的從事保險業，反倒比較多人到了銀行界。

畢業後，我從事商業性質的工作，才知道那根本不是自己的興趣，努力考插大後，終於在第三次考上了中文系，有幾次因為覺得中文沒前途而不敢下決心考，還是在本科打轉。進入中文系後，我更加確定自己的興趣是中文，用了三年的時間，修了大學四年要修的畢業學分，而且每學期都是超修。

中文系畢業，經過一年，我幸運地終於如願在文學的領域工作，而且一做，就已經四年多快五年，到現在還樂此不疲，越來越能樂在其中。

曾經問過那時候一起共事的資深編輯：「當了那麼久的編輯，都是那些瑣瑣碎碎的細節不會厭煩嗎？」同事的回答成為我後來人生奉為信念的至理名言之一，她說：「當妳真心喜歡一件事情，妳就能忍受那些細節，只要能做喜歡的事，細節就沒那麼讓人不耐煩了。」

從五專畢業到現在，我一共花了十年時間，才真正找到自己喜歡的工作，而經過這些年，我益發覺得，喜歡才能全力投入，即使再多細節，也變得一切都可以忍受，我很喜歡現在的工作，希望你也是。

61

跟心中的偶像見一面

每個偶像都要負點社會責任，尤其是他們應該知道某個角落還有一些支持他的人在時，不能這樣說不見就不見。

~陶晶瑩（台灣綜藝節目主持人、歌手）

有個瑪麗蓮・夢露的影迷，是個住在紐約的少年彼得，這兩人相差十五歲，彼得迷戀上夢露時，她已經是閃亮的巨星，兩人似乎完全不可能有交集機會，但少年卻靠著出奇的毅力，讓自己的生命跟夢露有了意外的會合。

一九五五年的春天，當時十四歲的彼得，一連埋伏在夢露下榻的飯店旁邊長達數個月，彼時夢露雖然已經走紅卻時運不濟，不但剛與第一任丈夫離異，又與電影公司解約，情場失意，連工作也岌岌可危。

那天清晨，彼得又展開了追蹤夢露的一天，他帶著哥哥借他的八釐米攝影機朝飯店走去，卻巧遇剛好要外出購物的夢露，接下來發生的事讓彼得終身難忘，只見夢露向他招招手，又眨眼要他跟她一起去買東西，如今已經六十幾歲的彼得至今回想起那時的情景，仍猶在眼前：「當我們四目相對時，她的模樣就深深刻進我腦海，我從此以後再也沒見過這樣的眼睛。」

彼得後來便淡忘了自己曾經在那時擁有如此珍貴的夢露記錄，夢露去世四十年後，彼得的父親在家裡找到了他當年的影像記錄，從沒人碰過的八釐米影片仍如當年一般嶄新。

這部長達五分鐘的彩色無聲記錄，是在離夢露大約四五英呎的距離拍下的，影片裡的夢露仍然保持著神秘的氣質，她若有似無的招手、不經意的哈欠、不小心的踉蹌，在那樣充滿復古風情的背景裡，夢露的形象更顯得格外突出，而據研究夢露的專家表示，雖然有許多影迷拍下夢露的各式各樣照片，但錄影作品卻只有這一個，影片裡的夢露看來神情相當愉悅，還對著鏡頭送了飛吻，其實那可能是她出道以來最低潮的時刻。

那次碰面後，彼得再也沒見過夢露，這個已不復少年的老先生，如今回憶起來，仍覺得那一刻絕對是上天賜予的意外禮物：「那時她和我離得好近，就跟我想像的一模一樣……。」

新來的同事，算是七年級生，打扮很有想法，一頭黑色長髮，有Anna Sui的味道。不說話的時候，看起來酷酷的，說起話來，聲音細細的，卻妙語如珠，是一位很特別的小女生。開會的時候，她一點也不怯場，大方的表達她的意見，對事情有自己的一套看法，絕不會光說不練，也沒有傲氣，完全擁有敢於追求自己想要的東西的行動力。

最近因為我總算也開始看人生中的第一部韓劇《大長今》，跟她聊起來，發現她是韓國通，她說她都一個人去自助旅行，而且有很省錢的玩法，已經去韓國六、七次，今年還準備帶團去。我很訝異，真的有人那麼哈韓劇，而且還是超級韓國迷。

因為她的偶像在韓國，她已經愛他們很多年了，當年還在酷龍的年代，她就是他們的FANS，那時她就成為追星族，一個人追到韓國去，連他們的經紀人都認識，現在都還有聯絡喔！小女孩一講到偶像，酷酷的樣子不見了，眼睛炯炯有神散發出愛的光芒。

我只有一臉不可思議的表情，問她：「那之後呢？要愛到什麼程度？」

小女孩說：「沒有啊，就一直支持他們就夠了，這樣就很高興了。」

我認識一個作者，稿子寫得極好，尤其是電影跟音樂方面的，常在稿子中看到她提劉若英，顯然兩人是相識的，後來我才知道，她原來也是劉若英的FANS，後來還幫她作網站，也是個努力接近心中偶像並且如願達成的女孩。

當然，我並不知道，她們經過了多少努力才能成功接近偶像而且相熟，光是那一份心動馬上行動的精神就很令人佩服，這跟年齡無關，而是身為FANS對偶像的支持與肯定。在一張小卡片看到一句話「關心，有時候是問，有時候是不問」，你是問還是不問的呢？趕快加入偶像後援會，感受一下跟偶像近距離接觸那種臉紅心跳的感覺，一定讓你這輩子永遠忘不了，到老了都還可以話說當年。

62

大聲說出你的愛

我不覺得你是傻瓜，你有時候是有點瘋瘋癲癲的，就跟你老媽一樣；你也真的很不會致辭，常常說出一些沒有經過大腦思考的蠢話；但是我一直想說的重點是，我喜歡你，我很喜歡你，我就是喜歡這樣的你。

~電影《BJ單身日記》對白

七個男女，搭一台粉紅色的廂型車環遊地球，沒有戀愛就不能回日本，告白被拒的話得一個人孤單回國，假使對方接受你的告白，就一起搭飛機回家，成為真正的情侶。

這是日本富士電視台超人氣綜藝節目《戀愛巴士》的遊戲規則，跟我愛紅娘或來電五十的急速配對截然不同，節目不但結合了異國旅遊，又增加必須在短時間內向其他夥伴表白的困難，觀眾彷彿在偷窺他人生活一般，裡頭愛恨糾纏，或苦於無法表白的心態，似乎透過螢幕被準確地傳達了過來。

由於節目揭舉的前提是「戀愛」，所以《戀愛巴士》裡的男男女女，都很清楚地意識到自己必須把全副心力放在愛情上，沒有工作、家人、社會壓力的困擾，身處在其中的人會突然對自己的不受歡迎感到出奇焦慮，或苦惱於無法接近心儀對象，此時你才知道自己能為愛情做出多少嘗試與努力，平常生活裡，愛情遭遇困難還有工作可以解憂，就算沒有情人來陪，還有許多朋友，但在愛情巴士上的眾人，同性可能就是競爭對手，異性等同於對象，如果你對對方沒興趣，最好也別佔著別人想一親芳澤的機會，這樣赤裸裸的求愛寫實劇，有多少人敢嘗試？

在《戀愛巴士》裡，你隨時要有約對方拿下行李進行面對面告白的勇氣，不管你提出如何的邀請，都不代表對方一定得接受，你要有出奇的自信心，就算告白慘遭拒絕也不能沒有風度地破口大罵，還得說出一套「很高興有你的陪伴，我覺得自己變得更加堅強，請不要為我擔心。」之類勵志話語，告白被接受後，照例得來個熱吻，你不能害羞，無法NG，畢竟，你的一舉一動會毫不留情地傳輸回日本，在眾多觀眾前播放，這樣長時間醞釀後的求愛被拒或被接受，感覺絕對不像一般交友節目那樣，可以輕鬆地說「失戀吃香蕉皮」這類話，哭泣是難免的，但戀愛誰不是這樣呢？

只是，你有那個勇氣搭上戀愛巴士，享受告白被接受與被拒的天堂與地獄嗎？

求愛或說索愛，到現在為止不過一次，但手法之拙劣也是史上難得一見，那時被某男人的眼睛迷得暈陶陶的我，每天處於春心蕩漾階段，傻笑、瞠目結舌或言不由衷的行為大量充斥在生活之中，但這樣下去也終究不是辦法，於是我用盡所有力氣，並且想好一堆平撫傷口的OK繃心理防禦措施，寫下畢生可能是唯一最後一封的求愛信件，用最迅雷不及掩耳的方法塞給當事人。

三天後，在一個下午接到求愛回函：「對不起，不行欸，因為我要繼續唸書……」（這是拒絕就業邀請的回函，不是求愛吧？）那個當下，有自尊心的女性當然不甘心處於被挨打狀態：「喔，好啊，沒關係。」（這是回覆任何有關係或沒關係事兒的官方用語，不是求愛被拒專用語句吧？）

彼時自尊心已經被碎紙機絞碎又放到食物調理機打成泥狀的我，心裡只是不斷地重複同一個句子：「去死吧去死吧去。死。吧。。。。。」

你敢到心儀的人面前，好好地看著他的眼睛，然後一字一句，說出類似「我喜歡你很久了」、「我們去約會吧！」這樣的告白嗎？或是更有勇氣地等對方說出「嗄？你……我？」「開玩笑的吧！」之類的不確定回答，還是即使受到拒絕也知道該怎麼把自己冰冷的手心握緊，絕對要擋住自己奪眶而出的眼淚，或是滿臉糗色還要裝出風度，微笑著說：「我明白，我明白……」

日劇《讓愛看得見》裡，女主角的大學同學對女主角似有若無地告白後，僅僅得到訝異的回應後，那同學連忙快步走開又跑回來說：「你剛剛有沒有看到一個長得很像我的人？那不是我，所以他講的話都不算數！」這樣好似兒戲的告白，是連被拒絕的勇氣也沒有，連讓對方思考的時間都沒有，就獨自斬斷了機會的火苗。

同樣的男演員，在寶礦力廣告裡的表現卻完全不同，他在廣告裡暗戀上一個女孩，但不管用任何稀奇古怪的求愛方法都被女孩拒絕了，這天女孩坐上火車，男孩卻跟朋友狂騎腳踏車追上開得很慢的火車，大叫女孩名字後，朋友摘下男孩的帽子，赫然發現男孩的頭髮剃成一個心字形，這時，再矜持的女孩都笑了出來，並且對男孩做出V的手勢，男孩的告白終告成功。

電影《當哈利碰上莎莉》中，哈利與莎莉曖昧了十幾年，一直以純友誼異性好友自居，卻在各自的戀愛失敗後，於一次迎接新年的舞會中，說出了對對方的真心話：「我想在每天睡前聽到你的聲音」、「這輩子剩下的所有時間我想跟你一起度過」，大聲說出自己對別人的愛並不可恥，如果有人譏笑你、踐踏你的感情，也無需傷心，因為可恥的是對方，而不應該是那個誠實面對自己的人。

63

轟轟烈烈愛一次

人要透過自己所愛的人，才能真正瞭解自己。因為真愛的對象，正是自己本質的一種表現。

～古斯塔夫・福樓拜（法國小說家）

克拉拉：

你上次寫給我的那些信讓我感到多麼高興啊——就是從平安夜開始的那些信！我想用一些可愛的詞語去稱呼你，但我發現找不出比簡單的「親愛的」更美好的詞句。不過，我會用一種特別的方式將它說出來。我親愛的人兒，想到你是屬於我的，我就忍不住喜極而泣，也經常思考自己是否值得你如此愛我。

人們會認為沒有一個人的心和腦能夠承受住一天之內蜂擁而至的所有事情。這成千上萬的想法、願望、悲傷、歡樂以及希望從何而來呢？這些在腦子裡每天不停進進出出、一直不停的思緒何時才能停下來呢？但是，昨天和前天我的心情是多麼愉快啊！從你的信中透出那麼高貴的光輝，比如你的信任，還有如此寶貴的愛的財富！

為了你的愛，我應該去做點什麼，我的克拉拉！古代的騎士們要比現代的男人們卓越得多，為了贏得鍾愛的女人，他們會赴湯蹈火，或者力斬狂龍。但是現代的男人只能透過一些平淡無聊的方式來獲得自我滿足，比如少抽雪茄，以及諸如此類的方式。但是，不論我們是不是騎士，我們畢竟可以去愛。這和從前一樣，只是時代變了，而不是男人的心變了……你無法想像你的信給了我多麼大的信心和鼓舞……你那麼出色，我有理由為你感到驕傲，比你為我感到驕傲的理由更多。我已經下定決心要從你的臉上讀到你的盼望，就算你不說出口，也一定會認為你的羅伯特是個真正的好男人。他是完全屬於你的，他對你的愛遠勝過他能夠表達出來的程度。

在我們快樂的未來中，你確實有理由這樣去想。我仍然看到你像昨晚我見到的那樣，戴著你的小帽子。我仍然聽到你叫我「親愛的」。克拉拉，除了那聲「親愛的」之外，你說的其他話我什麼也沒聽到。你不記得了嗎？

但是，我還看到你的另一些令人難以忘懷的裝束。你曾經穿上黑色的衣服，和伊米莉亞．里斯特一起去劇院，那是在我們分別的日子裡。我知道你不會忘記這些的，它們對我來說仍然歷歷在目。還有一次你撐傘走著，極力想要避開我。另外還有一次，當你聽完一場音樂會正在戴帽子時，我們的目光正好碰在一起，你目光裡充滿了前所未有的、到現在也依然沒有改變的愛意。

我以所有我知道的方式描述你，就像我曾經見到你時那樣子。我沒有盯著你看很久，但是你讓我如此著迷……啊，我永遠無法充分地讚美你，讚美你對我的愛。我真的配不上你，以及你對我的愛。

羅伯特，一八三八年

（作者羅伯特．舒曼是德國著名作曲家和鋼琴演奏家，也是浪漫主義音樂主要代表，在師從弗里德里希・維克學琴時，愛上了老師之女克拉拉。雖然克拉拉的父親強烈反對他們在一起，但舒曼決意要娶克拉拉為妻，最終戰勝了所有障礙共度一生。）

我特喜歡看那種傾城傾國的愛情，或許是因為人生至此從來不敢放膽去愛，那種天崩地裂的愛情，如何的驚心動魄，如何的纏綿悱惻，又是如何的肝腸寸斷，我只能遠遠的觀望，涉入自己的悲歡離合，跟著糾結，跟著傾心，跟著故事的主角愛戀極致。

王昭君的和番下嫁，漢元帝一見昭君便懊悔不已，一怒之下殺了畫像不實的毛延壽；楊貴妃的馬嵬坡下死，讓唐明皇朝朝暮暮，此恨綿綿無絕期；徐志摩為了林徽音，簽下中國第一張離婚證書；溫莎公爵為了辛普森夫人，放棄英國王儲的王位；還有查理王子為了卡蜜拉讓王子與公主從此幸福快樂的童話破滅……古今中外轟轟烈烈的愛情，成為一幀永恆的傳奇。

什麼樣的愛情是轟轟烈烈的愛情？像張愛玲筆下的白流蘇與范柳原，因為整個香港的陷落才成全了他們的愛情？像梵谷愛得割下耳朵送給愛人？像羅密歐與茱麗葉？還是像梁山伯與祝英台？王藍的小說《藍與黑》，一開始便寫著：「人的一生戀愛一次是幸福的，而我卻比一次，又多了一次。」那一次，無非就是為了愛得不顧一切，愛得刻骨銘心，愛得生生死死。

一輩子有多長，愛情就有多長，當你不在乎天長地久，只在乎曾經擁有，那一刻的愛情即是永恆，即是轟—轟—烈—烈。

64 至少浪漫一次

綠葉戀愛時變成了花，
花崇拜時變成了果實。

～羅賓德拉納特．泰戈爾（印度詩人、哲學家）

星星和春天在網路聊天室認識了，兩個人都喜歡電影，談話非常投契，春天初次來到這個友善的電影聊天室，那天，春天就收到星星第一封來信：「你初次上網，可能很不習慣大家的胡言亂語，其實，看不到對方讓我很安心……」

春天也回了信：「謝謝指教，但我不知道對話裡頭夾著像臉的符號是怎麼回事……」

這天星星又寫信給春天：「我不像春天一樣有女友，每天都過著周而復始的生活，人際關係也很狹隘，上網可以讓我鬆口氣。」

春天回信給她：「每個人都會被關愛，一定有人在某處凝視著你，要打起精神來。」

星星也回了信：「我在百貨公司上班，時時要討好女人很讓人喘不過氣來，能碰到春天這種人，真讓我鬆了一口氣。」但星星彼時已從百貨公司辭職轉至麵包店任職，本來想一輩子都做這個職業的她卻因為某男人的糾纏，無法持續在同一個地方工作。

她告訴春天自己並無男友，因為相思太辛苦了，春天回了信：「有男友很好啊！能想像他在做什麼不是挺好的嗎？」

但此時糾纏的男人又追來麵包店，還拿出星星各種表情的照片：「你看，這麼寂寞的臉。」一天春天說自己會坐車經過星星住的地方，於是兩人約好在鐵道邊進行一場遠距離會面，星星說：「我會穿著紅色的衣服，開著白色的車子，遠遠地在你坐著的新幹線外田地裡，跟你招手。」那只有電光石火的一剎那，卻像牛郎織女七夕相會一般，春天和星星都各自帶著攝影機想拍攝下這交會的幾秒鐘，春天只看到遠遠一個紅衣女郎，揮著紅色手帕向他招手，星星則發了一封信給春天：「錄影帶裡有著寫了許多信給我的那個人，我會好好珍惜。」

春天的回信是：「沒想到會用這種方式見面，但這讓我感到非常安心。」

於是，在網路上結識的兩個人，各自經過感情波折後，以這種遙遠又親密的距離，初次見面了。

（日本電影《春天情書》部分情節）

我很喜歡趙詠華唱的一首歌〈最浪漫的事〉：

背靠著背坐在地毯上　聽聽音樂聊聊願望

你希望我越來越溫柔　我希望你放我在心上

你說想送我個浪漫的夢想　謝謝我帶你找到天堂

哪怕用一輩子才能完成　只要我講你就記住不忘
我能想到最浪漫的事　就是和你一起慢慢變老
一路上收藏點點滴滴的歡笑　留到以後坐著搖椅慢慢聊
我能想到最浪漫的事　就是和你一起慢慢變老
直到我們老得哪兒也去不了　你還依然把我當成手心裡的寶

最浪漫的事其實就是最平凡的事，平凡人的平凡夢想，不需要刻意的裝模作樣，只需要彼此用心體會，一個眼神，一個動作，即使是執子之手與之偕老，就有一種地老天荒的浪漫。

浪漫，不是在情人節時訂好五星級飯店和情人一起渡過，不是在結婚紀念日送鑽戒給她，不是在生日的時候訂九百九十九朵玫瑰表示愛你長長久久，更不是在求婚的時候刊登廣告昭告天下。

浪漫是在情人節訂好五星級飯店，並且給他最喜歡的音樂一起欣賞城市的光廊；是在結婚紀念日送她鑽戒再對她說下輩子還是要娶你；是在生日的時候將訂好的九百九十九朵玫瑰分送給她所有的女同事，並附上小卡片希望收到的所有女同事對她說你這輩子只愛她；浪漫是在求婚的時候刊登廣告昭告天下，並且請她的偶像來當MV男主角。

浪漫，可以很實際，也可以不切實際，只要多用一點點心，那一點點的心，才是真心真意，才是——最浪漫的事。

65

傾聽嬰兒的啼哭

淚水真是種神祕的東西。

～安東．德．聖艾修伯里（法國作家，以《小王子》一作聞名世界）

二〇〇三年春天，台灣處於SARS（嚴重急性呼吸道症候群）嚴重肆虐期，許多網友在網路上看到了這樣一則留言，一個醫護人員的配偶因妻子受到院內感染，在求助無門的情形下，上網徵求可以治療SARS的血清，一時之間這個名為「一起來幫護理人員祈禱」的家族湧進二十七萬人次，登記會員達四百多人，大多數都是素昧平生的陌生人，在SARS造成人心惶惶的時刻，這樣的溫暖不啻為冷漠社會裡人性光明面的另一種展現。最後，署名「酸咖啡」的李勇興，為自己的愛妻「小寶」葛憲華徵得了血清，捐助人卻是稍早之前得到SARS，備受社會指責的蕭姓夫妻，當酸咖啡與小寶的救命恩人見面時，酸咖啡只想好好擁抱這一對心地善良的夫婦，替他們除去莫須有的污名。

而小寶也在康復出院後，許下次年要生一個小小寶的心願，當發現真的懷孕時，簡直又驚又喜，她不但擔心自己之前服用了大量藥物會影響胎兒健康，又喜於自己能為深愛自己、也喜歡小孩的酸咖啡生一個小孩，但懷孕初期的狀況很多，不但出現早產現象，出生時女兒還因為吸入胎便，一度狀況危急，住進了小兒加護病房，後來因為緊急搶救才脫離險境，當小寶還在產房恢復時，酸咖啡獨自辦妥寶寶的住院手續，進入小兒加護病房看著剛出生就插滿管子的女兒，正在輕輕的哭泣。酸咖啡說自己那時看到插著氧氣管的女兒，眼淚就會忍不住掉下來，沿加護病房走回來的路上一直哭，直到小寶房門口才擦乾。後來當酸咖啡推著產後不久的小寶去看女兒，好似母女連心般，寶寶知道媽媽來了，啼哭的更傷心，讓小寶的淚水如決堤般流下。

酸咖啡也在自己家族的網頁上留下了這樣的一段話：「誠摯地希望寶寶能在大家的祝福下平安的長大，能像她母親一樣執著有愛心；能像她父親一樣堅毅有智慧。希望老天也幫幫忙，給我們一個幸福快樂的家庭……謝謝大家！」最後寶寶也像媽媽一樣，受到大家的祝福與上天的眷顧，平平安安地出院了。

這應該是天底下所有家庭的共同期望。

民國七十年代，台灣的衛生所可以看到「兩個恰恰好，一個不嫌少」的標語，目的在希望每對夫妻以生兩個小孩為主，不要生太多；到了民國九十年代，政府開始鼓勵夫妻生小孩，原因是越來越多人效法大陸的一胎化政策，只生一個小孩；另一方面是越來越多夫妻感到壓力太大，生不出小孩或是根本不想生小孩。

很多人只想生一個小孩，因為養小孩很不容易，現代父母希望重質不重量；更多的人因為不孕症的關係，用盡了各種方法想要一個小孩，而這一切只因為沒有人能拒絕小孩天真的笑容。台灣的鄉土派詩人吳晟寫了一首〈負荷〉的詩，收錄在國中的國文課本裡，相信很多人都有讀過「阿爸也沒有任何怨言，只因這是生命中最沉重也是最甜蜜的負荷。」

世界上最共通的語言，應該是嬰兒的哭聲吧，只要聽到嬰兒的哭聲，就知道他們肚子餓了，尿布濕了，或是想喝水，很多新手父母，面對嬰兒的哭聲常常不知所措，爸爸以前總愛開玩笑說：「當初媽媽剛當媽媽的時候，常常小的哭，老的也哭，因為你們一直哭不停，她有辦法想到沒辦法，最後連自己也一起哭。」

姊姊當了媽媽以後，發覺養小孩還蠻不錯的，外甥女開始上幼稚園以後，姊姊又想生一個，還如願懷孕生產，生產完我去看她，她說：「痛死我了，再也不生了。」我說：「妳不是生過了，這不是你自己想再生的嗎？」姊姊說：「那麼久了，早就忘記有多痛，哪知道還是那麼痛。」

這時候，新弟弟又開始哇哇的哭了，姊姊抱起小BABY，一邊哄一邊笑著問BABY：「怎麼啦，乖乖喔，媽媽抱喔。」

我想，姊姊應該很快又會忘記生小孩有多痛。

66 做孩子的榜樣

孩子需要的是榜樣，而非批評。

~約瑟夫・約伯特（法國哲學家）

有個紐約學校的老師，想告訴學生尊重別人的人，也會相對地受到別人的尊重，於是他給了每個人一條藍色緞帶，上面寫著：「我很重要！」並告訴對方他對自己有多麼重要。

老師給了每個學生三條緞帶，讓他們自行出去找對象，班上有個男孩就去找了一個附近公司的年輕人，感謝他曾在工作上指導他，當男孩把藍色緞帶別在年輕人身上時，又請他也如此這般向他人表達感謝之意。

年輕人應允了，幾天後他去見老闆時，便跟老闆說自己非常仰慕他的才華，這老闆是個脾氣暴躁的傢伙，聽到年輕人的話非常訝異，年輕人又請老闆將這個感謝的行動繼續傳下去，老闆也答應了。

那晚，當老闆回到家裡時，就跟身旁的兒子說：「今天我的屬下跑來告訴我，說他很仰慕我的才華，又要我把這藍緞帶傳下去給其他值得感謝的人，我想了很久，決定把這藍緞帶給你，這些日子以來，我沒有花太多的時間跟你相處，對你的態度也很暴躁，孩子，你是我此生最重要的人。」

那孩子聽了這話十分驚訝，是他把那藍緞帶給年輕人的，他哭了起來：「我一直以為你不愛我，才會對我這麼挑剔，我本來決定……明天就要去自殺的，但，現在已經沒有那個必要了。」

曾子是一位自省能力很高的人，他說：「吾日三省吾身，為人謀而不忠乎？與朋友交而不信乎？傳不習乎？」話說當了爸爸的曾子，依然天天反省自己三次，這一天他聽到兒子跟媽媽的對話——

曾太太要上街去買菜，兒子跟媽媽吵著說他也要去。曾太太想了想：「不好啦，菜市場人很多，帶你去太不方便了。」兒子根本不聽話，還是一直吵著要去。曾太太沒辦法只好說：「你乖乖在家，媽媽很快就回來，回來再叫爸爸殺豬給你吃。」兒子聽到有肉可吃，就高興地乖乖待在家。

曾太太買菜回來，看到父子倆在廚房有說有笑，一看之下，竟然是孩子的爹曾子在磨菜刀。曾太太一臉狐疑，問曾子：「磨菜刀做什麼？」曾子回答：「妳不是跟兒子說要殺豬給他吃？」曾太太說：「哎喲，小孩子騙騙他而已，幹嘛當真。」曾子此時生氣說道：「這怎麼可以，答應小孩的就要做到，今天不殺豬，以後小孩就不會相信你說的話，也會有樣學樣，說話不算話。」說著就邊拿起菜刀把豬殺了，在一旁的曾太太也只能啞口無言。

育兒專家說三歲定人格，如果真是三歲，那表示家庭教育是小孩人格成型最重要階段，而這時期的小孩也是模傚能力最強的，如果父母不以身作則，小孩更無法判定什麼是好或不好，父母又怎能怪小孩有壞習慣或是行為偏差呢？

如果你已為人父母，請在行事前記得提醒自己是小孩的父母親，他們正以你為榜樣，努力的學習成長中。

67

為父母按摩

拿著爹娘當兒養。

～鄭燮（清代詩畫家）

有一位剛從日本名校畢業的年輕人去公司面試，他坐在社長對面很緊張，不知道社長要問他什麼。社長嚴肅的看了看他，問他：「你有在父母洗澡時幫他們擦過背嗎？」年輕人有點不好意思，小聲的回答說：「說真的，是沒有；不過小學的時候有幫媽媽搥背，媽媽還給我十元零用錢。」

接著社長又詢問了一些問題，面試完，年輕人還猜不透社長對這次面試的滿意度如何？臨走前社長突然說：「明天同時間，請你再過來一趟，但是在明天以前，希望你已經幫父母擦過背了。」年輕人滿臉狐疑，卻也不敢多問，只回答說：「是，我會的。」

回到家，年輕人想說媽媽整天在外，腳一定很髒，不如就幫媽媽洗腳，這應該也不違背社長的希望吧。等到媽媽在外幫傭回來，等了很久的年輕人對媽媽說：「媽媽，您辛苦了，我幫您洗腳。」剛進門的媽媽一臉訝異，以往她都要兒子專心讀書，不要他做其他家事，怎麼今天兒子突然這樣說，雖然心裡覺得奇怪，但到底還是疼兒子，嘴上只說：「不用啦，我自已洗就好了，這點事我還能做。」

年輕人看媽媽一臉驚訝的表情，趕忙把今天面試的情況跟媽媽說，媽媽這才瞭解，便安心的坐下來讓兒子幫她洗腳。當年輕人用左手握住媽媽的腳，這才發現媽媽的腳長了厚厚的繭，而且還有龜裂，幾乎跟必須下田工作的農民一樣風霜。他想起小時候爸爸過世後，媽媽就去幫傭賺錢，獨自扶養他長大成人，還讓他在東京的名校唸書，從來都不讓他擔心學費生活費的問題，而這些年，他卻一直理直氣壯花著母親辛苦工作的血汗錢。頓時讓他覺得自己實在太慚愧了。

第二天，他依約去找社長，見到社長時，他馬上對社長深深一鞠躬並說道：「謝謝您讓我知道，原來媽媽扶養我長大是如此的辛苦，我現在終於能深深體會了，謝謝您讓我學到了即使是在名校也學不到的道理。現在只有媽媽跟我相依為命，我會好好孝順她，報答她的。」

社長看了看年輕人，對他笑著說：「嗯，你明天來上班吧！」

小時候，爸爸和我們非常親近，常常會和我們一起玩，讓我們幫他踩背，還會用他的手臂當單槓，讓我們抓著當單槓玩。慢慢的，我們長大，哥哥姊姊開始上學，爸爸也漸漸嚴厲起來，還沒上學的我看到哥哥姊姊因為考不好，被爸爸打，而開始畏懼爸爸，不太敢再親近爸爸。印象中，最後一次跟爸爸親近，是我開始上小學，爸爸抓著我的手教我學寫字，那時候覺得爸爸的手抓著我的小手很溫暖。

進入小學，我也開始面臨考試，或許因為是小時候對姊姊哥哥考不好被打的印象太深刻，所以比較用功唸書，成績都還能讓爸爸覺得滿意，沒有因為考試挨打。

日劇中常會看到全家共浴或是女兒幫父親擦背的情形，這對長大後的我是很難以想像的，因為對成績的要求，爸爸開始嚴厲，而我們跟爸爸也漸漸地由原先的親近到陌生，最後，甚至連開口要買東西交學費都不敢問爸爸。

爸爸個性獨立，即使後來生病了，常因為怕我們有事要忙而一個人去看醫生，一個人待在醫院，一個人去作雷射手術；直到後來，幾次出血讓他需要有人陪在身邊幫忙照顧，我和媽媽才輪流看護陪著他。

爸爸走之前似乎有預感，特別打電話要上班中的我那天早點下班回家。下班後趕到醫院，看見爸爸正沉睡才讓我鬆口氣，半夜，爸爸的情況突然有變化，姊姊哥哥連夜趕回來，那一夜，爸爸交待了遺言，我們卻只能陪著掉淚。

經過一夜，出血的狀況似乎有控制，但爸爸仍堅持不用尿布要去廁所上，因為出血的關係，所以他常需要去廁所，我跟爸爸說：「我睡著了，你去廁所一定要叫我。」我打盹醒來，卻發現爸爸不見，趕忙到廁所找他，他因為有點來不及沾到衣服，看我在睡覺所以也沒叫我。

我一邊蹲在旁邊洗，一邊等爸爸，爸爸看著我卻說：「先放著，我再洗就好。」這一次我沒聽他的，洗完了衣服，我說：「爸，我幫你洗身體，沖乾淨。」爸爸的手插著針頭，吊著點滴，我小心的幫爸爸沖水，洗身體，擦乾，換上乾淨的衣服。那一個下午之後，不到十二個小時，爸爸走了……

我還記得，那一天晚上，當我幫爸爸按摩時，他還是一樣怕我按太久手會痠，跟我說：「好了，可以了。」

那一次，我應該不要再聽他的話才對……

賴純美

年過三十歲，快樂做自己，健康過生活！

死前要做的99件事

1. 儘快完成碩士論文
2. 學會各種設計軟體
3. 學瑜珈學到可以把自己折起來為止
4. 勇敢地承認喜歡一個人
5. 去外國讀書
6. 學幾道拿手菜
7. 學會3D軟體，完成一部小動畫
8. 開一家屬於自己的店
9. 寫出一首會得獎的詩
10. 認識一位有智慧的老人，成為忘年之交
11. 不讓討厭的人影響心情
12. 作點極度變態的事
13. 再對自己好一點，捨得買好東西給自己用
14. 不要猶豫，有話直說
15. 把房子或房間布置成自己要的樣子
16. 把世界名著都讀完
17. 中文經典都看完
18. 曾經想寫的小說，努力寫出來
19. 打禪七
20. 學會「怎麼看」藝術品
21. 會畫插畫
22. 學會彈鋼琴
23. 再帶媽媽出國玩
24. 學習快速反應
25. 到世界各地旅遊，寫成旅遊書
26. 探索自己，找到生命的著力點

27 勇敢做自己
28 參加小說類的文學講，並且得獎
29 自己編輯的書能大賣
30 幫助別人，成為別人的貴人
31 幫忙做家事
32 少吃肉，多吃蔬果
33 更有耐心對人說話
34 買新房子，遠離惡鄰
35 到各個地方去居住
36 投入安寧照顧的行列，幫助人安心的走完最後一程
37 會說笑話讓別人笑
38 努力建一個自己的網站，並且能定期更新
39 煮一桌的大菜給家人吃
40 吃所有想吃的東西
41 定期作SPA跟腳底按摩
42 學好日文跟英文
43 能找到常出國出差談CASE的工作
44 被催眠看看自己前世是什麼

45 教外國人中文
46 學中醫針灸把脈免費義診
47 學會拍出動人的照片
48 能寫出專業的書評
49 走一趟絲路
50 去艾雷島喝單一麥芽威士忌
51 還有機會到黃羊川
52 去觀落陰
53 讓溫世仁的精神一直流傳下去
54 買一件超名牌穿起來又好看的衣服
55 真正爬一次山（玉山就好）
56 去西藏看曬佛
57 去羅馬（這茵茵說的，人一輩子一定要去一次羅馬跟巴黎）
58 希望還能遇到另一半
59 每天都要覺得自己很漂亮
60 抬頭挺胸，打扮得更有女人味
61 不要再以貌取人
62 跳傘或坐熱氣球

63 改掉壞脾氣及沒耐心的個性
64 到深海潛水，能在海邊游泳
65 自己種菜自己吃
66 把所有的SNOOPY都捐給孤兒院
67 坐一次頭等艙
68 全家人一起出國玩（國內也行啦）
69 靠投資賺很多錢
70 去國外度假，整天無所事事看書就好
71 不開心的時候也要開心
72 有生之年能親眼看到梁朝偉一次
73 學會穿衣服
74 會寫影評
75 找出所有經典的電影來看
76 金庸的武俠小說一個月之內看完
77 買好生前保險，死前通知他們來處理
78 去吃茹絲葵的牛排
79 一個人去自助旅行
80 匿名寫一本情色小說
81 到死前都不能變成歐巴桑

82 死前把書都捐出去
83 把遺產分配好
84 寫好遺書寄給所有想念的人跟他們說再見
85 再去見一次想見的人
86 更有創意，更有意志力與執行力
87 去日本學作仙貝回來賣烤仙貝
88 精選一個夢，努力完成
89 不在乎別人的眼光
90 拿得起，放得下
91 研究具有學術價值的題目並發表
92 參加國際志工的服務
93 把想看的書都看完
94 去雪梨歌劇院聽歌劇而且要完全聽得懂
95 正式皈依為佛教徒
96 勤奮，不要懶惰
97 和茵茵一直到老都能常見面聊天
98 能有固定規律的作息
99 死前不要因病折磨到別人

68 多陪陪家人

如果不能好好把握家庭，
家庭也會像浮雲一樣消失不見。

~日劇《非婚家族》對白

網路上流傳著這樣一篇告白。

一個年輕人，因為沉迷於網路遊戲，鎮日埋在線上遊戲的世界裡，連原本的工作也因為睡眠時間大減而無法繼續，他索性辭了工作，專心投入線上遊戲的虛擬空間裡，沒玩過線上遊戲的人也許不能理解它迷人之處，年輕人卻慢慢發現跟自己並肩作戰的朋友，是他堅實不移的親密戰友，漸漸地，他已經分不清現實生活跟線上遊戲之間的差異，只有話題相同的人，他才有與之交談的興趣，朋友也慢慢疏遠了，只剩下跟他一起在玩線上遊戲的幾個朋友。

但這個出身自單親家庭的年輕人，並不是家境優渥不需工作的，他那一份薪水消失後，因為家裡開銷入不敷出，兒子又每天端坐在電腦前編織夢幻人生，母親為了要維持家計，只好也出去工作，但兒子仍然把大筆時間耗在線上遊戲上，絲毫沒想過任何關於生計的問題。

就這樣沉迷在網路世界裡整整三年，他終於贏來一身無敵裝備，也成為守城時實力堅強的大將，還擁有一個每次都會上線陪他的女戰友，看來在虛擬世界似乎一切都美好得不得了，此時卻發生了一件無法挽回的大事。

他的母親因積勞成疾，罹患肝癌過世了。

但這三年，他完全沒注意到母親身體的變化，等知道時，母親已經變成一具獨自躺在殯儀館的冰冷屍體，他那完美的虛擬世界突然破碎支離，母親不在了，現實生活中的朋友和女友，遠離了，第二天，他上網表明自己想離開，卻不料那些所謂的親密戰友只是問他：「你不玩了，裝備可以給我嗎？」

這是個實際的世界，你跟你的戰友以遊戲得到相濡以共的友情，也以遊戲劃上終點，你們之間唯一的聯繫，只有線上遊戲。

於是他離開了線上遊戲的行列，下定決心打算從頭開始，但一個月後得到的那筆薪水，母親已經無法與他分享了……

有一年年假已經料算好要到紐西蘭逃避年菜的我，因為機票以及其他問題而擱置下來，原本打算跟我一同出遊的朋友，也因為母親突然檢查出患了胃癌三期，讓這趟計畫中的旅遊因之戛然而止，更沒想到一個月後，竟接到朋友母親過世的消息，得年不過五十七歲。

那件事發生一個禮拜前，一個台北市公車司機駕駛公車路經衡陽路，被從天而降的鋼樑壓得雙腳截斷，並在次日撒手人寰。

家人活著的時候，為一件小事能夠鬧得三十年不說話、惡言相向，或是開出一堆空頭支票：「等到……的時候，我們就去……。」好像只要存活在這世界上一天，就冤有頭債有主，跑得了和尚跑不了廟。

但若你愛的人或你自己根本活不過明天呢？

老實說，如果不好好跨出眼前這一步，不努力珍惜跟你所愛的人共度的每一分一秒，不及時行樂，不著眼在現在，一心只想著「總有一天我會」，「總有一天他會」，那要等到什麼時候呢？等到海枯石爛，人群散去的時候嗎？

守在老婆病榻邊的男人流著眼淚說，一直埋首於工作的他原本打算退休後要跟老婆一起去旅行，不料還沒到退休，老婆卻被查出得到不治之症，即使想勉強出遊，再也不可能了。

請好好珍惜你的家人，別到你驀然回首想找個足以依靠的雙手時，卻發現家人早已遠離。真的會來不及。

69

常回家看父母

世上難有永恆的愛情，世上絕對存在永恆不滅的親情，一旦愛情化解為親情，那份根基，才不是建築在沙土上。

~三毛（台灣作家）

有部電影描述一個得了絕症的老人，他在得知自己所剩日子不多時，決定要完成他以前沒法做、沒做過、沒做完的許多事情，其中一件事就是去找他的哥哥，將某一年未吵完的架給吵完。很有趣的是，他選擇了全家團聚的聖誕節前往，然後依照計畫把該罵的、該說的，一口氣統統說完，然後也不管破壞了整個過節的氣氛，留下滿桌子瞠目結舌的親人，摔門掉頭就走。

其實他是想探探先前吵架的親人吧，為了面子，也不肯說出自己快死的消息，他最討厭的就是別人的同情，寧願讓自己強硬的形象深烙在他們心目中，因為這才是他充滿生命力的形象。

親人之間應該要比一般朋友來得親密。因為多了一層血緣關係。如果我們平時對好朋友都能夠兩肋插刀、互相幫助，那麼對親人和家人更應該全力相挺和支持才是。也因為這層天生的血緣，讓我們無法抹滅這樣的關係存在，而且還多了更寬廣的包容，親人吵架是從來不會真正往心裡去，所以也不會有記仇這檔子事。勸告、責備會出現的最難聽語詞和評語，往往只有最親密、最了解的人才能說得出口，這全都是因為愛之深責之切的緣故。

都市中沒有鄉下的那種三合院，可以讓許多家人一起住，更沒有辦法讓小朋友一起玩。大家都為了工作而聚集在都市中，卻又被一小棟一小棟房子，和層層樓樓的隔間分開了。有時想要互相照顧，買在同一棟大樓的不同樓層，單身時可能很熱絡，一旦結了婚，就被瑣事纏身，住得近卻走得遠了。即使住在同一個都市裡，也不見得有機會常常見面，造成的原因很多，不過結果就都一樣了，一樣的冷漠對待，儘管對方是個有血緣關係的人。

因為是親人，所以常被忽略。我們都以為這樣的血緣關係無法取代，所以順理成章地認為和善的關係也會因為血緣而常在。其實不然，不論是怎麼樣的人際關係都需要被經營，真心關懷我們的朋友一定有，可是絕對無法像親人那般自然和應該。

還小的時候，我們沒有能力探望和關愛親人，漸漸長大之後，我們可以掌控時間、可以操控交通工具，歷練過許多人情冷暖，這時的我們已經具備了愛人的能力，珍惜朋友的同時，我們更應該好好愛惜自己的家人，有空也該探視那些有血緣而不常見面的親人，這些是我們人生中該做的事情之一，千萬不要遺忘他們存在的重要性，因為你不應該遺忘自己來自何方！

（摘自《上天堂前應該問的50個問題》，蔡依辰）

孔子說：「父母在，不遠遊；遊必有方。」看過鳥類的生活型態，鳥媽媽到了一定時間便急急忙忙押著小寶寶學飛，一邊耐心地教導，一邊還鼓舞他們飛翔的勇氣，放膽飛去，跨過這一步，將來廣闊天空便是你們遨遊的世界。鳥媽媽如是想。

風箏飛上天，憑藉手中的一段線，乘著風，飛。拉得緊，會穩穩地、牢牢地順著風飛，放手，抓不住了，只能由它去。

看到兒了開始牙牙學語，等不及要他走路；會走路了，等不及讓他上學唸書；剛拿到他的第一張畢業證書，又等不及送他出國深造；終於盼到了這一天，居然等著他回家來看我。

我的兒子既不是鳥也不是風箏。走了，雖然常打電話回來，不過一顆心還是懸在他身上，見不到面心裡總犯嘀咕，不知道是胖了？還是瘦了？

你是遠方的遊子嗎？告訴他們你過得好不好。

（摘自《孔子名言的智慧》，黃雅芬）

70 維持美滿婚姻

友誼就像陶器，破了可以修補；
愛情好比鏡子，一旦打破就難重圓。

~喬許・比林斯（美國幽默作家）

「我只是想摘朵玫瑰給我的愛人啊！」

與老年癡呆症抗爭了十年後，近代支持度最高的美國總統雷根終於不敵病魔，留下與他相伴五十二年的妻子南西，撒手人間；這對銀色夫妻結合於雷根的二度婚姻，卻是彼此最重要的伴侶。

南西對雷根的影響力時有耳聞，詳情如何並不為人所知，但被認為很有政治野心的南西卻在雷根卸任後又罹患阿茲海默症、大家以為她會離雷根而去時，默默陪伴著可能已經認不出自己的丈夫，度過最後的十年；也許南西在大學畢業冊上寫的就是自己的真實心聲：「我的人生目標是，擁有成功而幸福的婚姻。」

雷根在他八十歲的生日宴會上曾經公開表示：「我的生活從見到她才真正開始。」雖然兩人跟四個孩子的關係一直不好，卻不曾影響兩人之間的鶼鰈情深，反而從雷根患病後，家人的感情開始變得親密起來，或許這家人的關係都得靠著某些特殊的事件而更顯緊密，一九八一年雷根遭刺時，他只輕描淡寫地對南西說了一句：「親愛的，我忘記要閃開了。」便化解了妻子的嚴重不安。

在雷根死前十年，這個言談幽默、愛吃糖果的高大男子，突然被診斷出罹患阿茲海默症，南西幾乎投入了全副精力來照顧這個近乎失智的老人，期盼他內心深處還記得自己，有一天，當雷根在保鏢陪同下外出散步時，他突然試圖推開一個陌生的別墅大門，保鏢以為他又認錯地方了，便告訴他：「總統先生，這裡不是我們的院子……。」

但雷根只是吃力地對保鏢說：「喔，喔……我只是想摘朵玫瑰給我的愛人啊！」

通俗劇的一般夫妻對話，總是這樣的：

「我為妳犧牲了這麼多，到頭來得到了什麼東西？」

「犧牲我的娛樂、我的交際，你還要我犧牲什麼？」

犧牲，就是許多人對婚姻的看法。

在眾多結婚例子中，我們約略可以窺出一些相同的理由和原因：為了離開原來的家庭，亟欲自婚姻中得到人生的救贖，於是犧牲一己志向或機會，以換取另一方某人所給予的幸福感，都是這個社會之中慣常見的婚姻模式。

直至今日，仍有不少人抱著這樣的想法去結婚——婚姻就是一種生命的救贖或者犧牲。

而在這種想法之下所發展出來的浪漫情結或者幸福觀點，到頭來有一方仍不免會有「從這個陷阱跳到另一個陷阱」之中的困擾。

或者也可以這麼說，一些為著瞬時強烈激情而產生的犧牲胸懷，並不是每個都經得起考驗，一旦透過時間投資報酬率的精打細算，他們才會恍然大悟自己的犧牲竟然這麼多，而每個犧牲的背後總會有一對怨夫怨婦。

這樣的心結，在這個離婚率高度攀升的年代，顯得特別刺眼，當你思及台灣每三對已婚者，就有一對會走上離婚之途時，或許會對結婚這件事顯得更躊躇不前，但婚姻真的這麼不濟事嗎？

《心靈雞湯》裡有這樣一個故事：有個男孩在機場看到一家人迎接一個搭機歸來的父親，那父親像是分別了許久般熱情擁抱了妻子和兒女，男孩好奇，便去問那父親是不是離家很久，對方卻說：對，很久了，兩週！

男孩非常驚訝，問他如何才能維繫美滿的婚姻與家庭？因為自己也想擁有這樣的幸福。那男子只說：朋友，別只是想而已，要去做才行。

你看過許多夫妻相敬如冰甚至到兵戎相對，但一定也看過許多鶼鰈情深的例子，婚姻這件事有點像馬拉松，需要許多耐力和智慧才能跑完全程，倘若你在半途就受不了跑到其他店家歇腳、中途棄跑，或是跑到其他比賽的賽道，也就不成其圓滿了，在許多人際關係裡，夫妻這個道行最難修，就像章子怡受訪時說的：「父母不可能永遠跟你在一起，孩子長大了，終究也會離開你，擁有屬於他們自己的世界，真正能夠跟你廝守終生的，無非就是另外一半，你生命的終身伴侶。那是一件很難的事情，但是，我希望，每一個人都可以擁有。」

71

找回失去的朋友

一個人倒楣時至少有一點好處，
就是認清誰才是真正的朋友。

~歐諾黑．D．巴爾札克（法國小說家）

一八七七年夏天，剛從巴黎回到俄羅斯的屠格涅夫（編註：俄國小說家，知名作品有《獵人日記》、《初戀》、《父與子》），來到老友涅克拉索夫（編註：俄國詩人，知名作品有《誰在俄羅斯能過好日子》）家中，兩人闊別了十七年，當瘦骨嶙峋的涅克拉索夫伸出骨瘦如柴的手想握住屠格涅夫時，屠格涅夫卻冷淡地連手都不願意伸出來，只是拉了把椅子在旁邊坐下來，沒有多看早已淚水盈眶的老友一眼。

涅克拉索夫的手顫抖了一下，卻沒有縮回來的意思，他那滿是歉意的眼神裡彷彿在訴說：「老朋友，我們和好吧！這誤會怎麼會拖過十七年啊？」

屠格涅夫看著這隻曾被自己熱情握過、擁著的手，思緒突然回到了十七年前的往事。

十七年前，涅克拉索夫是一本文學刊物的主編，屠格涅夫則是那本刊物的重要作者，兩人因意氣相投而成為好友，卻因為屠格涅夫的一篇小說導致兩人產生嚴重誤會，豈料連屠格涅夫的戀人齊娜伊塔也加入了這場爭論，還公開支持涅克拉索夫的意見，屠格涅夫見到好友和情人都與自己立場不同，便憤而與那本刊物斷絕往來，並且與齊娜伊塔分手，兩人就此疏遠，後來他又聽聞涅克拉索夫與齊娜伊塔結婚的消息，打擊更是沉重，便遠離俄國遷居歐洲，十七年來，再也沒有與兩人聯絡過。

但十七年後屠格涅夫突然接到涅克拉索夫的信，說自己病重即將不久於人世，希望能夠再見屠格涅夫這個老友最後一面，屠格涅夫收到信後心情相當複雜，當年涅克拉索夫不但在思想上與他反背，又搶走了他的愛人，實在無法讓人釋懷，他本想去探望一下老朋友就走，卻在此時，房門打開了，齊娜伊塔走了出來，她默默地走到屠格涅夫面前，沒有多餘的問候，沒有微笑，也不哀求，只是用眼睛深深盯著他不肯伸出的那雙手，好像在說：「為什麼這十七年來，你都一直以為是別人負你呢？難道連死都不能讓你心軟嗎？」

屠格涅夫低下頭，愧意自心中升起，在這一刻，他終於伸出手緊緊握住老朋友的手，也跨越了自己十七年來所有心結。

起了個大早整理一堆以前的信和卡片，才突然發現，原來以前某人曾經跟我這麼要好過，某人原來也可以寫出這麼多字給我，原來某人以前曾經有過那樣的心情，雖然是寄給你的信，卻又好像跟你脫離了關係，成為一個獨立存在的個體。

尤其那些針對你寫出來的文字，給你的生日祝福，捎來的年節問候，低落時的打氣言語，興奮之情的分享，即使是無厘頭的消遣閑扯，我都可以一讀再讀，過了十幾二十年的今天，還能揣想到當時寫信人的心情，以及閱讀這端，當時的我的情緒。

也察覺到自己並不孤獨，不管是以前的書信往來、書籤上的隻字片語，現在電子郵件捎來的即時訊息、網路上的咫尺天涯，曾經在某些轉寄信件中，突然找到以前的朋友然後開始聯絡，似乎可以確定，即使沒有聯絡，對方還是快樂而堅強地在世界另一端生活著。

這件事讓我特別安心，即使不在身旁，卻從來不曾遠離過，我們靠著人性底層的善意，交換彼此的溫度，我知道，我親愛的朋友，你的確一直存在著。

72 拜訪你的恩師

我誓言擁抱吾師如同父母，將他的家人視作我的兄弟。

～希波克拉提斯（希臘醫學之父）

米奇・艾爾邦的《最後十四堂星期二的課》一書講了一個讓人落淚的真實生命故事：

米奇大學畢業那天，跟自己最喜歡的教授墨瑞擁抱過後，墨瑞問他會不會再跟自己聯絡，米奇沒多想，馬上回答了：「當然會。」但那只是年輕人輕率而隨意的回答，他從沒有實現過自己的諾言，也沒有跟他的老教授再聯絡，畢業許多年來，米奇成為報社的體育專欄作者，每天過著焚膏繼晷的生活，所謂的夢想，已經埋藏在筆挺的西裝與領帶之下，還有手機和電腦裡，他訪問越來越多身價昂貴的運動員，卻越來越不知道自己的夢想何在，大學畢業時那個微笑著答應要與教授繼續保持聯絡的年輕人不在了，取而代之的是一個三十七歲，渾不知自己庸庸碌碌所為何事的中年人。

有一天，當米奇轉開電視時，突然聽到一個熟悉的名字：「墨瑞」，那是他的老教授，當年含著眼淚跟他道別，而他再也沒有聯絡過的恩師。

這天，米奇找到了墨瑞，此時墨瑞幾乎已經無法行走，得到路格瑞氏症這個神經系統重症的墨瑞，剩下不到兩年的壽命，對於這個十數年不曾相見的學生，他的表現卻好像只是米奇剛去度了個長假回來，他不在乎這個學生得到多高的社會地位，只在乎他是不是活得問心無愧，是不是努力做到最好，然而這對師生的人生課程，才正要開始……

以前的綜藝節目《超級星期天》有一個單元叫「超級任務」，是專門幫明星找人的，每一集都有一位特別來賓事先提出他們想要找的人，再由「超級任務」組成特搜小組幫明星找人，每星期會播出特搜小組找人的過程，有的很坎坷，有的很順利；有的找不到人，有的找得到；有的人活著在國外，有的人死了在天國；有的人願意來與明星見面，有的人婉拒來上節目。

這個單元的企劃非常成功，尤其特搜小組的卜學亮（阿亮）也因此為人熟知，只要他一出現大家都知道他要來找人，有小朋友的地方，他們還會一起學阿亮在節目中的口頭禪「凡走過必留下痕跡」。這個單元也常常在倒數計時，即將打開門看找的人是不是來了那一刻，達到收視率的最高點。

大家都想知道：找到人了沒有？

「超級任務」幫名人找了多年的人，其中有人找同學，有人找朋友，有人找情人，但最多人找的是老師。

如果要列出影響你一輩子的人時，相信有很多人的答案是老師，如果當時沒有老師的關懷、如果當時沒有老師的耐心、如果當時沒有老師的嚴厲、如果當時沒有老師的啟發、如果當時沒有老師的鼓勵、如果當時沒有老師的照顧……

想一想，在你的回憶中，是不是有一個片段是——如果當時不是老師，我會怎麼樣呢？在人生的歧路上，我相信會有一位老師是你人生中的轉捩點，我的是國小老師林玉庭、江碧花老師、讓我發憤念國文的國中國文老師林勇、讓我能堅持文學信仰的大學文字學教授朱歧祥、真正在思想上啟發我的——陳芳明教授……還有很多很多，那你的呢？

凡走過，必留下痕跡，謝謝你們，我的老師。

73 送一份最貼心的禮物

贈送禮物和接受禮物同樣需要頭腦。

～塞萬提斯（西班牙作家）

感恩節對大多數家庭來說，也許是分享火雞大餐的時刻，然而對貧窮家庭而言，感恩節卻是個沉重得不想面對的節日，連一餐都可能無法溫飽的他們，感恩實在只是個奢求。

有對夫妻就遭遇了這樣的困境，他們因為面子問題，沒向慈善社團提出申請火雞與填料，於是夫妻倆一早便吵了起來，就在他們吵著誰該為感恩節沒大餐可吃負責時，門外突然傳來了敲門聲，他們最大的兒子急急衝去開門，只見一個高大的男人站在門口，手上提著一個大籃子，裡頭塞滿了應節用品：兩隻火雞、填料、厚餅、馬鈴薯和各種罐頭，正是他們夢寐以求的感恩節大餐用品哪！

登時一家人都愣住了，不知道這到底是怎麼一回事？結果那男人開口了：「我只是奉命送來這些東西的，這些東西是個知道你們有困難的人要我送過來的。」

雖然父親執意不肯收下，但這人只說自己非得把差事辦成才可以，請先生別為難他，於是他把籃子交給小男孩便走了，走時，卻聽得背後傳來那家人感謝的話語：「感恩節快樂！」

雖然只是微小的關懷，卻讓那抱著籃子的小男孩有了改變，他從此知道即使自己再困厄，還是有人在關心他，因此他發誓有能力時一定要盡力幫助其他人，男孩辛勤地打工，終於在十八歲時，積存了些微收入，便決心要實現自己當年的承諾，也去買了一堆食物送給與他們同樣窮困的家庭。

他特別選了套破舊的衣服前去，拜訪的第一戶人家，父親幾天前拋下六個孩子和妻子，離家出走，目前家庭經濟狀況極糟，年輕人便開口對充滿懷疑眼神的母親說道：「女士，我是奉某人之命前來送食物的，有人在默默關心著你們。」

這母親看傻了眼，裡頭的孩子卻爆出了歡呼，母親拉著年輕人手臂親吻，又激動地喊叫：「是上帝派你來的嗎？你是上帝派來的使者嗎？」

年輕人臉紅了：「喔，你誤會了，我只是受人之託送來這些東西的。」然後他拿出已經準備好的一張紙條，上面寫著：「將來當你們有能力幫助別人時，別忘了把這份愛傳下去。」

這個年輕人後來成為美國最成功的潛能開發專家，他就是安東尼・羅賓。

世界上最好的禮物，不是名貴的鑽石，也不是名牌的手錶；世界上最貴重的禮物，是當你知道對方需要什麼而送給他最需要的東西，就是最好的禮物。

送禮物是一門學問，怎樣能禮輕情義重，還要在對的時機送出禮物，這實在不容易。有一個故事說一對情侶，因為聖誕節到了要送對方禮物，但兩個人都很窮，實在沒有多餘的錢再買聖誕禮物，他們彼此深愛著對方，希望能在聖誕節這天給情人一個驚喜，到了聖誕節這天，女孩將留了很久的一頭秀髮剪掉賣了，幫男孩買了懷錶的錬子；而男孩也將心愛的懷錶典當，買了一把鑲金的美麗梳子要給女孩；當他們發現對方都將自己最珍貴的東西拿出來換成禮物要送給彼此時，即使暫時無法使用對方送的禮物，卻因為這樣的情意互相疼惜，相擁而泣。

工作後，很少再收到禮物，即使是情人，也變得實際多了，寧願省錢下來吃吃喝喝或是出去旅遊，也不要對方再花什麼錢在禮物上。世界盃以後，我開始也加入球迷的行列，不但開始學看棒球，認識球員，還會親自到場觀戰，幫我支持的興農牛隊加油。

看棒球少不了需要一些行頭，比如說加油棒、哨子、坐起來比較舒服的墊子、茶水之類的傢俬，看現場除了能加油吶喊消除一些壓力之外，最讓人臉紅心跳的是可以看到球星本人。但是往往球場過大，即使坐在內野區，都很難看清楚投手的臉，對於場內的狀況也常因為距離因素摸不著頭緒，教我看棒球還跟我一起去看棒球的塌客常常借我她的望遠鏡，對，我什麼都準備了，就是沒有望遠鏡。

塌客出差回來，說她買了禮物送我，我實在想不出來她會送什麼，因為她一向不買什麼禮物，最後，她竟然拿出一個望遠鏡，實在讓我太驚喜了，高興得又叫又跳，同行的同事後來告訴我：出差時，有一天下午沒事，但下著大雨，塌客突然來敲他的門，說要去買禮物給我，冒雨出門的塌客回來時鞋子都濕了，她帶回一個望遠鏡。

禮物的價值，往往因為一份心意而物超所值，其實只要多用點心，事先觀察對方需要什麼，這樣自然能送出對方最需要的禮物，那就是最好的禮物。

74

珍藏紀念性物品

記性不好的好處是，
對一些美好的事物永遠像是初次遇見一樣，可以享受多次。

~佛德瑞克．尼采（德國近代哲學家、詩人）

丟掉那個刷子之後，我才想起來，那曾經是某年生日某個靦腆的男生送給我的禮物。

如果沒記錯的話，那個男生還送過我好幾樣東西，但不是被我當作公物與同事一起使用，就是毫無意識地塞到某個角落，然後就像所有進入百慕達三角洲神秘失蹤的東西一樣，失去了蹤跡。或許在看到自己精心贈送的禮物竟然被任意丟在公共區域裡時，那男生也曾經無奈地嘆息過吧！我想像著他那個無奈的表情，突然發現自己還真是遲鈍啊！

什麼時候，你曾經無意中傷害了一個善良的心？是隨便把別人送你的禮物順手送給另外一個人嗎？還是對著辛苦幫你燒好一整張精選歌曲的朋友說：「要是上頭的字不是用手寫的就更好了。」或生氣地吼叫：「我根本不喜歡這件衣服，你幹嘛幫我買？」毫不留情地對著一大盆做好的生菜沙拉說：「這沙拉賣相真差啊！」

我通通做過，當時做的時候的確是無心的，也沒有人會責備你，但十七歲那年，當我跟一個同學要來她在勞作課做好的一個綠色小恐龍時，她幽幽怨怨地說：「給你當然是沒問題啦，就怕你過沒多久看它不順眼就扔了，倒不如不給，我自己留著。」

「我真的有留著喔！」十七年後的今天，我對著桌上的綠色小恐龍喃喃自語。

（摘自〈一個刷子和一個傻子〉，糊塗塌客）

姊姊小時候有一個像珠寶盒那樣的盒子，裡面裝著很多小紀念品；例如，要上國中前剪下來的長頭髮、吃過很好吃的糖果包裝紙、同學寫的小卡片、畢業時衣服上別的胸花……，想得到能珍藏的都在裡面。晚上睡覺前，姊姊總會打開她的珠寶盒再瀏覽過，然後一個個告訴我那些小東西的來源，我常像睡前故事那樣，聽得津津有味。

念書後，我也學姊姊有自己的收藏品，一開始大都是學姊姊的收藏，也放些頭髮啦，胸花之類的。更大一點，我有了一個專門收藏初戀的盒子，裡面有第一次他借我的十元硬幣（原來是借來坐公車要投的硬幣硬是被我用11號公車給省下來）、我們每次看電影的票根、他寫的小卡片、他送的禮物包裝紙、還有我們互寫留在對方摩托車上的便條紙、他印下來的課程表……任何只要跟情人有關的都被我小心收藏著。後來情人離開了，我把那一盒情人的收藏還給他，包括他送的貴重禮物，也賭氣似地全放在裡面，只是不知初戀情人如何處置那盒「遺物」，想起來不免還會小小心痛。

爸爸走後，我清理他的遺物，發現爸爸也留了許多紀念品，有哥哥送他的打火機、一只爸爸戴了幾十年沒電的石英錶（我拿起來看時，秒針突然移動了幾格又停住）、姊姊送的皮夾、黑膠唱片、姊姊結婚當天以及小外甥女出生當天的月曆，還有一本筆記本上面，記錄著我們給他零用錢的日期與金額；如今，這些爸爸的收藏變成我的收藏。

朋友因為常搬家，每次搬每次都丟掉一些東西，她說一開始還會捨不得那些東西，後來因為東西實在太多了，不得不丟，最後她就不再留什麼東西，跟在身邊的都是一些必需用品。但有一次在她家發現一罐瓶口積滿灰塵的零錢，我問她那是什麼，她說那些是之前的情人每次買東西留下來的零錢，捨不得拿來用。

另一個朋友，也有一罐零錢，但裡面是不同國家的錢幣，朋友說每次出國回來剩下的零錢就丟在裡面當收藏，一整罐來自各國的零錢，是每一次旅行的紀念品。他說死前要將一生在各國旅行所蒐集的那罐錢幣寄給最初的戀人。

你有什麼紀念品呢？還是你覺得沒有什麼值得紀念的呢？一定有什麼是在歲月沉澱後留下來的印記，值得讓你到老，再回味一番，我想，那就是你所珍藏的紀念品。

75

體驗送別的心情

不是所有的夢，都來得及實現；
不是所有的話，都來得及告訴你；疚恨總要深植在別離後的心中。

～席慕蓉（蒙古籍台灣女詩人）

我們過了江，進了車站。我買票，他忙著照看行李。行李太多了，得向腳夫行些小費，才可過去。他便又忙著和他們講價錢。我那時真是聰明過分，總覺他說話不大漂亮，非自己插嘴不可。但他終於講定了價錢；就送我上車。他給我揀定了靠車門的一張椅子；我將他給我做的紫毛大衣鋪好坐位。他囑我路上小心，夜裡警醒些，不要受涼。又囑託茶房好好照應我。我心裡暗笑他的迂；他們只認得錢，託他們直是白託！而且我這樣大年紀的人，難道還不能料理自己麼？唉，我現在想想，那時真是太聰明了！

我說道，「爸爸，你走吧。」他望車外看了看，說，「我買幾個橘子去。你就在此地，不要走動。」我看那邊月臺的柵欄外有幾個賣東西的等著顧客。走到那邊月臺，須穿過鐵道，須跳下去又爬上去。父親是一個胖子，走過去自然要費事些。我本來要去的，他不肯，只好讓他去。

我看見他戴著黑布小帽，穿著黑布大馬褂，深青布棉袍，蹣跚地走到鐵道邊，慢慢探身下去，尚不大難。可是他穿過鐵道，要爬上那邊月臺，就不容易了。他用兩手攀著上面，兩腳再向上縮；他肥胖的身子向左微傾，顯出努力的樣子。這時我看見他的背影，我的淚很快地流下來了。

我趕緊拭乾了淚，怕他看見，也怕別人看見。我再向外看時，他已抱了朱紅的橘子往回走了。過鐵道時，他先將橘子散放在地上，自己慢慢爬下，再抱起橘子走。到這邊時，我趕緊去攙他。他和我走到車上，將橘子一古腦兒放在我的皮大衣上。於是撲撲衣上的泥土，心裡很輕鬆似的，過一會說，「我走了；到那邊來信！」我望著他走出去。他走了幾步，回過頭看見我，說，「進去吧，裡邊沒人。」等他的背影混入來來往往的人裡，再找不著了，我便進來坐下，我的眼淚又來了。

（摘自〈背影〉，作者朱自清為中國近代知名作家）

生離死別雖然讓人心痛，但又有誰真能躲過命運之神與死神的操控呢？縱使我們多麼不捨和心愛的親友離別，可當彼此的緣分盡了，這無情的打擊依舊迎面而來，閃也閃不過吧！既然生離死別無法避免，我們又該以什麼樣的心態和智慧去面對這痛苦之事呢？

安徒生童話裡有個失去孩子的母親，起初，她守在面無血色、眼睛緊閉的孩子身邊，深怕孩子就此離她遠去。此時，有個老人走了進來，雖然身著外衣，老人仍冷得發抖，這位母親便走了過去，倒杯火爐上的熱啤酒好讓老人暖暖身，老人則坐在孩子搖籃旁，這位母親告訴老人：「上帝無法從我的手中奪去他的！」

老人聽完後，用一種怪異的姿勢點了點頭，意思好像「是」又好像「不是」，母親只好低下頭望著地面，讓痛苦的眼淚沿著臉頰往下流。忽然她覺得頭異常沉重，或許因為三天三夜沒睡，於是，她睡著了，但僅僅睡了一下子而已，等她打了一個冷顫醒來時，卻發現老人失去蹤影，搖籃中的孩子也已不見。

原來這位老人就是死神，若是常人遇見此事，大概只能趴在床頭哭泣，哀痛的失去至親，這位母親卻不是如此，她一發現孩子不見後，就急忙到外頭尋子，呼喊孩子的名，並展開尋子之旅。

母親哀求死神將孩子還給她，見死神不肯放手，她忽然用雙手抓住身旁的兩朵美麗花兒，大聲對死神說：「我要把你溫室所有的花和樹都拔光，因為我已經走投無路了！」

死神見狀，以警告和勸誡的口吻說：「不准動它們，妳說妳很痛苦，現在妳卻要讓另一個母親也感到同樣的痛苦？」

「另一個母親？」母親立刻鬆開雙手。

於是死神讓這可憐的母親看到神奇水井中的景象：一個生命很幸福，四周是一片愉悅和歡樂；另一個生命卻集憂愁、貧苦、苦難、悲哀於一身。

「哪一朵是苦難之花，哪一朵是幸福之花呢？」可憐的母親問。

「我不會告訴你的，」死神回答，「不過其中一朵花就是你孩子的未來。」

這母親驚叫失聲，最終讓死神帶走她的小孩，飛往一個她還不了解的世界。

我們總以為死神的蒞臨是為了帶走親友，製造我們的不幸，故常常禱告著死神最好永遠不要到來；可是，我們卻忘了縱使死神不來，人們還是會因為疾病、意外或生命到了盡頭而離開人間，生死乃自然常態，不可能因為個人喜好而改變。若不幸在人生旅途中先行下站，也應該要微笑目送親友離開，祝他一路順風，好好的走。

當我們遇到生離死別，記得別太耽溺其中、失神喪志，換個角度想，若是你離開人間，是否會希望親友永遠活在過去的世界呢？讓懷念深藏心中，偶爾記起，也僅僅是緬懷過去那段歲月，相信離開我們的親友也可放心遠走，繼續下一個旅程。

（摘自《西洋奇幻故事裡的智慧》，陳福智）

柚子

三十四歲，女，懷抱著秘密夢想的平凡上班族，喜歡不受注意地觀察人群與週遭環境，有空的時候就寫寫跟日劇或美食相關的、好像並沒有架構完整到可以稱為文章的東西，興趣超廣泛卻沒有對工作有幫助的專長，這輩子最不喜歡的是解釋，最怕的事則是自我介紹。

《難登大雅的消遣與嗜好》

1 把自己只能哼歌跟讀酒標的法文水準（也就是趨近於零的意思）提升到可以流利點菜並跟人吵架的程度。

2 把自己只能用來吃喝購物看日劇的日文水準（也就是只能用來唬爛的意思）提升到可以閱讀小說的程度，希望起碼能讀完一整本的村上春樹。

3 學好瑜珈，我就不相信把腳放在頭上有那麼難。

4 學好空手道或是跆拳道或是任何一種武術，拿到黑帶以後跟每個認識或不認識的人炫耀。

5 學好攝影，拍出專業到不行的照片。（買了一台很貴的相機，但技術還是很爛。）

6 開一家像《國境之南、太陽之西》裡面的Jazz Bar，並且親自下海當一個禮拜的駐場歌手，好好發揮一下在下為人稱道的煙燻嗓，看會不會有《你根本不懂愛》裡面那個女歌手的療癒系效果。（只有在唱K時嚇到我們家那群小朋友，大抵是完全沒料到兇婆娘歌聲如此磁性多情，哈哈。）

7 好好地再看一輪心愛的電影，包括未妍上韓國女人的Woody Allen，未變成搞笑怪老頭的Robert De Niro，未脫離魅力中年的Michael Douglas，年輕瀟灑的Al Pacino，纖細絕美的Michelle Pfeiffer等等，重溫一下少年時膚淺卻真實的感動。

8 捨下天秤座愛好和平的虛偽天性，成為可以凶狠地與他人正面衝突的勇者。（已經OK了，我現在是人見人怕的女魔頭，哈哈。）

9 承上，衝去找以前的賤人老闆，狂踢他一頓並且冷冷地說，「這是你荼毒老娘兩年半的代價，我知道這樣太便宜你了，不過老娘腳瘦了所以算你好運。」然後把菸灰彈在他身上之後轉頭走掉。（據說他升官了，而且不知為何我現在開始有點感激他，他的折磨造就了今日的我。）

10 至少每年都高空彈跳一次，一邊掉下去一邊大喊「兄弟總冠軍啦啊啊啊啊」。（但現在好像應該改喊「兄弟不要解散拜託啦啊啊啊啊啊」…囧）

11 養一隻黃金獵犬或拉布拉多或小獵犬或傑克羅素梗或古代牧羊犬，取名叫Barney，然後每天快樂地跟牠一起去慢跑。

12 保持每個禮拜運動兩到三次，每次跑十到十五公里的習慣，並且練出像Sarah Jessica Parker一樣的身材。（練是有練但SJP現在很不IN，已經不想拿她當作目標了啊真糟。）

13 至少三年參加一次紐約馬拉松，一定要跑完全程。（該先克服的好像是假期安排的問題…）

14 每年造訪一個遊樂園，每次必定坐十次以上過山車。

15 學會大提琴並且拉完一整個樂章的巴哈無伴奏，但不保證聽眾不會不支暈厥。

16 去聽年輕時崇拜過的搖滾老屁股的演唱會，流著眼淚跟主唱一起大聲嘶吼鬼叫。

17 打中一次140KM的球，贏得整個打擊練習場的如雷掌聲。（目前進展到120，但也就那麼一次…）

18 收集齊全所有心愛影集的DVD，然後反覆觀看。

19 跟倪匡、金庸等小時候極之崇拜的作家聊天，然後當面告訴他們，「你們後期或改編的作品簡直•爛•透•了！」

20 跟Lawrence Block一起坐在Lexington Bar and Books裡面對飲威士忌，我請。

21 寫一本推理小說的曠世巨著，裡面充滿著超乎想像的詭計與出乎意料的情節，如果讀者不看到最後就永遠不知道謎底，而看到謎底之後絕對會感動佩服到狂噴眼淚跪地膜拜。

22 參觀完《Casa Brutus》上面介紹過的所有知名建築大師的作品。

23 寫一本沒有空洞矯飾文字只充滿真實品嚐心得的食評。

《難以言喻的狂想與惡趣味》

24 與好友成立一家經紀社，與所有我們支持的演員、編劇與導演簽下終身經紀約並好好力捧，只拍我們喜歡的題材。

25 承上，本社亦將斥資買下戀童的淵藪、矮男的搖籃傑X斯事務所並將之就地解散，只留下主持界的泰斗中居正廣當本社台柱。至於傳說中嗜好打掃的木●拓○，本社看在這個才藝的份上破例收留他留下來當工友。

26 和George Clooney來個像《Out of Sight》那樣浪漫的約會——全套的。

27 出錢把所有Burglar系列拍成電影，George Clooney是當然不二的Bernie人選。

28 豐唇，然後像Angelina Jolie那樣嘟著嘴留下百看不厭的艷照。

29 隆胸，體會一下穿低胸禮服不需矽膠內衣與雙面膠帶的滋味。

30 植髮，我一直很想要有像Julianna Margulies那樣一頭又多又捲的頭髮。

31 出錢開一家酒吧，僱用《戀愛不用急》裡臭屁但帥氣的阿明來當bartender，不過只能調酒給我一個人喝。

32 在公司的年終晚會上跟同事搭檔演出少林足球

中金剛腿與鐵頭功的歌舞秀並大獲滿堂采。

33 親手煮出一碗黯然銷魂飯，並且逼朋友一邊吃一邊把好姨的整段讚美詞背出來。

34 像《九品芝麻官》裡的包龍星對戰死太監一樣跟綠吱吱們對罵，並且以無比的狠毒刻薄大獲全勝，讓對方掩面哭逃，氣死最好。

《難以戒除的享受與樂趣》

35 吃遍所有米其林與戈米指南推薦的餐廳，如果還吃得下的話順便連ZAGAT上面超過25分的也一併解決。（星星收集中，很有成就感。）

36 找幾個名廚拜師學烹飪，從法國菜到義大利菜到江浙菜，前菜主菜到甜點一網打盡。

37 一年渡假兩次以上，遠近不拘，城市或小島不拘，只要能夠徹底當個腦子空空的笨蛋。

38 至少一次，住在Ice Hotel裡，喝一杯裝在冰塊鑿成的杯子裏的伏特加，然後在北極光下大喊不枉此生。

39 至少一次，住在非洲草原中的飯店，在蠻荒的天空中聽著原野的聲音睡著。

40 把所有的Four Seasons、Ritz Carlton、Aman Resort跟馬上要開門的Armani Hotel都住過一輪。

41 與姐妹們在馬爾地夫的白沙海灘上狂曬與裸泳。

42 買一台十段變速的拉風越野自行車然後騎上陽明山。

43 學會玩滑翔翼。

44 去沒有被污染的純淨海域浮潛。

45 搞一個專門放酒的房間，拼命擴充現有的收藏，收集一堆曠世名酒然後自己喝光。

46 用頂級的食材煮一桌子的精美晚餐，配上90年的Vintage Cuvee SALON與2000年的Chateau Lafite Rothschild Pauillac痛飲一頓。

47 盡情地玩動物排排樂，一直玩到再也不想看到那些動物的臉為止。

48 在湘南海邊買一個小房子，然後每天只做兩件事，聽桑田佳祐的歌跟衝浪。

49 附庸風雅地也跑去Provence或是Tuscan住個一年半載，但是不會厚臉皮到寫那種跟風書來騙錢。

50 去北歐遊玩幾個月，並且買一大堆造型奇突趣怪的傢俱跟裝飾品回來。

51 到賭城狂賭一頓並且手風超順，不管玩什麼都大殺莊家狠賺一票。（老實說連橋牌都不會玩的人許這種願真的很奇怪，不過我還是抱著希望…希望至少能拉BAR拉到大獎。）

52 買一台BMVZ4，然後從台北一路飆到高雄。

53 試遍世界各地稀奇古怪的各式按摩。（進展中，去清邁試了一個好奇怪的竹子敲關節療程，痛但爽。）

54 搞清楚什麼月相錶、陀飛輪到底是什麼意思。

55 跟安東尼波登一起去某個奇怪的國家吃奇怪的食物，然後聽他講機車的評語。

56 裝潢一個海濱或山間渡假小屋，然後躺在粗繩吊床上看小說。

57 如果很快就死，那就乾脆盡情連續狂吃所有喜歡的食物，完全不鳥體重與健康的問題。

《難以忘情的熱愛與偏執》

58 希望兄弟象不要解散，讓我可以擁有每年都熱情洋溢地穿著加油T恤進場，然後熱烈盼望十月的到來與參與愛隊的總冠軍賽的機會。

59 一直能夠單純地享受當一個球迷的幸福，並且到老都對愛隊的一切津津樂道。

60 看到李居明再度穿上兄弟制服，然後流著眼淚大唱戰歌。（真的實現了！哭！！）

61 在球場對著洪一中大叫死愛錢不要臉，然後用力把加油棒丟在鞋子隊假善人的臉上。

62 坐在洋基的包廂裡看球，並且出手揍George Steinbrenner一拳……嗯，再加幾拳好了。

63 如果有生之年能夠發明時光旅行這回事，我想回到David Cone投出完全比賽的那一天，回到David Wells投出完全比賽的那一天，回到最後一場有Paul O'Neill跟Tino Martinez的洋基比賽，回到World Trade Center還存在時的冠軍遊行，在滿天藍白色紙花中當一個感傷又驕傲的洋基迷。

64 當一次Late Show的現場觀眾，最好是有Joe Torre當特別來賓的那一集。（…結果老喬居然丟下我們跑去洛杉磯了，真沒勁。）

65 保存所有Michael Jordan在Chicago Bulls的英雄事蹟的影音產品，然後拿出來教訓後生小輩說「O'Neal那肥仔只是在摔角，這！才叫打籃球！」

66 希望能及早見到某巴擺脫「N亞王」的恥辱封號。嗚。

67 去一趟Stamford Bridge，全身穿得藍藍的、跟神經病英國人蹲在一起唱芹菜歌。

68 一次也好，親身體驗世界盃的比賽，如果是德國隊得冠軍的比賽就太好了！！

69 寫一本述說自己看球歷史跟球迷碎碎念的書，不出版也沒關係。

70 如果不幸真的嫁人的話，對方一定要懂得看球，當然還必須是同一隊的球迷。

71 如果不幸還有了小孩的話，要把他（或她）變成一個比我更強更猛更偏執的球迷，當然也一定要同一隊。

72 再看一次Subway World Series，而且要在現場看。

73 有生之年能看到台灣的巨蛋誕生。（真是卑微的願望，而且沒有一丁點實現的跡象）

74 有生之年能看到台灣的投手或打者升上大聯盟，而且是每次都先發的那種。（這也實現了！！但我還是要重申，我是純正的洋基迷，不是王建民迷。）

75 看棒球，直到看不動的那一天為止。

《難以認真的男女情事》

76 用徒手觸摸活蟑螂的莫大勇氣嘗試一次婚姻，不過一定會寫PRE-NUP，而且能夠訂下實驗期限最好。

77 用在荒島求生存的至高毅力努力試著喜歡小孩，起碼不要在一看到約會對象的姪女照片時就脫口而出「馬的這小孩怎麼長成這德性！」

78 對著辦公室的不懂穿著的男性大叫「拜託不要穿短袖襯衫不要穿白襪配黑鞋不要打那種可怕的領帶，還有，你的褲子真的太短了！」

79 寫一本書，把所有自己或朋友遇到的怪男怪事怪現象一網打盡。

80 繼續保持讓每個交往對象哭的紀錄。

81 繼續保持不受男人管束的不羈天性。

82 被一個舉世無雙的美型男狂追，然後以「你很帥但你不是我那杯茶」為理由拒絕他。

83 被一個像田村正和一樣風度翩翩的歐吉桑狂追，然後帶出去炫耀五百次。

84 被一個George Clooney與織田裕二混合體的完美男性狂追，立刻被電暈投降後陷入火辣辣熱戀，然後在彼此還沒機會暴露缺點與醜陋一面的時候趕快分手。

85 收到巨大無比至少兩百朵的玫瑰花束，做一個厭煩狀之後分給辦公室的每個女生一朵。

86 自己買一顆D等級VVS1兩克拉左右的鑽戒戴在手上，然後在男人獻上蚊型鑽戒求婚時一邊斜眼瞄一邊說「那是什麼？太小了看不見。」

87 在紐約街頭與那個人再度相遇，然後姿態瀟灑地轉頭走掉。

88 與每一個EX相遇時，都是在我光鮮亮麗衣著入時纖瘦窈窕春風得意，而對方變胖變醜衣著過時鬍子沒刮還挽著個醜台妹的情境。（實現了一次，跟想像中一樣爽！）

89 承上，如果對方不巧也看起來光鮮亮麗衣著入時纖瘦窈窕春風得意，那麼我就願意重新考慮跟對方攪和一陣然後再甩掉他一次。

90 找個長得像阿部寬的男人談戀愛，達到《西洋古董洋果子店》似顏四美男完全收集的目標。

91 跟還沒變胖、髮線尚未嚴重後退的Mr. Big談戀愛，並且保證不會像Carrie一樣胡鬧。（是說Big老得也太欠缺優雅了點，我整個熄滅了說。）

92 跟年上之男（也就是叔叔的意思）約會，因為他們知道如何修飾自己的外表、進行基本的對話並懂得起碼的禮儀。

93 跟年下之男（也就是弟弟的意思）約會，如果他們的身體健美到能夠彌補他們空洞的腦袋與內在。

94 收集齊全十二星座的交往對象，然後進行詳盡的比爛交叉分析。（目前還差⋯咦有人問我這個嗎？）

95 談一場華麗的三角或多角戀愛，前提是我必須是眾男死命爭奪的對象。

《如何說再見》

96 安排好死前契約之類的瑣事，以免身後事讓家人費心。

97 整理好所有的身外之物，該丟的就丟該捐的就捐。

98 簽好放棄急救與器官捐贈的同意書並且隨身攜帶。

99 有生之年盡量讓長輩高興，如果情況能在我的控制範圍之內，希望有機會向所有我愛的人好好說再見。

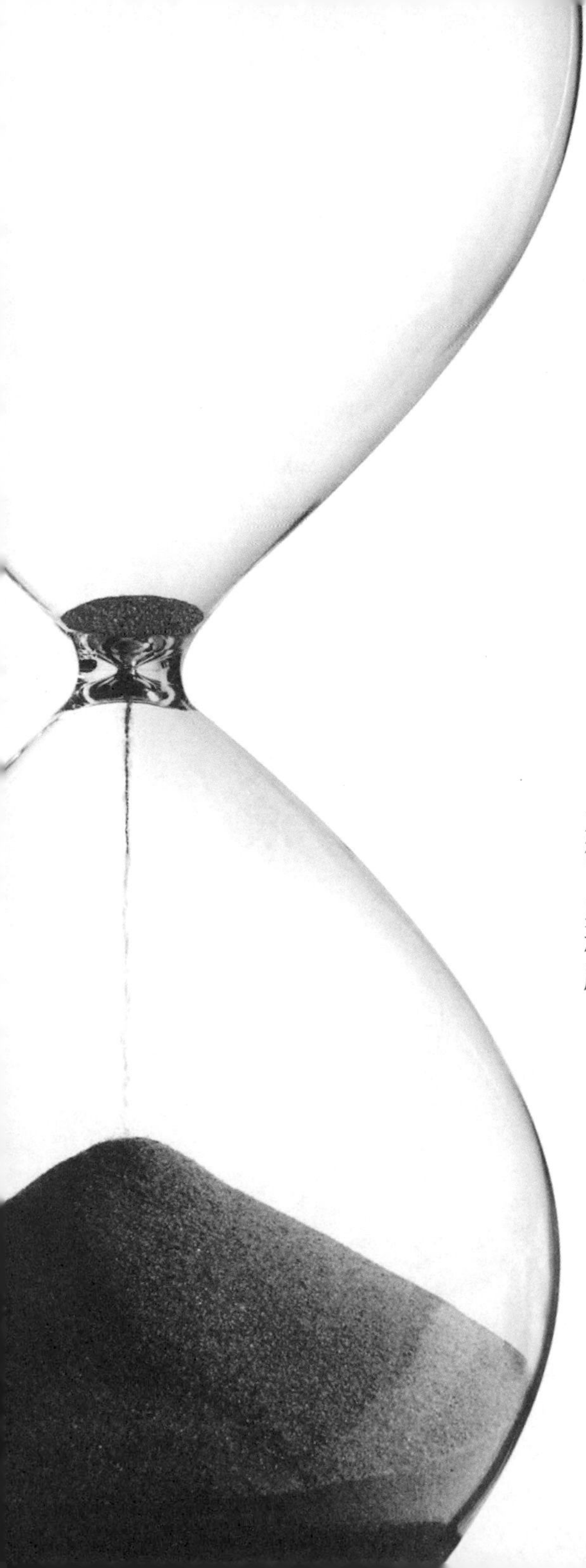

世界的脈動

消費者不是傻瓜，她是你老婆。如果你認為光靠一句簡單的廣告標語、幾個無趣的形容詞就能說服她掏錢買下任何東西的話，等於褻瀆了她的智慧。

~大衛・奧格威

76 做一次公開表演

有人注視時，
我可以把任何一個空間稱為舞台。

~彼得．布魯克（英國舞台劇製作人與導演）

五歲時就參與歌舞劇，並創作生平第一首樂曲〈鍵盤樂器的行板與快板樂章〉，六歲時，在皇后前演奏鋼琴，任誰都看得出莫札特是個音樂早慧，但第一個發掘他才華的，卻是身為薩爾斯堡宮廷首席樂師的莫札特父親，雖說出身自音樂家族，莫札特對音樂的嫻熟並不出人意表，但小莫札特的天才難以忽視，於是他父親便安排了許多演出，五歲時，小莫札特就初次在舞台上粉墨登場，不但又演又唱，而且毫無懼色，六歲時更得到了在皇后御前演出的機會。

那時莫札特才六歲，卻已擁有大將之風，絲毫沒被王室的陣仗給嚇到，皇宮裡的人都覺得這孩子不但可愛，坐在大鍵琴前認真彈琴的模樣更是討人喜歡，雖說六歲就能公開表演已經是了不得的成就，但大家還是想看看這個神童究竟有多厲害，便喚人將琴鍵用布蓋起來，看莫札特是不是會被這樣的把戲給嚇到，結果小莫札特輕鬆就通過考驗，不管有沒有布遮住，他行雲流水的演出仍然博得了滿室的掌聲，結果現場有人覺得非要難倒他不可，便規定他只能用一隻手指頭來彈琴，沒想到莫札特仍然不負眾望地達成目標，一旁的貴族只好自嘆不如了。

公開表演對一般人來說並不容易，假使你站在眾人面前還記得自己的手該擺在哪裡，也記得自己的台詞或曲譜，就已經是大功德一件了。

電影《非關男孩》裡，小男孩馬克思有一個上場演唱的機會，但他五音不全，在以搖滾音樂為主的學生音樂會上顯得格格不入，當他用自己那殘破又微弱的聲音唱著〈Killing me softly with his song〉時，台下的同學們才聽幾句就不耐煩了，叫罵的叫罵，聊天的聊天，就是沒人正眼看幾乎要在舞台上發起抖來的馬克思，此時馬克思的朋友威兒突然帶著吉他衝上台，開始以搖滾樂的形式幫馬克思伴奏，台下的人全都抬頭了，安靜了，雖然最後並沒有得到如雷的掌聲，但馬克思這場為了母親非要上台不可的表演，終究在不算丟臉的場面下落幕了。

究竟公開演出這件事對一個人有多重要？你可能還記得小學時代被迫要代表出席演講比賽時，自己如何也背不出原本滾瓜爛熟的講稿，更別說那些眼花撩亂的手勢表情，至於嘴角發抖、聲音奇小更是常見，賽前所有人要你把台下的人頭當作西瓜的建議一點用也沒有，因為你就是膽怯，無法表現出自己的平常水準，即使之前演練多久都沒用，一切的準備在上台那一刻就崩潰了。

有些知名的歌手或樂團也素以不辦現場演唱會著稱，熟悉內情的歌迷卻都知道，現場演唱雖然可以得到最直接的反應，但有些歌手與樂團終生就只能當個「錄音室歌手」，無法現場接受歌迷的歡呼與檢驗，不是膽子太小，無法保證現場演唱品質能與唱片品質一樣好，就是不知道臨場會有什麼難以控制的變因，便乾脆拒絕任何現場演唱的邀約。

相反的，也有許多歌手在現場演唱時特別能表現出唱片裡無法展現出的舞台魅力，歌手蔡琴有一次便說：「最大的讚美是別人說你唱現場也跟錄音室一樣好，而且其他歌手都以為你的麥克風收音比較好。」

公開與私密的差別就在這裡，大多數人可以在密室裡盡情地演出最佳表現，卻不保證在眾人面前也可以保持水準，可是每個人一生總要試試看，把自己丟到群眾面前，看看自己的膽量有多大，自己能在眾人前多放得開，你可以忘我，可以淋漓盡致地展現自己準備已久的演出，或跟台下觀眾作出最直接的互動，有人甚至因而愛上舞台，愛上面對面的直接挑戰，假使你也有不怕被台下觀眾喊下台來的勇氣，又何妨一試？

77

參加遊行狂歡

我們以人們的目的來判斷人的活動。目的偉大，活動才可以說是偉大的。

~安東・契訶夫（俄國作家）

每一年的三月十七日，只要你來到愛爾蘭移民聚居的美國城市，就會看到這樣的大遊行，大家會穿著由三葉酢漿草點綴的綠色衣服上街狂歡遊行，各式各樣的綠色裝扮在此絞盡腦汁展現，芝加哥人甚至還會將河整個染成綠色以示慶祝。這個為紀念聖教徒聖派翠克的遊行日，稱為「聖派翠克節」，在愛爾蘭本地的重要性，甚至快超越真正的國慶日。

聖派翠克約於西元四世紀出生於古羅馬帝國統治下的英國，年少時被盜匪帶至愛爾蘭充當奴隸達六年之久，在離開愛爾蘭逃往法國高盧地方後皈依，並受命重回愛爾蘭宣教，他在愛爾蘭的威克洛地方上岸後，卻遭到當地異教徒的頑強抵抗，甚至意圖用石頭砸死他，但聖派翠克臨危不亂，立刻摘下腳邊一株三葉酢漿草，闡明聖父、聖子、聖靈三位一體的教義，他剴切的言論深深感動了原本排斥他的愛爾蘭人，當聖派翠克於西元四九三年三月十七日辭世後，愛爾蘭人為了紀念他，便把這天訂為「聖派翠克節」，每年到這天就會舉行盛大的遊行儀式來慶祝。

電影《絕命追殺令》裡，幫助男主角哈里遜．福特逃過聯邦司法官追捕的那個大遊行，正是一年一度的聖派翠克節大遊行，如果你在每年三月中旬來到美國的紐約、芝加哥、舊金山或愛爾蘭的都柏林等地，別放過跟大家一起狂歡的機會，沾染點節慶的綠色氣息吧！

二〇〇一年聖誕節，我在香港準備迎接二〇〇二年，這是我第一次完完全全一個人的國外旅行，在應該與朋友與家人團聚的日子，我來到香港，為的是迎接一個新的開始，在一個陌生的國度，在一個張愛玲眼中因為愛情而陷落的香港，在一個施叔青筆下被流放的香港——流放我的二〇〇一。

世界上每個角落都在過聖誕節，在香港也是。以一個觀光客的腳步，匆忙的香港被我走得慢了，二〇〇一年最後一天，我跟一群香港人準備過年，中環的蘭桂坊早擠滿了人：外國人、香港人、台灣人、大陸人；像化裝舞會那樣，有的人精心打扮特殊造型，有的酒吧外面有型男美女招攬客人，記者、攝影師都來了，蘭桂坊的新年，來得比香港早，比香港熱鬧。

我蒐集香港，拚在自己的旅行地圖上，蘭桂坊的異國情調，鐘樓廣場的萬頭鑽動，太平山上的光影繽紛，天星碼頭的熙來攘往，維多利亞港的帆星點點，中環大樓的霓虹畫牆，香港人跟世界一樣正在倒數計時中。倒數計時的時候，煙火在香港島與九龍半島搭起的天幕跳躍，我在倒數到零的時候，發射出訊息的煙火，給在台灣的親朋好友。

人的一生一定要狂歡一次，不為什麼，只為了在擁擠熱鬧的人潮中，體會一次那種身不由主的興奮，一次不知道為什麼會快樂的快樂。

78

嚐遍美食

上帝給我們送來了食物，
而魔鬼卻派來了廚師。

～列夫・托爾斯泰（俄國作家）

御影隨著烹飪老師到伊豆進行工作，在那裡吃到了好吃得不得了的豬排蓋飯，不但豬排的肉質鮮美，蛋和洋蔥也炒得美味，飯更是軟硬適中，她情不自禁大聲說道：「老闆，真是好吃！」此時正為母親之死與愛情所苦的雄一，則投宿在一個都是豆腐料理的旅館，夜半，正是飢餓的時候，御影想到自己竟然吃到這樣美味的食物，突然覺得有點對不起餓著肚子的雄一，便央求老闆再做一份外賣，想為遠在另一地的雄一送上這盒無法獨享的豬排蓋飯。

當她正躊躇不前時，突然一輛計程車在她面前停了下來，她要求去某個距離遙遠的城市，並且只停留短短二十分鐘即可，司機看著她，笑了：「小姐，你在談戀愛吧？」

正與雄一的關係處於曖昧不明階段的御影苦笑：「嗯……這麼說也可以啦！」

於是計程車載著御影和豬排蓋飯，在月光下奔馳著，那是想跟某人分享重要事物的急迫心情。

但此時已夜，雄一住著的旅館早關了門，御影只好辛苦地攀爬，靠第六感找到了雄一的房間：

「我送豬排蓋飯來，這東西好吃到無法獨享。」

雄一問：「為什麼每次跟你一起吃東西，就覺得食物非常好吃？這麼好吃的豬排蓋飯，恐怕這輩子都不可能再吃到了吧？」

（取材自吉本芭娜娜〈我愛廚房——滿月〉部分情節）

大文豪馬克吐溫曾經提到：「保持健康的唯一辦法是：吃你所不願吃的東西，喝你所不愛喝的飲料，做你所不想做的事情。」這句話真是說中了很多現代人的心聲。現代人因為健康需要減肥，所以不敢多吃；因為愛美要維持身材，所以不能多吃；因為信仰虔誠，所以必須節制不能吃，越不能吃，就越想吃，但是一天三餐，每天都要吃，不能吃，實在太痛苦。

傳言作家阿城是個美食家，也是個烹調高手。《棋王》中對於飲食的諸多描述，可以看出他是精於此道的。光看他對那兩隻蛇的吃食方法，以及簡單的茄子也能變出千滋百味，就知其實生活裡的他，手下如果沒有三兩三，是不敢在小說裡獻寶的。

這樣的例證在《威尼斯日記》中也可以找到，在義大利這樣的「蠻夷之邦」，即使做的是他口中的「中國式的菜」，他說起來卻還是夾汁帶味。連湯麵和豆腐這兩道家常菜也能鮮活躍然紙上，看得人食指大動。

他說家常菜才最難做，成都的小吃也是每每想起來就要流口水，若是能這樣沿街吃下去，根本就不會有吃膩那天。

還記得《棋王》主人翁在看到同儕吃完飯後。慎重地告訴他傑克倫敦小說〈熱愛生命〉故事那股嚴肅勁：它不只是一個跟吃有關的故事，而是一個講生命的故事。或許在阿城心裡，「吃」果真是跟生命議題足以相提並論的要事。

在我的心裡，「吃」的確是跟生命議題足以相提並論的要事，尤其是看到因為治療的關係一直沒胃口的爸爸，吃了一碗肉羹後，胃口大開而露出久違的笑容，他說：「吃飽的那一刻覺得胃都暖了，好像自己的病都好了。」

親眼見到父親的笑容後，我深信，食物不但可以減輕人的痛苦，還可以讓身受痛苦的人暫時忘記痛苦，帶來幸福的感覺。

《天生嫩骨》的封面上寫著一句話：「人生最重要的莫過於一則好故事」，而我想說：「人生最重要的莫過於一道美味的佳肴。」想吃就開始放膽去吃吧，但是千萬記得，美味的食物通常是因為淺嘗輒止，才讓你一輩子回味無窮，口齒留香。

79

體驗鄉間生活

這種情形也會發生在其他國家地區，人們被風景旖旎又安靜的地方吸引前來，卻把這裡變成租金昂貴的郊區，塞滿雞尾酒會、防盜設備、四輪傳動休旅車，和其他鄉居生活需要的許多裝飾品。

～彼得・梅爾《戀戀山城》

冬天時，灰兔為求溫暖便生活在人類的村莊附近。當黑夜來臨時，牠豎起耳朵聽一聽，接著又豎起另隻耳朵聽聽，捻捻小鬍子，又聞了聞，確定四周都安全之後，再坐在地上。牠開始在深深的雪地上一步步跳躍著，並四面張望。四面八方除了一片白茫茫，什麼也沒有，田野裡的雪堆積成如波浪般的形狀，閃爍著像砂糖一般的光芒。

在兔子窩前方不遠處是寒冷的休耕地，穿過這片休耕地，可以發現牠那雙大而晶亮的雙眸。灰兔來到熟悉的打穀場，在那之前必須經過條大馬路，在大路邊，經常可以聽見雪橇滑過的刺耳聲音，以及裝滿貨物的雪橇架發出「軋軋」的聲響。

灰兔一次又一次在半路上停下來，看著兩個穿著翻領大衣的莊稼人打從雪橇旁走過，他們的鬍子和眼睫毛都結成冰了。

他們從口裡呼出了白霧，馬兒也是一樣，互相挨著，在坑坑洞洞的雪地裡吃力地前進。其中一名莊稼漢還對另一個講述著他如何偷來一匹馬。

當車陣過去，灰兔又不慌不忙往前去，這時一隻小狗見著灰兔，朝牠撲了過來，灰兔逃向雪地中，因為狗不良於行，很快地讓牠溜掉了。

這時灰兔見危險過了，停下來歇著，然後朝打穀場繼續趕路。路上牠遇到另外兩隻灰兔正在玩耍，因為已經找到糧食並儲存起來。灰兔和牠們玩耍了一下，才又記起要前往的目的地。

牠來到村莊，發現所有燈光都已熄滅，四周一片寂靜，只有偶爾穿過木造房子傳來的哭聲，和圓木建造的房子因乾燥寒冷而裂開的聲音。

灰兔在打穀場找到了伙伴，吃了些農民掉下來的燕麥，爬到被雪覆蓋的屋頂，穿過籬笆來到一塊空地。

這時東方露出曙光，星星也跟著躲起來。附近村莊的婦女醒來，前去打水，男人們則從打穀場拿些作飼料用的燕麥，孩子甦醒哭鬧，大馬路上往來車輛也增多，而此刻莊稼漢的嗓門更大了。

灰兔蹦跳過了馬路，跑回洞穴附近，挖了一個新的窩，躲進做好夢去了。

（摘自《托爾斯泰的寓言智慧》，徐竹）

一個患有重鬱症的企業家，一天心血來潮地回到故鄉的小山。自從經過一段不愉快的婚姻之後，他就一直鬱鬱寡歡、難以釋懷。習慣以負面眼光看待事情的他，日子過得非常挫敗而且了無生趣。

這天，他一邊徐徐步行，一邊沉浸在自己的灰色世界裡，直到他走入一座可擋寒風的松林。這時候他突然想起，自己童年時不也常為了遠離不愉快的家庭生活而溜到這兒散步嗎？於是他躺到葉堆裡。陽光灑下，鳥兒美妙吟唱，突然間，不知從何處湧出的祥和感淹沒了他。在這種神奇的剎耶，好像生命中所有的負面與困惑都被抽出了，並且徐徐地滲入泥上中，只剩下溫煦的安寧與祥和。

這時他突地領悟到，原來生命中的安寧與愛一直都在，只是被長期的憤怒與困惑所覆藏。他靜靜地躺在松林間，大自然不言不語的魔力，湧動著他年輕時的美好時光——在河裡釣魚、童年的友伴們，還有一向深愛他的母親。這一天，他的生命觀突然由負面轉變為正面。此後每日清晨，他都能清晰地聆聽鳥鳴，不再聽而不聞；在鳥兒愉悅的啁啾中，他總能同時意識到冥冥中有某種仁慈的存在。

故事中主角的神秘經驗，在許多先哲們的典故中其實都常可見。這種對生命的頓然憬悟常常發生在個體與大自然和諧共處的神秘片刻。大自然不需言語便能擴展我們的感官，使我們深深植根於生命的和諧之中。

當你深陷水泥叢林時，不妨撥一個下午的時間走入森林、親近海濱，很快地，自然宏偉的魔力、沉靜的撫慰，便能充實在你的每個細胞裡。

（摘自《莊子名言的智慧》，黃晨淳）

80

傾聽大自然的聲音

世界上最美麗的東西，
看不見也摸不著，要靠心靈去感受。

~海倫・凱勒（美國作家、教育家，失明且失聰，卻憑著過人的意志克服聽障學會與人溝通）

風有什麼聲音，日出是什麼聲音，下雪又是什麼聲音？父母天生聾啞，女兒拉拉便成了他們面對外界的重要窗口，除了要辨一般孩童無法處理的事務，還得為聽不見的爸爸媽媽解讀大自然的聲音，拉拉用這樣用手語說明：

「下雪的聲音是卡卡、嚓嚓、嗤嗤，而且雪不多說什麼，它會掩蓋其他的聲音。」一般人聽不到的聲音，拉拉都得翻譯成父母可以理解的狀態，於是她變成了父母的聽覺器官，甚至得比一般人更敏銳，否則就回答不出爸媽各式各樣的問題。

但拉拉還是有遺憾，她崇拜自己健全又有才華的姑姑，當姑姑送她一支黑管，讓她去學習音樂時，溝通良好的拉拉與父母之間，便產生了一道細微的裂痕，因為父母聽不見，更無法分享她在音樂上的任何感受，在拉拉學習音樂的路途上，失聰的父母始終是缺席的，但這細微的裂痕在拉拉決定離家去就讀音樂學院時，被撕裂得更大，父親甚至對她說：「有時我真希望你也耳聾，這樣就可以徹底走進我的世界。」

在嘗試走進拉拉生活的母親因騎腳踏車意外去世後，拉拉與父親的關係降到了冰點，連父親問她外面有什麼聲音，縱使窗外有鳥囀蟲鳴，拉拉也說：「沒有任何聲音！」

一直不知道自己想要的是什麼樣音樂的拉拉，在一次黑管演奏會後，跟一位音樂老師交談，他說：「真正的音樂，就在你的心裡。」

之後家人緊張的關係也因為妹妹離家去找拉拉而冰釋了，父親前去她的演奏考試場地，問拉拉現在演奏的，是不是就是自己想要的音樂，拉拉問父親：「是的，你能試著瞭解我的音樂嗎？」父親則說：「就算聽不到，我也會試著去瞭解。」

這是電影《走出寂靜》的情節，是一個必須用心才聽得到世界所有聲音的動人故事。

因車禍而喪失大多數記憶的日本青年坪倉優介，在他《找回生命的顏色》一書中，講到自己學習染色時，會在天色快亮前，聽到蓮花池裡蓮花將開時發出的噗噗聲，雖然四下漆黑，但坪倉說：「當你豎起耳朵仔細聆聽，可以聽到從很多地方傳來的聲音，聽著那種聲音，心情也變得溫和了起來。」

山田貴敏的漫畫《離島大夫日誌》裡，離島診療所裡的星野護士，面對離棄自己與母親二十多年的父親時，問父親當初為什麼要離開她和母親？父親說當時自己在這個一成不變的小島上，覺得快要窒息了，每天空氣裡傳來的氣味和聲音都如此千篇一律而沒有變化，因此他才想逃離這個地方，但當他因病回到這個島上，每天躺在病床上哪裡也不能去時，卻發現不管是浪潮味、海風聲或是拍打上岸的波浪，只要細心觀察聆聽，即使同一天也不會有相同的味道和聲音，無法靜下心來時，當然覺得任何聲音聽起來都是一樣的。

心境不安寧的人，不管到任何地方都覺得寂寥。所以爬山也得背著小收音機聽著主持人嘰聒嘰聒的講話聲，到海邊享受海風拂岸時，卻得帶隨身音響大聲放著音樂，好像山裡聽不到風吹過樹梢、各種蟲鳴鳥叫、泉水淙淙流過岩石的聲音，海邊也聽不到海浪拍岸、潮來潮往的聲音，只有城市裡的人工聲音才叫聲音，除此之外，都是無意義的背景而已。

靜下心來，你會發現四周有許多平常聽不到的聲音，夜色裡你彷彿聽得到傳來又規律又曖昧的蟲鳴，破曉時你會聽到鳥兒飛過天際畫出第一聲鳴叫，風起時的嗚嗚聲，大雨的嘩啦啦，小雨的淅瀝瀝，打雷的轟隆隆，剛收養的小狗哀鳴聲，屋頂上不安的貓叫……誰說你總需要人工創造出來的聲音？

81

學習賺錢的本事

誰都可以做發財夢，大多數人也確實抱著這樣的夢想，但是只有少數人知道，明確的計畫加上對財富的熾烈渴望，是累積財富獨一無二的可靠途徑。

～拿破崙．希爾（美國勵志成功大師）

有個富翁擁有一家工廠和其他生意，此外還是鎮上唯一一家酒店的主人。富翁有兩個兒子——一個行為端正、受人尊重；另一個卻是浪蕩子。

有一天富翁察覺自己已屆大限，便立下遺囑，把工廠和所有財產都留給浪蕩子，只把酒家給了正直善良的兒子。

朋友聽說這消息後紛紛責備他：「你怎麼這麼傻，竟把家產留給不肖子，那傢伙只會敗光你一生辛苦賺來的財富啊！」

「別擔心，」富翁說：「我早就想好啦，要是把酒家留給那敗家子，他馬上會跟那堆酒肉朋友敗掉那家店的。我那家店可是鎮上唯一的一家酒店，他要花錢也只有那裡，照他的德性，肯定很快就會敗光我留給他的所有家產，到最後我那乖兒子不但可以擁有酒家，又能名正言順的得到我其他財產了，豈非完美。」

錢本來是解決人類問題的工具，卻往往變成人的負擔與問題，有一句話是這麼說的，「我們如果不能創造快樂，便無權享受快樂，正如同不能創造財富，便無權享受財富，是一樣的道理。」假使你只是坐享繼承而來、幸運得來的天降財富，你不會知道賺取那筆錢需要多少辛勤與努力，自然也就無法好好地去珍惜手上的金錢。

有趣的是，大多數人其實並不期許自己擁有億萬身家，擁有餘裕而非華麗的人生其實才是一般人盼望的生活，而美國作家湯瑪斯•史丹利在《百萬富翁的智慧》一書中訪問了六十餘名百萬富翁時，發現百萬富翁的特色是：財務獨立，且無負債，喜歡生活安適，但不至於到奢華的地步，大多是白手起家，且不認為必須要變成工作狂才能致富，大多數已婚，同時覺得養育小孩對事業有著正面助益，此外他們相當重視自己的休閒生活，每年平均出國度假兩次，最重要的是，他們不認為生活中很多美好的事物，是用金錢換得來的。

每天都想著要賺更多錢的你，不妨靜下來思考一下，你是不是真的擁有賺錢的本事了？光想著天降甘霖，可能只會坐困沙漠，最後渴死在自己的慾望裡而不自知。

82 親手賣出商品

消費者不是傻瓜，她是你老婆。如果你認為光靠一句簡單的廣告標語、幾個無趣的形容詞就能說服她掏錢買下任何東西的話，等於褻瀆了她的智慧。

～大衛・奧格威（廣告大師）

有個農家小女孩每天餵著乳牛，終於到了可以擠牛奶的日子，雀躍的女孩頂著一桶剛擠好的牛奶前往市集，一路上她想著：「要是賣掉這桶牛奶，我就能買不少雞蛋，這些雞蛋可以孵出小雞，我把小雞養大後賣掉，肯定能賺到不少錢，然後再替我自己買一件美麗的衣裳，等到聖誕節開舞會時，一定會迷倒不少男孩，等他們來跟我邀舞時，我才不要答應呢，一個一個拒絕他們。」

女孩被自己編織出來的故事給迷住了，忍不住跳起舞來，卻不慎打翻頭上的牛奶，不管什麼雞蛋、小雞或衣裳、舞會都沒了。

十六歲的夏天，五專一年級的暑假，我興奮地開始找工作，準備開始人生第一次打工生涯。我找了很多工作，但那個年代打工似乎還不太盛行，尤其我又沒有經驗，正準備告少回鄉，認命到工廠當女工時，學長說他在麥當勞打工，覺得還不錯，可以去試試。

一聽到這樣的消息，燃起我的一線希望，回鄉的腳步突然停住，往麥當勞出發。我挑了離學校最近的麥當勞進去，鼓起勇氣跟一位笑容親切的服務員說：「請問是不是需要工讀生？」那名服務員露出麥式微笑說：「有啊，你先填表格，在那邊寫，等一下請經理跟你談。」

我認真填完人事資料表，等了許久經理來了，原來以為應該沒什麼問題，結果經理接過我手上的資料表，一看：「什麼，你還沒滿十六歲，這樣是童工耶，很抱歉喔，勞基法規定不能用童工喔。」

就這樣，我被迫極不情願地終於下海，加入了跟同學一樣的推銷行列──賣套裝錄音帶。

推銷大概是我一輩子都不曾想過的工作，原因是我很內向害羞，見了陌生人根本不知道該講什麼，但為了江東父老也只好下海拚了。公司當然少不了有些特訓，教導我們這群廉價工讀生如何賣錄音帶，每天早上還會在早會中示範演練。

因為上司千交待萬交待說千萬不可兩人同行，於是，我就直接被放出去，披掛上陣。

前路茫茫，天地之大，我卻不知要從何處推銷起，只好再相信上司特訓說的要掃街，一家一家拜訪。

忘記我到底掛蛋幾天，才總算在朝會的掛蛋排行榜除名，我只記得，有一天，我在一貫接受拒絕後，來到一個拍錄影帶的公司。「你好，請問可不可以耽誤你幾分鐘的時間，介紹好聽的音樂給你聽？」（這也是特訓的口白之一）

年輕人看了看我說：「我現在在忙耶，你下午再來。」

因為初入社會，完全搞不清這是推託之辭還是真話，所以，下午我還是依他說的，在夕陽快下山的時候，再去找他一次。

「你好，不好意思，我早上來過，想介紹你聽好聽的音樂，不知你現在有沒有時間？」年輕人看到我好像很訝異，「啊，是妳喔，好啊，我跟妳約在外面，老闆在不太方便。」

我真的又相信他了，便約他在附近的公園見面，他稍後真的來了，我播放音樂給他聽，他聽完沒說喜歡也沒說不喜歡，卻對我說：「好，我跟妳買。」這太讓我訝異了，很多人聽了會問一些問題，他卻連問都沒問就說要買，而且是我賣出的第一套。

他說，他早上看到我，原來根本沒興趣，隨口說說，沒想到我下午真的又來了，而且他發現我的臉早上還是白的，下午再看到我的臉已經都被曬得紅紅的，看到一個小女生這麼努力讓他覺得很感動，所以他決定跟我買。他接著說，他有在拍照，覺得我有些角度很好看，有機會想幫我拍照。

這是我賣出的第一套錄音帶，我記得是西洋的鄉村歌曲集，那一年夏天，後來還發生了很多事。

83

創業一次

對企業家來說，最困難的就是要認定一種單純的需求。通常被激怒時，人們也不會太相信自己生氣的本能；其實若有某件事情能夠讓你生氣，也就代表其他人會有相同的感受，而生氣正可以帶來活力與創造力，因為這表示有某些讓人不滿意之處，就算我這種人都會提出疑問，為什麼我不能像買日用品或蔬菜一樣，用秤量的來買化妝品？

~安妮塔・羅迪克（美體小舖創辦人）

多年前，一個美國年輕人比爾正打算從哈佛大學休學，創立一家電腦公司時，邀請了母親的一位姊妹淘入股，只要出一千美金，就可以成為他公司的小股東，那女士覺得一千元不是大錢，就算公司做不起來，虧損也不大，為了幫助晚輩，這支出實在不過分，就在她準備出錢認股前，卻接到手帕交比爾的母親來電，比爾母親在電話裡提到兒子不顧她反對逕自休學已經夠讓她惱火了，自己的好朋友竟然還要出資幫兒子一圓他的發財夢，簡直就是助紂為虐，她甚至對自己的好友撂下話：「如果你敢出這筆錢，我們乾脆絕交好了。」

姊妹淘一聽，覺得友情實在比幫助朋友的兒子創業重要得多，便拒絕了比爾的請求，那一千美金，自然到現在還好好放在她的皮包裡。

可是多年後，這個叫做比爾的年輕人開的那家公司，突然席捲了美國的電腦軟體市場，成為一方霸主，並在數年後，成為跨國際的大財閥。

那公司叫做「微軟」，年輕人，就是現在知名全球的世界首富：比爾‧蓋茲。

當初威脅手帕交要跟她絕交的比爾媽媽，當然也被手帕交絕交了。

我的打工經驗，說起來算豐富，常常都是廉價勞工，忙了兩個月的暑假，賺到的錢繳學費還不夠，還是得伸手跟爸媽要錢補貼一點，實在很丟臉。五專因為是念國立，學費還算少，只要補貼一點就夠了。大學念私立學校，學費貴得離譜，怎麼賺都不夠，如果是寒假，只有一個月的時間，再加上過年，那就更不用想打工賺學費了。

很多作家都說會努力寫作，是因為太窮了要賺稿費；五專畢業兩年，工作存的一點積蓄也漸漸被學費掏空，我只好開始想門路賺錢。一個月的時間，要找工作打工是不太可能，所以只有想辦法做生意賣東西當小老闆。

該作什麼生意好，身無一技之長，能賣些什麼？左思右想之際，突然想到五專同學說她每年寒假都在她們家的市場賣春聯，生意還不錯，利潤很高。我們家門前巷口就有黃昏市場，這再好不過，況且爸爸賣金紙，客人上門也可以順便看，只要在黃昏市場開市的時候擺擺攤子，天黑了黃昏市場收市就可以收工，其他時間可以推銷給買金紙的客人。

一想到這點可行，就和哥哥開始翻報紙找賣春聯的批發店，由我出資，哥哥和我一起擺攤來賣。因為我的老本也快用光，所以只打算在一萬元預算內去批貨，哥哥批貨回來，我才發現，一萬元只能批到幾樣基本的春聯，單字，恭賀新禧，大家恭喜……。

不過，我們還是開始擺攤賣春聯了。從來沒有作生意經驗的我，完全不知怎麼賣，只好有樣學樣，跟旁邊的小販一樣有客人經過就叫：「小姐，買春聯喔！」（即使是歐巴桑也一律叫小姐）果然有歐巴桑聽到小姐的名號湊過來看，不看還好，一看，哥哥精挑細選的春聯馬上受到歐巴桑無情的挑戰：「怎麼那麼少，沒幾樣，沒門神喔，我要買門神。」

「門神！是這個嗎？」（馬上被識破完全不懂春聯）

「不是啦！」

「這個也很漂亮啦，我算你便宜一點啦！」

歐巴桑聽到便宜馬上挑了幾張，我算她便宜後遭到她再度無情殺價，讓我毫無招架能力。

這就是我的創業經驗，原來，生意不是人人能作，讓你們猜猜看，後來那一年寒假，我到底賺到了學費沒有？

84

憑弔歷史遺跡

前不見古人，後不見來者，
念天地之悠悠，獨愴然而涕下。

～陳子昂〈登幽州臺歌〉

日劇《白色巨塔》裡，晉升為大學醫院外科教授的財前五郎醫師，因為卓越的醫術獲邀到波蘭華沙進行一項手術與公開演講，在那之後，當地翻譯帶他到近郊的奧許維茲集中營，並且找了一個老先生代為導覽，名為可巴齊克的導覽先生在奧許維茲失去了親人，這個原本設計來關波蘭政治犯的監獄，最後有九成犧牲者，竟都是在納粹施虐下無辜的猶太人，多數被帶到集中營的猶太人，全以遷居至東部為由，被騙到此地展開新生活，卻在這裡失去了生命，環顧牆上張貼的受害者遺照與四處放置的憑弔鮮花，財前不禁露出了肅穆的神情。

可巴齊克又接著帶他們到了一棟建築，就是當初「死亡之浴」的所在地，納粹以洗澡為由騙囚犯入內，最後天花板上的洞冒出的卻是毒氣、而非水，集中營所在地有個焚化爐，每天都得處理約三百五十具屍體，為了湮滅證據，已將焚化爐與毒氣室盡皆摧毀，財前不禁搖頭說道：「到底是怎麼想的？」可巴齊克問，你是指被害者還是殺人者的想法？財前回答：「我是醫生，救人性命是我的工作，實在不能想像殺人犯的想法。」不過，德國人也在這裡做過人體實驗，可巴齊克說，執行的就是救人性命的醫生。

接著翻譯又帶他上了一個高樓，打開窗戶，正面對一條一分為二的火車軌道，翻譯說道，這裡是月台的遺跡，猶太人搭乘列車被直接送到這個集中營後，先在月台上進行分類，有能力工作的人坐上往右邊軌道的列車，老人、傷病患、老弱婦孺等則送往左邊軌道的列車，最後直接被送進毒氣室，月台就是命運的分歧點，只是，並非天堂與地獄的不同待遇，而是不管你被送往哪裡，兩者都是地獄。

彼時在日本，財前之前誤診的病患正在進行急救，並因急救無效宣佈死亡，好不容易晉升為教授的財前，本以為得到夢寐以求的教授地位後，人生將從此一帆風順，卻沒料到，此時他自己也站在兩個地獄的分歧點上，前去，都是茫茫。

到了北京，已經是下午了，因為工作的關係，預計只停留兩天，第三天一早就要再飛到蘭州，所以只剩這半天的時間可以看看北京。

念書時，教授常開玩笑說：「去到北京走在路上不小心就會踢到古董」，北京是個有文化有歷史的地方，如今身在北京，我還未感受歷史文化，卻看到一個闊氣的北京。因為二〇〇八奧運，北京正在如火如荼的建設改造當中，一切以現代為依歸，一棟棟的高樓，寬闊的馬路，看不到北京的老，只看到北京的新。

在旅館check in聯絡好隔天採訪的事項之後，和隨行的主管及導演開始計畫怎麼拜訪北京，只有半天時間，大家開始七嘴八舌把印象中的老北京抬出來——老胡同、慈禧太后的頤和園、紫禁城、北大、發現北京人的周口店……我越說越興奮。

這時候有人冷不防說了一句：「只有半天的時間耶！」

因為時間寶貴，這半天的北京之行便顯得更加重要，大家還在慎重考慮當兒，詩人主管突然開口了：「我小時候有一個夢想，就是在天安門廣場拍一張照片。」

「天安門廣場——六四的天安門廣場！」為圓詩人主管的夢，我們決定把寶貴時間獻給天安門。

天安門廣場，比中正紀念堂前廣場大很多，廣場上有很多公安，凝重的神色，讓人不免緊張起來。在車上大家還開玩笑說在天安門廣場唱國歌一定很火，一到廣場看到公安，誰也沒敢再開這個玩笑，詩人主管在人民紀念碑前果真開始擺起姿勢拍照，看起來像是當年慷慨激昂的熱血青年，人民紀念碑的正面側面後面全都留下了詩人主管的身影，下午七點的天安門，太陽還沒下山。二〇〇四年的天安門廣場，人來人往，沒有人提起歷史曾在這裡發生了什麼，也沒有人在這裡搖旗吶喊，在陽光沉沒的時候，我們離開了天安門廣場，還有很多人，沒有離開……

85

看一次日出或日落

人心情不好的時候，
就會特別喜歡看落日。

~安東・德・聖艾修伯里（法國作家，以《小王子》一作聞名世界）

我們在泰山頂上看出太陽。在航過海的人，看太陽從地平線下爬上來，本不是奇事；而且我個人是曾飽飫過江海與印度洋無比的日彩的。但在高山頂上看日出，尤其在泰山頂上，我們無饜的好奇心，當然盼望一種特異的境界，與平原或海上不同的。果然，我們初起時，天還暗沉沉的，西方是一片的鐵青，東方微有些白意，宇宙只是——如用舊詞形容——一體莽莽蒼蒼的。但是我一面感覺勁烈的曉寒，一面睡眼不曾十分醒豁時約略的印象。等到留心回覽時，我不由得大聲的狂叫——因為眼前只是一個見所未見的境界。原來昨夜整夜暴風的工程，卻砌成一座普遍的雲海。除了日觀峰與我們所在的玉皇頂以外，東西南北只是平鋪著瀰漫的雲氣。在朝旭未露前，宛似無量數厚毳長絨的綿羊，交頸接背的眠著，卷耳與彎角都依稀辨認得出。那時候在這茫茫的雲海中，我獨自站在霧靄溟蒙的小島上，發生了奇異的幻想——

我軀體無限的長大，腳下的山巒比例我的身量，只是一塊拳石；這巨人披著散髮，長髮在風裡像一面黑色的大旗，颯颯的在飄蕩。這巨人豎立在大地的頂尖上，仰面向著東方，平拓著一雙長臂，在盼望，在迎接，在催促，在默默的叫喚；在崇拜，在祈禱，在流淚——在流久慕未見而將見悲喜交互的熱淚……

這淚不是空流的，這默禱不是不生顯應的。

巨人的手，指向著東方——

東方有的，在展露的，是什麼？

東方有的是瑰麗榮華的色彩，東方有的是偉大普照的光明——出現了，到了，在這裡了……

玫瑰汁，葡萄漿，紫荊液，瑪瑙精，霜楓葉——大量的染工，在層累的雲底工作，無數蜿蜒的魚龍，爬進了蒼白色的雲堆。

一方的異彩，揭去了滿天的睡意，喚醒了四隅的明霞——光明的神駒在熱奮的馳騁。

雲海也活了；眠熟了獸形的濤瀾，又回復了偉大的呼嘯，昂頭搖尾的向著我們朝露染青饅形的小島沖洗，激起了四岸的水沫浪花，震盪著這生命的浮礁，似在報告光明與歡欣之臨在……

再看東方——海句力士已經掃蕩了他的阻礙，雀屏似的金霞，從無垠的肩上產生，展開在大地的邊沿。起……起……用力，用力，純焰的圓顱，一探再探的躍出了地平，翻登了雲背，臨照在天空……

歌唱呀，讚美呀，這是東方之復活，這是光明的勝利……

散發禱祝的巨人，他的身彩橫亙在無邊的雲海上，已經漸漸的消翳在普遍的歡欣裏；現在他雄渾的頌美的歌聲，也已在霞采變幻中，普徹了四方四隅……

聽呀，這普徹的歡聲；看呀，這普照的光明！

（摘自〈泰山日出〉，作者徐志摩為中國近代重要詩人與散文家）

什麼時候會讓你特別想看日出呢？

當魚露肚白，一切將醒未醒，凝重即將消散，陽光躡著腳進來，你是一夜未睡的惺忪，還是甜美之後的清新？

什麼時候又會讓你特別想看日落呢？

在小王子的星球上，想看日出日落的時候，隨時可以看日出日落；但小王子在心情特別不好的時候，會看日落，有一天，他總共看了四十四次的日落。

陽光升起的那一刻，讓每個人的心都跳躍起來。在我還沒有真正變成快樂的人時，有一天，我跟塌客說：「真希望有一天睡了就不要再醒過來。」塌客卻說：「怎麼會，每天最讓人開心的事，就是睡起來睜開眼的剎那，看到陽光的時候，感覺自己又活過來了真是好。」從此，我也開始喜歡上每一天眼睛睜開那一剎那的陽光。

看日出通常需要千里迢迢，但日落就容易多了，只要知道哪裡有不錯的VIEW，通常可以讓你等到美好的日落。

我看過最美的一次日落是在大肚山上，那一年，我才十六歲，他在太陽快下山的時候，跟我說要帶我去一個地方。我坐在他的摩托車後，手握著座位後的把手，就這麼跟他去一個要帶我去的地方。他飛快的騎著，還一邊說：「真怕趕不上。」耳邊的風景一直在流動著，但我的心裡卻只有一幀風景。後來，我們停在一塊古堡的空地上，他帶我爬上古堡，夕陽正緩緩的落下，連呼吸的空氣都是緋紅，風有點涼，我的裙子跟長髮飄飄地飛著，他拿起放在口袋裡的紅色珊瑚項鍊，幫我戴上，祝我——生日快樂。

什麼時候會讓你特別想看日落呢？我的答案是——想念一個人的時候。

魔女丸

過了三十以後就都稱為三十幾，偏激的家庭主婦，刻薄的外星人種，以蒐集地球的怪人為娛樂。

死前要做的99件事

1 到翡冷翠住一年。我喜歡這個名字，總覺得住在那裡相當浪漫。（雖然我不是個浪漫的人）

2 並在翡冷翠學會做義大利菜。

3 同時學會義大利文，能夠在義大利帥哥來搭訕的時候調戲對方。

4 減肥成功體驗二十年來未曾再次體驗的23腰。

5 其實我想要的是六塊腹肌。

6 學會騎馬，並嚐試在台北騎馬去逛街。

7 學會滑雪板，到瑞士的滑雪勝地滑一整個月的雪。

8 學會衝浪，在澳洲盡情衝浪。

9 學會潛水，也在澳洲盡情潛水。

10 到阿根廷南端跟企鵝玩耍。

11 學會穿和服。

12 學會彈三味線，並穿著和服當眾彈唱演歌。

13 學會拉大提琴。

14 學會跳拉丁舞。

15 學會截拳道或泰拳，巴西的Capoeria也很好。

16 跟任達華約會一天。

17 跟石田純一約會一天。

18 跟喬治•克隆尼約會一天。

19 Josh Duhamel跟我在海灘約會一天，幫我上防曬油。

20 Alessandro Safina為我開一場演唱會，含情脈脈看著我，然後再約會一天。

21 南方之星為我開一場演唱會，唱完之後大家一起去吃飯。

22 村上春樹陪我聊天，並請我到他家去欣賞他的爵士樂收藏。

23 村上也順便幫我挑選我葬禮上要播放的曲子。

24 山下智久當我的寵物一天。

25 龜梨和也哭著求我虐待他一天。（這是歐巴桑的夢想而已，歌迷勿戰）

26 安潔莉娜•裘莉和艾許莉•賈德陪我演一集霹靂嬌娃，壞人就讓小甜甜和琳賽蘿涵來當好了。

27 和劉嘉玲跟王菲打一次麻將。少的那個人，梁朝偉可以湊數。

28 那就順便學會百家樂怎麼賭，到現在都沒有弄清楚過。

29 把中國明清以來的小說全部讀過一次。

30 讀完托爾斯泰所有作品。

31 揭開陳水扁一家人所有不欲人知的秘密。

32 搞清楚尹清楓命案的真相。

33 知道可口可樂的配方。

34 寫出一本娛樂性十足的推理驚悚小說。

35 解剖大體而不吐出來。

36 學會如何在三十秒內拆卸烏茲衝鋒槍並裝回去。

37 學會用刀近身格鬥。

38 學會用英國女王的腔調來一段Stand-Up comedy。

39 學會用大阪腔說落語。

40 跟Jamie Oliver一起拯救台灣學童的營養午餐。

41 跟陳建一一起去四川探訪美食。

42 跟道場六三郎吃遍日本。

43 讓藤原美智子或山本浩未幫我化一次妝。

44 順便請宮村浩氣幫我剪頭髮。

45 從美國東岸開車到西岸，不過我不要走村上的那個路線。

46 從蘇格蘭開車到莫斯科。（經英法海底隧道）

47 去波蘭的奧斯維辛集中營。

48 去丹麥的樂高遊樂園。

49 把全世界所有刺激的雲霄飛車都玩一遍。

50 騎海豚。
51 啊對，還有學會邊騎馬邊射箭。
52 以及如何使用鞭子。
53 搭一次私人豪華飛機環繞地球。
54 搭一次東方快車。
55 買一個小島在上面亂搞。
56 經歷一次雪橇犬拖車旅行。
57 體驗到跑步的樂趣。（也就是說我現在覺得跑步很痛苦）
58 在偏遠小學中學說書講故事。
59 開一家餐館為期三天賣我想賣的食物。
60 和一眾女友到某地中海小島度假，享受最好的按摩與美食。
61 同時學會按摩，為我愛的人服務。
62 學會肚皮舞。
63 還有鋼管舞。
64 加上脫衣舞好了。
65 看到所有我追了超過二十年漫畫的結局。
66 看到Oliver Kahn一球砸死二〇〇六年世界杯足球賽的臭義大利隊。
67 在貴賓席看鈴木一朗出戰王建民。
68 看到古田敦也領軍的日本棒球隊出來打奧運或世界杯。
69 打完以後跟古田吃一頓飯並唱卡拉ＯＫ。
70 玩一次極限體能王（Sasuke），然後跟竹田敏浩握個手。
71 近距離親眼看到朝青龍對戰白鵬。（為什麼日本相撲橫綱都是蒙古人？？）
72 Pete Sampras教我打網球。
73 郎平教我排球殺球技巧。（如何將防守者的大拇指打到骨折）
74 舒馬赫教我開車。
75 北島康介陪我游泳。
76 到拉斯維加斯一擲千金。
77 到米蘭買到爆炸。
78 把所有我愛但是台灣沒有中譯本的書通通翻譯出來。
79 斥資幾百億製作我想看的連續劇跟綜藝節目。

80 勒令白癡X視關台。

81 把某些名嘴的嘴巴縫起來。

82 請人訓練某陳姓千金美姿美儀。

83 罰某些欺世盜名的白癡作家恢復亞馬遜雨林原貌。

84 把某陳姓家族送回北朝鮮。

85 啊，我想去北朝鮮參觀一趟，但不想吃那裡的食物。

86 看懂相對論這篇論文。

87 學會寫出電腦遊戲。

88 學會織布和刺繡。

89 做一顆核子彈。（據說不難做，但買不到材料）

90 看到兩岸和平統一。（真是超級大夢想，囧）

91 救回沙漠化的綠地。

92 恢復南北極冰山原貌。

93 征服地球。

94 狠狠給我討厭的人幾巴掌。

95 向所有我辜負過的人好好道歉。

96 認真告訴我所愛的人我對他們的感情。

97 把過去所有的不愉快全部忘掉。

98 吃到世界上最美味的食物。各式各樣，只要各一口就好。

99 和所愛的人一起體驗此生最完美的性愛。（然後就死去吧）

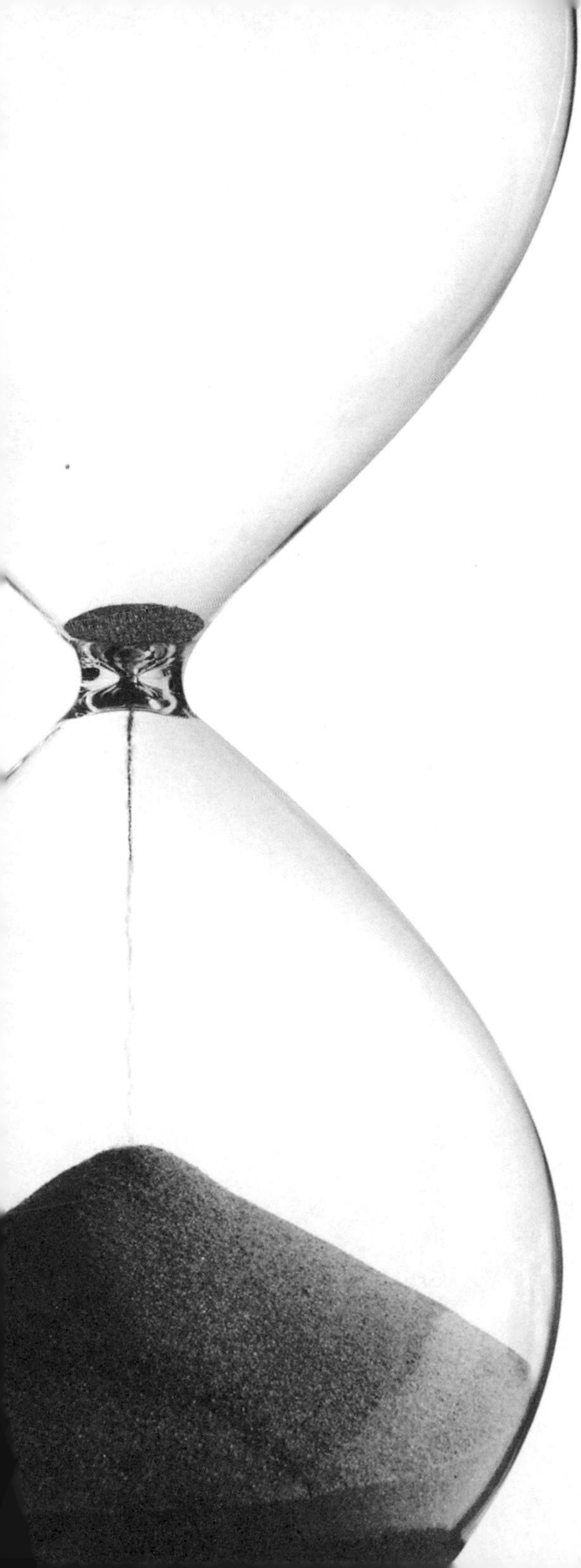

做為世界公民

世界是一本書，不旅行的人只讀了其中一頁。

~聖奧古斯丁

86

做志工工作

生命究竟有無意義並非我的責任，
怎樣安排此生卻是我的義務。

～赫曼．赫塞（德國作家，諾貝爾文學獎得主）

一九九九年九月二十一日凌晨，台灣發生的集集大地震不但掀出許多社會問題，也揭露了諸多人性光明面，當時災區遍布台北縣市與中部幾縣市，由於救災資源與經驗不足，其他國家組成的國際救援部隊很快地紛紛自費來台，其中包括了日本、南韓、瑞士、奧地利、法國、德國、南韓、斯洛伐克、美國、新加坡等國家的義務救援隊，這其中有些救援隊的國家曾經接受過台灣的幫助，還有些人只是單純得知台灣的搜救人手不足即自發整隊來台，有些隊伍一個月前才剛在土耳其進行地震後救難工作，不多時又趕赴台灣救難。

雖然語言不通，但救人一命的心情是完全相通的，當南韓救援隊在地震發生八十六小時後救出一名六歲小男孩時，救援隊員的臉上都掛著眼淚，因為這恐怕是他們見過如此多慘不忍睹的狀況時，最希望看到的景象——有人因為他們的支援而獲救。

也有不少救援隊對台灣民眾印象深刻，許多災民即使家園受創、親人罹難，還是願意捲起袖子一起加入救災工作，並對救援隊員的幫助感謝不斷，也不認為其他人毫無怨尤的義務協助是理所當然的。

相較於其他得到政府金援的外國救援隊，墨西哥的「地鼠救難隊」就顯得相當特別，這組救難隊共有十四名成員，並未獲得政府補助，由民間熱心人士自動自發組成，並經過專業訓練，由於一九八五年墨西哥也經歷了大地震，這群人士因此決定組成這個民間救難隊，多年來他們走過不少遭遇天災的國家，幫助過無數災民搶救家園與生命。

而在九二一地震後，台灣有感於所處地形本就地震頻繁，與其等待他國救援，不如先堅實自我的救災實力，於是內政部消防署與台北市消防局各組織了一組國際救難隊，期待以精密的救難器材、專業訓練與人飢己飢的心情，將當初國際救援隊對台灣展現出來的愛，繼續傳到世界上其他需要援手的地方。

很多人都有「意願」當志工，但通常想等到退休後。爸爸離開後，我想投入安寧照顧的行列，卻一直沒有行動。有一天和朋友經過一座教堂外面，佈告欄上貼著徵求「腫瘤科志工」，朋友和我就去報名，終於有機會開始加入志工的行列。

腫瘤科志工，主要針對癌症病患的心靈照顧，每個星期我們在固定時間探訪病患，跟他們說話聊天，雖然不知道這樣是不是真能寬慰病患所承受的痛苦，但我想，受苦的人總需要別人的瞭解。

曾經訪視一位肺癌病患，呼吸要靠鼻管輸送氧氣，每一次的呼吸都必須費力喘，講話時會不斷地咳嗽，我們小組去探訪她，不敢跟她多聊，怕她咳嗽不舒服，她卻很高興，一邊咳一邊跟我們聊。她說，她生病沒有告訴女兒，只有哥哥知道，她不想麻煩別人，讓家裡擔心。女兒又住得遠，有家庭要照顧，如果知道了又無法照顧，應該會很過意不去，所以女兒至今都還不知道她生病了。她淡淡地說，像在說別人的故事，彷彿生病的不是她自己。她說她很樂觀，都聽醫生的話，這次就是要她學會好好照顧身體，如果她好起來了，她也要去當志工，幫助需要幫助的人。

醫學院畢業的外交替代役男連加恩，當別人都覺得他運氣甚差，當兵卻被派到非洲時，他卻以電子郵件號召全世界捐贈救援物資給非洲的布吉納法索。回到台灣，他把兩年的志工經驗結集成書，希望更多人知道有一個地方需要幫助，在新書發表會上，他開心地宣佈自己即將結婚，並計畫跟未婚妻一起再到布吉納法索去醫治生病的人，完成更多的夢想。

台灣還有很多跟連加恩一樣的人，在各個角落幫助需要幫助的人，希望有一天你也是他們其中一員。

87 為慈善募款

有能力廣施善緣的人是幸運的。

～馬康・富比士（美國作家、出版者）

假使有個機會，讓你與股市投資之神、世界次富華倫・巴菲特共進午餐，同時能夠得到他畢生對投資的精闢論點，或是詢問他任何你想得出來的問題時，你願意付出多少價錢？

這個花錢與巴菲特共進午餐的點子，自二〇〇〇年來已經行之有年，每年巴菲特都會捐出所有收入，給舊金山地區專門救助窮人與遊民的公益組織格萊德基金會，這些年來，在e-bay上你有此機會競標與巴菲特以一頓午餐的時間共享人生智慧，但代價並不便宜，二〇〇四年時，一個得標者就花了美金二十萬才得到這頓午餐。

巴菲特在十一歲那年進行了平生第一次股票買賣，此生唯一的事業也就是股票投資，光靠著股市收益，就可以成為世界富豪，也難怪大家對與他共餐如此趨之若鶩，拍賣活動才舉辦五天，開標底價即使訂到一萬美金，還是有超過百人上網競標，就算只有兩小時也好，能跟這個傳奇的股市投資之神見面，又能做好事，有錢競標的人當然越來越多了。

宗教家的大愛精神，往往令人敬佩，因為他們可以超乎個人、家庭，對每個人付出，就如同手足一般。諾貝爾和平獎得主德蕾莎修女說過：「愛不能單獨存在，它本身並無意義。愛必須付諸行動才能使愛發揮功能。」其實是十分簡單的道理，然而也是人們普遍的盲點。

以中國父權至上的傳統觀念為例，專制、嚴厲的教育，經常只會得到適得其反的效果。光憑嚴肅冰冷的態度，很難讓子女感受到父親的愛，或許出發點是良善的，但因為缺少溝通，加上表達方式不對，反而會造成反效果，形成親子關係的疏離。情人之間也是同樣道理，一對極為相配的伴侶，其中一方礙於諸多因素，隱藏心中的愛意，不敢表達出來，最終使得緣分無疾而終，成為一生的遺憾。

「愛」的確不是放在心裡就足夠的，你必須明確地讓對方感受到，至少要做點什麼吧！切莫像冬眠的熊一樣窩在洞裡，別人不是你肚裡的蛔蟲，他可能會猜錯，可能會質疑，當沒有得到任何行動上的證實之前，各種誤解都可能破壞了彼此原有美好情誼。

因此，試著把內心的情感表達出來吧！用實際的行為來傳達心意，這樣的互動才能讓「愛」更具體、更有意義。

（摘自《歷史名言的智慧》，徐竹）

88

做動物的朋友

除非人類能夠將愛心延伸到所有生物上，
否則他們將永遠無法找到和平。

～亞伯特・史懷哲（德國醫學家、神學家、哲學家、人道主義者）

蒂皮（Tippi）這個出生在非洲納米比亞的法國小女孩（這名字是她的父母以主演過希區考克電影《鳥》的女演員蒂皮・海德蘭之名來取的），從小就跟著拍攝野生動物的父母在非洲叢林中生活，幾乎有著類似泰山一般的童年生活，大象是她的哥哥，鴕鳥是她的舞伴，跟狒狒在樹上爬來爬去算不了什麼，她還跟獅子一起入眠，與獵豹一同嬉戲，難道不害怕嗎？這個愛笑的小女孩雖然有時會嘗到與動物親近時難免受到的皮肉傷，卻沒有阻礙了她接近野生動物的腳步。

專職野生動物攝影的父母，也因此發現自己的小女兒與野生動物在鏡頭下竟是如此和諧，那不是一般心存膽怯的小孩能夠輕鬆做到的地步，別人問她害不害怕，她說，「我從來沒害怕過動物，或許會敬佩牠們，但那絕對不是害怕。」因為有這樣純真的念頭，因此以蒂皮與野生動物合影為主，蒂皮許多俏皮又發人深省的旁白為輔的書籍《我的野生動物朋友》，也因為這樣特別的際遇而得到了廣大讀者的喜愛。

蒂皮也說，其實動物並不凶惡，牠們只是好鬥而已，比起有些人，動物實在不算凶惡，就算她曾經被咬過，但也是因為那些動物太緊張，害怕她會傷害自己而已，蒂皮的父母只教導她，「不需要害怕，但絕對要小心。」因為瞭解了，所以知道哪些動作和動物是危險的，如果牠們沒有危險性，又為什麼不能做朋友呢？

連原本害怕蒂皮跟野生動物相處時間太長會因此受傷的母親，後來接受媒體採訪時，也不得不承認，當他們回到巴黎定居時，看到其他父母每天匆匆忙忙送孩子去上班，才發現野生動物其實並不危險，反倒是大城市危險得多，說不定對養育孩子來說，在非洲叢林裡還比較容易一點。基本上，孩子就是天生的小動物，那種活生生的課程不是大人教得來的，從蒂皮身上，我們學到了這件事。

我常常在家門前的巷子看到鄰居太太光著腳丫子，一邊喊一邊追小狗的情形，有時一眨眼，小狗就不見了，她就到各鄰居家去問有沒有看到他們家小狗。有一天，我又在門口看到她開始叫喊小狗，只見她一邊跑一邊叫一邊把拖鞋脫掉，小狗還停在前面等她快追上了再繼續跑，鄰居太太一邊跑過我家門口還望望我笑了笑，對我說：「妳看妳看，她還怕我看不到牠，故意讓我追。」一邊說著又繼續往前追。

隔了一會兒，她抱著追到的小狗到我家來串門子，聊起她的狗，她說得眉飛色舞，一點也沒有因為小狗讓她追而覺得疲累，反而還得意地說：「我們家的小狗會耍脾氣，要是我出去沒帶牠，回來一打開門，牠就會任性的離家出走，有時比較沒注意牠，牠也會故意躲起來讓我找。」

她眉開眼笑的接著又說：「要是早知道養狗這麼好，我就不結婚了。」

美國有一個老太太叫安娜，也養了一隻狗，有一天安娜突然不見了，鄰居看到她的狗東奔西跑，把安娜的衣服都咬出來丟在院子裡，那狗嘴裡咬著安娜的照片，一看到人就圍著人團團轉，彷彿在問那個人有沒有看到照片上的安娜，後來警察找到老太太，原來那隻狗也纏過警察，警察特別注意了才把因迷路回不了家的安娜帶回去。

還會嫌養動物麻煩嗎？說不定哪一天牠就是你的救命恩人喔！

89

迎接新年的來臨

要是冬天已來，西風呵，春天就不遠了。

~培西．B．雪萊（英國詩人）

相傳中國古時有種叫做「年」的怪獸，頭上長著角，是種凶猛的動物，由於長年住在海底，只有到除夕夜才會爬上岸尋找食物，因此每到除夕這天，有個小村的居民便會相約一起上山躲避年獸。

這年除夕，小村居民正扶老攜幼準備上山避難，村外卻來了個老乞丐，由於大家急著逃命，無人注意到這個老人，但村裡有個老婆婆看他可憐，便給他了些食物，又要他快到山上躲年獸，這老人卻哈哈大笑起來：「不用不用，你只要讓我在你家待著，我保證有辦法趕走這個怪獸。」老婆婆屢勸無用，便放棄勸說，急急收拾家當上山去了。

夜半時分當年獸闖進小村時，卻發現一戶人家門口竟然貼著紅紙，燈火還沒熄滅，年獸便一古腦兒向老婆婆家衝去，沒想到就在此時，院子裡傳來劈哩啪啦的響聲，年獸被這巨大恐怖的聲音給嚇傻了，又發現一個身穿紅衣的老公公大笑推門走出，年獸哪裡看過這種情景，一溜煙就跑回海底了。

次日大年初一，所有村民先祝福彼此都幸運躲過年獸攻擊，回村時卻發現家園安然無恙，驚訝異常，此時老婆婆才想起那老乞丐，只見老婆婆家門口貼著紅紙，院子裡還有沒燃盡的短竹劈啪作響，屋裡有幾根紅燭還沒熄，欣喜的村民知道年獸就是被這些東西嚇跑的，於是一傳十十傳百，大家全知道如何趕走年獸。

自此，年獸也就再也不敢出現了。

應該沒有小孩不喜歡過新年，在我還是小孩的那個年代。

那是一個物資缺乏的年代，我還得背姊姊背過的書包，穿姊姊穿過的制服，用姊姊用過的書，沒有零食好吃，去郊遊得帶媽媽包的飯糰沒有乖乖，是那樣的一個年代。

因為什麼都缺乏，所以過年就格外顯得讓人期待，有新衣服，有好吃的年菜，有壓歲錢，可以看電視看到很晚，還可以一邊喝爸爸泡的茶一邊吃零食，迎接新年，成為兒時最歡樂的記憶。

再怎麼樣，新年都要全家人一起過，有一年新年，姊姊去了日本，少了姊姊的新年，就是沒有團圓歡樂的感覺；後來姊姊嫁人了，雖然不能一起吃年夜飯，但初二姊姊一家子會回來團圓的心情，還是讓人雀躍等待；今年爸爸不在了，我和媽媽、哥哥用爸爸的茶具泡茶，每一杯都是對爸爸的想念。

迎接新年來臨的時候，你在做什麼？別再忙著跟朋友八卦聊天，也別再忙碌工作或是努力傳簡訊，就簡簡單單地跟家人泡泡茶，看看電視，聊聊天，一起迎接新年的來臨吧！因為這是前世修來的緣份，一定要好好珍惜。

90 做個環保主義者

我們不是從我們的祖先繼承這片土地，
我們是向我們的子孫借來的土地。

~大衛．布勞爾（美國環保運動者）

一九九七年十二月十日，二十三歲的茱麗亞．希爾爬上一棵已有千年歲數的紅杉開始靜坐，她與「地球優先」這個組織為了要抵抗伐木公司的砍伐行動，便趁著滿月夜，在老樹上搭了一個可以瞭望地面的平台，為紀念這個滿月夜的行動，老紅杉從此以「月神」為名。

兩個月間，來自伐木公司的恫嚇行動一直不斷，他們出動直昇機，把「月神」的部分樹枝給絞斷，也幾乎要吹落搭在平台上的帳棚，茱麗亞卻從未因此而退縮動搖過，連「地球優先」的成員因為冬天將屆都要她停止靜坐，因為從沒有任何人能夠在樹上抵擋住嚴寒與暴風，萬一出了什麼差錯，組織並不想負此責任，堅強的茱麗亞卻說：「我並不屬於任何組織，所以『地球優先』也無需為我的行動負任何責任。」

但這並不代表護樹行動就會從此一帆風順，因為來自伐木公司的阻撓仍持續不斷，他們不但阻斷她的食糧補給線，還在晚上用探照燈騷擾她，希望靠此方法可以讓她知難而退自動下樹，但茱麗亞忍著暴風雪和嚴寒，還是不肯下來，在她幾乎喪失再撐下去的意志時，「地球優先」的救援隊也突破了伐木公司的封鎖，衝進去補充了茱麗亞的生活所需。茱麗亞對自己可能會突破人類在樹上生活天數紀錄這件事沒有太多的感覺，她認為自己不是為了要打破紀錄才上樹的，而是要喚醒大家注意這些老樹一旦砍掉就再也救不回來了，媒體的目光不該放在她一人，應把焦點擱在這些慘遭濫伐的森林上。

但一個更危急的消息又到來了，這次不是人類帶來的災害，而是有一個颶風此時正要經過這個區域，假使她不下樹的話，就難保生命安全了，她掙扎著是不是該下樹，因為此時伐木工人因為天氣惡劣已經遷離，她就算偷偷下樹再上去也不會有人發現，可是茱麗亞仍堅持做個言行合一的人，颶風來襲那天，她緊緊抱著「月神」，彷彿聽到這古老的大樹對她說：「放開一切，你才能在狂風裡屹立。」茱麗亞做到了，也在樹上度過了不可能的惡劣一天。

可是這樣過了半年，伐木公司已經從原先的恫嚇態度，轉變為不理不睬，不做溝通，伐木公司的發言人還說：「她高興待多久就待多久吧！」

一九九八年九月，茱麗亞又聽聞另一個讓她心碎的消息，伐木公司在另一處古紅杉森林又展開了行動，一個叫做「吉普賽」的環保組織年輕成員在與伐木工人產生口角後，被伐木工人砍下的樹壓死，消息傳來，茱麗亞痛哭得無法自已，她不明白為什麼僅僅為了保護環境，也會遭受這樣悲慘的命運，但這反而增強了茱麗亞的決心，為了「月神」、其他古森林與「吉普賽」，她必須更堅強。

女孩和大樹的故事很快就傳遍了全美，「月神」與茱麗亞的知名度一夕提升，伐木公司雖然想繼續漠視這個現象，卻抵擋不住輿論的壓力，於是他們在一九九九年十二月與茱麗亞簽署了一份合約，未來伐木公司會永久保留「月神」與其周圍約二百呎緩衝區，但茱麗亞不得任意進入伐木公司的林地內。

當茱麗亞從坐了七百三十八天的「月神」上下來時，馬上激動地跪下，親吻兩年來不曾碰觸的土地，然後蜷縮在一旁哭得無法自止，一旁的親友與支持者，看到這情形，也忍不住感動落淚。

不多時，茱麗亞站起來大喊：「我真的做到了！」然後哽咽地說，「我瞭解每個人都有不同的價值觀，我也知道，對有些人而言，我只不過是個擁抱樹木的骯髒嬉皮，但我實在不能瞭解，為什麼會有人拿電鋸砍掉這麼美麗雄偉的生命，怎麼忍得下心啊！」

如果人家問我，我家在哪裡？總會讓我想起一首歌——「我家門前有小河，後面有山坡」。小時候覺得門口的流水就是河，河水清澈，還可以抓魚；長大後，心中的小河，突然變成人家說的臭水溝，但那條小河，還是一直流在我心裡，一樣的清澈。

有一次夜半，我在窗邊讀書，忽然聽到一種東西被拋在河裡的聲音，起身開窗一看，赫然發現一大包垃圾在河上載浮載沉。

竟然有人——將這麼一大包——垃圾，直接從公寓陽台丟到河（不，是水溝）裡面，而我卻沒看到是誰丟的！

這就是現代人的公德心嗎？

一直耳聞新加坡的法令很嚴格，甚至禁止吃口香糖，亂丟垃圾的人還會遭到鞭刑，所以新加坡給人的感覺是乾淨整齊的城市，但聽說新加坡的人民去到外國，就拚命亂丟垃圾，生態專家陳玉峰說：「一個不懂得尊重自己土地的人，不論今天他到那一片土地、那一個國家，甚至移到月球上去，都不可能是一個奉公守法、有良知的好公民。」

台灣經過風災、水災、地震，一次次讓這片土地滿目瘡痍，每一次的浩劫之後，卻依然濫墾濫伐，家門前的水溝以前不曾淹水，現在只要下大雨河水就暴漲，漫過河堤，這些災害，難道只是天災？不是因為人類過度不尊重自然造成的結果嗎？

曾經因為一篇觀察老鷹的報導文學得到中時文學獎的生態作家沈振中說：「人類應該學習謙卑，學習在大自然裡沉默，如此才能真正聽到看到大自然。」我們現在已經看到聽到大自然，不是因為我們的謙卑與沉默，而是大自然正向我們反撲，對我們的不尊重，發出怒吼。

保護自然人人有責，不只是政府的事，而是每一個生存在地球上的公民，該盡的責任。

91 參加體能或智力競賽

奧林匹克運動會最主要的意義重在參加，而非獲勝，正如人生的真諦，重要的並非征服他人，而是檢視自我的努力及奮鬥有方。

~美國賓夕凡尼亞州大主教（於一九〇八年倫敦奧運前致辭）

二〇〇八年北京奧運，台灣的跆拳道代表隊背負著國人期望出征，其中被美國《運動畫報》預測為最有奪金相的女將蘇麗文，首場比賽就因扭傷膝蓋韌帶而敗北，落入敗部，在大家都不看好的情況下竟擊敗紐西蘭選手進入銅牌爭奪戰，當時多數國人以為依她傷重的程度應該不會再出賽，卻不料蘇麗文拖著無力的左腳出席銅牌賽，她說：「我要為生病的父親而戰！」

這場比賽裡，蘇麗文僅能用無傷的右腿進行攻擊，全台灣的觀眾因她的拼勁與毅力，都流下了眼淚，三場比賽裡，她摔倒了十一次，卻不斷爬起來應戰，賽前也堅拒教練丟毛巾投降，「如果他丟出來，我就假裝是擦汗的毛巾撿起來擦一擦，再丟回去。」

蘇麗文最後沒能拿下獎牌，奮戰精神卻撼動了許多人，登時網路上蘇麗文這段跌倒又爬起的影片成為超級熱門點播，大家都直呼蘇麗文是真正的金牌得主，但蘇麗文說：「帶著韌帶斷裂和骨折的傷勢拼戰，其實是錯誤示範。」

但蘇麗文享受了自己最後一場奧運比賽，不僅僅以運動精神拼戰到最後一秒，也帶給所有期盼金牌卻落空的台灣鄉親們一場感動的比賽，賽後蘇麗文說：「在這麼高的殿堂比賽，戰死也值得，努力這麼久了，有義務堅持到最後，作個榜樣給大家看。」

有一陣子我每天慢跑約六公里，距離約等於一般國小田徑場三十圈左右，六公里聽起來很困難，但我每次增加一點點距離，大約在兩個禮拜後，就開始了固定六公里的慢跑，跑步這件事很奇怪，只要你跑了一陣子後，就會突然對馬拉松之類的比賽著迷起來，當然，在讀過以下這個故事後，我好像對馬拉松更了解一點了。

有一個不知名的日本選手山本田一在一九八四年的東京國際馬拉松邀請賽中，得到了冠軍，由於實在沒有太多人知道這個選手，因此當記者問他為什麼能拿到第一名時，他什麼也沒講，只說：「我靠的是智慧。」

老實說，馬拉松不是很容易的運動，考驗的不但是爆發力，還有體力與耐力，當然若你的意志不夠堅強，也很難得到任何好成績，但這到底跟智慧有什麼關係，倒是讓其他人都想不透，可是這個不被媒體放在眼裡的矮小選手，卻在兩年後的義大利國際馬拉松邀請賽再度獲得冠軍，當記者再問他拿到冠軍的秘訣時，山本還是說：「我靠的是智慧。」

十年後，山本出了自傳，終於自行解開了他口中靠智慧獲得馬拉松冠軍的謎團，原來他在比賽前都會乘車把路線看一次，然後再把沿途較為醒目的地標記下來，例如第一個是銀行，第二個是一棵樹，第三個是一棟紅色的房子，一直到終點為止，沿途中，他會記下許多地標，然後以短程的心情跑到第一個地標，再以短跑的爆發力跑到第二個地標，這樣一路跑下去，可以把幾十公里的路程分解成許多段，而非總是把目標放在幾十公里外那個終點上，不但能夠激勵自己，也可以知道自己究竟還應該保留多少體力以做最後衝刺。

運動比賽當然得比天賦體能是否過人，得比訓練功夫是否紮實，得比臨場表現是否平穩，但不多用點頭腦是不行的，為了要贏，許多人會下苦功去研究對手的優缺點，會用戰術讓自己取得上風，僅僅想贏，卻忘掉了一場競賽裡最重要的宗旨其實是，檢視自己對這件事究竟做出多少努力，今日你有機會參加競賽，就必須瞭解所有比賽的真諦——挑戰自我、超越極限，不能理解的人，終究也跟那些靠著違禁藥品瞬間增強體能肌力的選手沒什麼兩樣。

92

體會苦難生活的滋味

苦難顯才華，好運隱天資。

~賀拉斯（古羅馬詩人）

有位門人曾在雲南做縣令，他家道貧寒，只帶了一個兒子、一個書僮，拮据地前往省城等待補缺。過了好久，終於被任為雲南中部某縣縣令，是比較富裕的地方。但距省城很遠，他的老家又在鄉下，寄信很不容易。偶爾收到一封家書，都已過了許久，所以妻子幾乎與他斷了音訊，只約略知道他是在某縣做官而已。

一天，縣令的一個僕人因舞弊被杖責後驅逐，這個僕人懷恨在心，又因他頗為了解縣令家的事情，所以就偽造書僮的信說：主人父子先後去世，如今靈柩仍停在佛寺，請借錢來迎回去。並陳述縣令遺言，對家事的處置十分詳細。

縣令的妻子信以為真，只好發出死訊通知親友。當初，縣令赴雲南時，親友以為，他性情樸訥未必能補缺；就算是補了缺，也不會有什麼好地方。後來聽說他在此縣做官，才願意與他家來往，並時有接濟相饋。偶爾他兒子要借貸金錢，別人也會答應，還有要結為兒女親家的。鄉人有宴會，他兒子沒有不參加的。

可是收到這封信，親友都大為沮喪，有來弔唁的，有不來弔唁的。漸漸地，有人來逼債，有人在路上見了裝作不認識。僮僕婢奴全部藉口離職，不到半年，門庭冷落，再也無人光臨。

不久，縣令託一位進京的官員寄來兩千金，家人才知道前面那封信是假的。全家破涕為笑，如在夢中。親友往來亦漸漸熱絡。後來縣令寫信給自己的好友說：「一貴一賤的情境，身歷其境的人很多；一貧一富的景況，親身經歷的也不乏其人。像我這般忽生忽死，死逾半載而復生，中間情事，能親身體驗的，大概只有我一人吧！」

（摘自《紀曉嵐的人生啟示》，黃晨淳）

有個窮人家的孩子經常遭受他人嘲弄，小孩認為自己家境貧寒，又是黑人，以後絕不可能有什麼出息，便相當喪氣，作水手的父親似乎看出他的心思，就藉著跑船的機會帶兒子去參觀梵谷舊居，在看過那張小木床及梵谷破舊的皮鞋後，兒子問父親：「梵谷不是百萬富翁嗎？」父親回答：「梵谷很窮，連老婆都娶不起。」次年，父親又帶兒子去丹麥，在安徒生的故居前，兒子困惑地問：「爸爸，安徒生不是住在皇宮裡嗎？」父親答：「安徒生是鞋匠的兒子，一家人就住在這間小閣樓裡。」

小孩叫做伊東•布拉格，是美國歷史上第一位獲普立茲獎的黑人記者。二十年後，在回憶童年生活時，他說：「那時我們家窮，父母都是靠勞力為生。我一直以為像我們這樣地位卑微的黑人是不可能有什麼出頭天的。幸好父親讓我認識了梵谷和安徒生這兩個人，證明上帝並沒有看輕卑微。」

當我們看到名人的光環時，總以為那是天上掉下來的禮物，人家運氣好，我就是不走運。所以我們在書局上看到很多速成之類的書，比如說三分鐘學會某事，快速學英文等等之類的，打上速成的招牌，通常能吸引消費者的眼光，而這背後的意義卻代表著現代人「想要」卻又不想太「努力」，最好是能不勞而獲。

引起全球奇幻風潮的《哈利波特》作者J•K•羅琳，在還沒成為現在的富婆之前，只是個貧窮的單親媽媽。從小就喜歡寫作的羅琳，離婚後找不到工作，只靠著微薄的失業救濟金養活自己和女兒。她常常在離家不遠的咖啡館寫作，因為沒有多餘的開支，通常只點一杯卡布奇諾就寫上一整天，《哈利波特》就是在那樣艱困的環境下逐漸成型。羅琳不會知道當初寫《哈利波特》能讓她名利雙收，從領失業救濟金到現在成為全球知名的暢銷書作家，《哈利波特》是她在困苦中的甘泉，讓她在苦難的生活中甘之如飴，如果沒有苦難的羅琳，會有在麻瓜家庭備受虐待仍能迎接困難面對挑戰打敗佛地魔的哈利波特嗎？

靜海造就不出熟練的水手，體會苦難，才能讓人在磨難中琢磨，而後發光發亮。

93 在陌生的環境裡謀生

教育不是為了教會青年人謀生，
而是教會他們創造生活。

～威廉．艾倫．懷特（美國作家）

日本京都除了各式各樣的廟宇外，另一個重要的特色就是祇園的藝伎，這個古老又神秘的行業，由於訓練過程相當艱辛，連一般日本女孩都不願意輕易嘗試，但一個俄羅斯女記者達莉亞．阿斯拉莫娃卻毅然決定下海當一次藝伎，為的只是想探索日本文化神秘奇異的一面。

但當藝伎並不容易，尤其對相當排斥外人的日本傳統社會來說，更是難上加難，於是跟京都藝伎一樣，達莉亞先找了一個所謂的「贊助人」負責她一部分開銷，她找到的這個贊助人是對俄羅斯女人很感興趣的某個億萬富翁，贊助人找到後，達莉亞便開始圓自己的藝伎夢了。

真正當藝伎那天，達莉亞又緊張又興奮，她被帶到一個藝伎專用的美容院，先讓化妝師在她臉上打了一層透明的底，然後就被用力地抹上白粉，最後才化上非常濃的粧，化好粧時達莉亞簡直不敢相信自己就是鏡子裡那個白得嚇人的日本娃娃。

化完粧後便需要穿和服，此時達莉亞也發現自己本來引以為傲的高䠷身材、長腿、細腰，在穿和服時竟然完全變成扣分的部位，圍裹上和服後，因為腰帶纏得又多又緊，連呼吸都變得非常困難。梳頭更是酷刑一件，為了要戴上藝伎的假髮，達莉亞的頭髮被插進無數根髮簪和髮夾，她哭也不是叫也不行，因為哭會弄花臉上的粧，叫的話似乎也不會有人安慰她。

這些行頭算算大概有十三公斤重，穿著和服本就不容易走路，加上不熟悉的木屐，更是一大挑戰，達莉亞才穿上木屐就差點摔倒，幸好旁人及時扶住才免於此難，當她巍巍顫顫地踏著小碎步走在街上時，簡直舉步維艱，連坐車時都不容易塞進車廂。

抵達藝伎館現場時，其他藝伎和客人都已經候著了，達莉亞一眼就看到自己的贊助人，但他剛開始時並沒有認出她，只是漠然地望了她一眼，當他忽然察覺這個有點笨拙的新藝伎就是自己心儀的俄羅斯女人時，臉上突然換成了難以形容的複雜表情。

才坐了五分鐘，達莉亞的腳就開始麻了，換個姿勢卻發現身體重心開始傾斜，另一個年長的藝伎看她臉色不對，就示意其他人把她送回剛才去過的美容院，於是達莉亞的第一次，也是最後一次「登台」，就在這樣凌亂的場面中收場了。

升大四那年暑假，因為要準備研究所的甄試論文，若再要往返學校家裡不免舟車勞頓，跟媽媽商量，想搬到學校附近去住。於是，我便開始展開搬家計畫（人生第一次賃居在外）。

首先，我先打聽了哪裡有便宜的房子可租，結果順利的經由學姊介紹找到一間很大又便宜的雅房，唯一的不便就是與房東一家同住。因為盤纏不夠，所以還徵得房東同意，可以先付暑假兩個月的房租，開學再付學期房租。

就這樣，我在只付得起兩個月房租的情況下，在學校附近開始第一次的外宿生涯。暑假照例我得再去打工賺錢才能付房租費，並儲蓄將來一學期的零用花費。由於以往都是下完課就回家，所以對學校附近很不熟，但還是得先找到工作。

我上網找，到學校的公佈欄看，都沒有看到附近有合適的工作，我只好騎著車開始掃街看哪個店外貼了紅單找人。學校在一個樸實的小鎮，除了時薪工讀生，不太需要正式的職員，但時薪工作無法支付我未來的房租，所以只能繼續努力的找。

小鎮很安靜，我一邊騎車一邊注意紅單子，有的街走過了又走，有家第一次經過時沒有貼紅單的店，第二次再經過時，竟發現老闆正在貼紅單子，我趕快下車跟老闆報名，就這樣幸運地找到了工作，學期開始，也依約付清了一學期的房租，安心的住下來準備論文。

常常在馬路上碰到摩門教徒或是外國人，不禁都要想，是什麼力量讓他們離鄉背井來到這樣一個城市謀生？摩門教徒無非是因為信仰，那其他人呢？只要有勇氣，你隨時可以背起行囊出發到一個陌生的環境，落地生根。或許，那裡就會成為你人生的第二個故鄉。

94 在曠野中露宿

當你離馬路越遠時，你需要的刀便越大。

~野外求生者箴言

現在牠不會畏懼去面對任何對手。因為那持棍棒的紅毛衣男子已在牠的身體打入了原始的法則。當牠還在文明杜會時，可以因道德而為米勒法官的馬鞭付出生命；但當牠除去文明時，自然可以脫離道德層面，只就生死存亡的角度來考量某些問題，所以牠偷東西不是為了好玩，而是因為飢餓難忍。但由於尊重棍棒及牙齒的威嚴，牠並沒有堂而皇之搶奪，而是隱秘又小心地偷取。反正牠之所以會這麼做，完全是因為做比不做還容易活下來罷了。

牠的進展（也可以說是退化）非常快速。此時牠的肌肉已變得像鐵一樣硬，也不在乎一般的痛楚。並使內外在取得了協調，牠現在吃得下任何東西，無論那是如何淡而無味或難以消化的食物，只要吃了之後，牠的胃都可以吸收其中最細微的養分，牠的血液也能帶著它們到全身上下，建立起最堅韌強壯的組織；牠的視力與嗅覺變得異常敏銳，聽覺發達到可以聽出最小的聲音，並分辨出它代表的是安全還是危險的訊息。牠學會用牙齒把牠趾間結凍的冰咬出；當牠覺得口渴，又發現水面上結了一層冰時，牠會抬起強壯的前腳把冰打破。牠最突出的本事是可以從風中聞到這天晚上天氣的好壞。不管空氣如何平靜，牠總能在樹邊或土坡，挖個等到起風時還能暖和躲在裡面的窩。

除了憑藉經驗外，在牠體內沉睡已久的本能也復甦了。家庭生活早已離牠遠去，牠模模糊糊地憶起自己那個種族與成群野狗穿過原始林，追趕及捕殺獵物的時光。學習用牙齒撕裂以及像狼一般的戰鬥方式，對牠而言都不是什麼難事。因為牠的祖先本來就是這樣做的，牠們在體內再度重生，這種遺傳自血脈的技巧無須努力發掘，彷彿早已成為習慣似地俯拾皆是。在寂靜的寒夜裡，當牠昂首向星光投以狼一般長嗥時，就像那些早已回歸塵土的祖先們昂首向著星光長嘯，並穿過數世紀的時光傳到牠身上。那是一樣會呼喊出牠們的悲痛，也就是寂靜、寒冷與黑暗的咆哮聲。

（摘自《野性的呼喚》，傑克・倫敦）

現在的小孩真的很幸福，我的第一次露營是國中二年級要升國三的暑假才發生的，姊姊的女兒小蘋果才唸中班，學校就要帶她們去露營了。

小蘋果在電話裡面興奮的說：「阿（請唸第三聲）姨，我告訴妳喔，『親』期六老師要帶我們去飛牛牧場露營喲！」

（什麼！太好命了，阿姨連飛牛牧場都還沒去過！）

「真的喔～好好喔，阿姨也要去。」

「不行啦，老師說這次只有小朋友可以去，把拔馬麻跟阿姨都不能去。」

（真是，我也只是說說，還那麼認真不讓我跟，害我愈想去）

「這樣喔，不管啦，阿姨沒去過要去。」

「那妳可以『志』己去啊！」

（虧我那麼疼妳，這無情的小傢伙）

「嗚～～妳都對我不好，不讓我跟。」（這時的阿姨已經跟小蘋果同年紀）

「阿姨，別這樣啦，要乖乖聽話，下次老師說可以去讓妳去……」

還記得小時候最常玩的家家酒就是用椅子和棉被假裝是帳篷，可以在野外搭帳篷露營是小時候最大的心願。如今，三歲的小蘋果竟然已經可以去露營了。

我想起國中第一次去露營的情景，和朋友一起圍在營火邊的談心，熊熊的火光，可以融化彼此的距離，經過一夜的溫暖，都成為彼此的好朋友；夜遊的時候，每個人手牽手，一邊聽鬼故事還一邊尖叫自己嚇自己；夜深人靜，躺在帳篷裡，萬籟俱寂，卻假想著遠方似乎有雙銳利的眼睛伺機而動，因而緊張地無法入睡；露水會沾濕帳篷，有人偷懶不搭外帳，一大早就被露水打醒；還有升不起火卻弄得灰頭土臉的模樣，大家一起搶吃克難煮出來的食物……，露營的回憶點點滴滴，充滿了新奇有趣的經驗，真是讓人想馬上再出發去露營。

小蘋果露營回來後，我問她好不好玩，小蘋果想了想搖搖頭說：「不好玩！」我問她為什麼，她說：「因為都要一直吃東西，好無聊喔！」我再問她，那怎樣才會覺得好玩？她說：「有溜滑梯的地方就很好玩啊！」

現在的小孩子真不知該說是太好命，還是太可憐了。

95 到異鄉作客

我的心遺失在海德堡。

～約翰・W・V・歌德（德國詩人）

歇卜士太太（Mrs. Hibbs）沒有來過中國，也並不怎樣喜歡中國，可是我們看，她有中國那老味兒。她說人家笑她母女是維多利亞時代的人，那是老古板的意思；但她承認她們是的，她不在乎這個。真的，耶誕節下午到了她那間黯淡的飯廳裡，那傢俱，那人物，那談話，都是古氣盎然，不像在現代。這時候她還住在倫敦北郊芬乞來路（Finchley Road）。那是一條闊人家的路；可是她的房子已經抵押滿期，經理人已經在她門口路邊上立了一座木牌，標價招買，不過半年多還沒人過問罷了。那座木牌，和籃球架子差不多大，只是低些；一走到門前，準看見。晚餐桌上，聽見廚房裡尖叫了一聲，她忙去看了，回來說，火雞烤枯了一點，可惜，二十二磅重，還是賣了幾件傢俱買的呢。她可惜的是火雞，倒不是傢俱；但我們一點沒吃著那烤枯了的地方。

她愛說話，也會說話，一開口滔滔不絕；押房子，賣傢俱等等，都會告訴你。但是只高高興興地告訴你，至少也平平淡淡地告訴你，決不垂頭喪氣，決不唉聲歎氣。她說話是個趣味，我們聽話也是個趣味（在她的話裡，她死去的丈夫和兒子都是活的，她的一些住客也是活的）；所以後來雖然聽了四個多月，倒並不覺得厭倦。有一回早餐時候，她說有一首詩，忘記是誰的，可以作她的墓銘，詩云：

這兒一個可憐的女人，
她在世永沒有住過嘴。
上帝說她會復活，
我們希望她永不會。

其實我們倒是希望她會的。道地的賢妻良母，她是；這裡可以看見中國那老味兒。她原是個闊小姐，從小送到比利時受教育，學法文，學鋼琴。鋼琴大約還熟，法文可生疏了。她說街上如有法國人向她問話，她想起答話的時候，那人怕已經拐了彎兒了。結婚時得著她姑母一大筆遺產；靠著這筆遺產，她支持了這個家庭二十多年。歇卜士先生在劍橋大學畢業，一心想作詩人，成天住在雲裡霧裡。他二十年只在家裡待著，偶然教幾個學生。他的詩送到劍橋的刊物上去，原稿卻寄回了，附著一封客氣的信。他又自己花錢印了一小本詩集，封面上注明，希望出版家採納印行，但是並沒有什麼迴響。太太常勸先生刪詩行，譬如說，四行中可以刪去三行罷；但是他不肯割愛，於是乎只好敝帚自珍了。歇卜士先生卻會說好幾國話。大戰後太太帶了先生小姐，還有一個朋友去逛義大利；住旅館雇船等等，全交給詩人的先生辦，因為他會說義大利話。幸而沒出錯幾。臨上火車，到了站台上，他卻不見了。眼見車就要開了，太太這一急非同小可，又不會說給別人，只好教小姐去張看，卻不許她遠走。

好容易先生鑽出來了，從從容容的，原來他上「更衣室」來著。

太太最傷心她的兒子。他也是大學生，長的一表人才。大戰時去從軍；訓練的時候偶然回家，非常愛惜那莊嚴的制服，從不教它有一個折兒。大戰快完的時候，卻來了惡消息，他盡了他的職務了。太太最傷心的是這個時候的這種消息，她在舉世慶祝休戰聲中，迷迷糊糊過了好些日子。後來逛義大利，便是解悶兒去的。她那時甚至於該領的恤金，無心也不忍去領——等到限期已過，即使要領，可也不成了。……

太太不上教堂去，可是迷信。她雖是新教徒，可是有一回丟了東西，卻照人家傳給的法子，在家點上一支蠟，一條腿跪著，口誦安東尼聖名，說是這麼著東西就出來了。拜聖者是舊教的花樣，她卻不管。每回作夢，早餐時總翻翻占夢書。她有三本占夢書；有時她笑自己；三本書說的都不一樣，甚至還相反呢。喝碗茶，碗裡的茶葉，她也愛看；看像什麼字頭，便知是姓什麼的來了。她並不盼望訪客，她是在盼望住客啊。到金樹台時，前任房東太太介紹一位英國住客繼續住下。但這位半老的住客卻嫌客人太少，女客更少，又嫌飯桌上沒有笑，沒有笑話，只看歇卜士太太的獨角戲，老母親似的嘮叨叨，總是那一套。他終於托故走了，搬到別處去了。我們不久也離開英國，房子於是乎空空的。去年接到歇卜士太太來信，她和女兒已經作了人家管家老媽了；「維多利亞時代」的上流婦人，這世界已經不是她的了。

（摘自〈房東太太〉，作者朱自清為中國近代知名作家）

很多現代人都想逃離現在的生活，到異鄉去生活一陣子，不為什麼，只因為忙碌的都市生活，讓人每天精力耗盡，回到家，也沒有餘力再想其他，很快就覺得自己空盪盪的，沒有實感，不時在腦海裡出現為誰辛苦為誰忙的無奈。於是，異鄉就成了尋找心靈故鄉的地方。

卡謬寫過一本存在主義的典型小說《異鄉人》，因此而獲得諾貝爾文學獎，故事完全不是在說人到外地去生活的情景，而是敘述一個青年每天過著單調無聊的生活，突然有一天接到母親過世的消息，在參加完喪禮過後，一個熾熱的午后，他開槍射殺了一個阿拉伯人。被抓後他坦言不諱，完全不為自己辯解，連法官問他為何在母親葬禮毫不悲傷，也不反駁，他用「冷漠」來拒絕這個荒謬的社會，同時拒絕為自己脫罪。

如果人的存在是一場荒謬，那麼人該如何逃離這樣的荒謬而繼續存在？如果你像《異鄉人》選擇沉默不語，無疑是放棄了自己，走向更空洞的深淵，最後走向滅亡。唯有逃離到異鄉，心靈才會渴望歸處，才能暫時逃離現實的無奈與徬徨。你是不是極度厭煩現在的生活，就讓心暫時逃到異鄉吧，異鄉的存在是為了讓你在一切都無法再承受時，還可以逃離的地方，也唯有這樣，你才能再度回來，繼續溫暖人間。

96

到遠方旅行

世界是一本書，不旅行的人只讀了其中一頁。

～聖奧古斯丁（北非基督教神學家）

夜間十二點半從鮑爾陀開出的急行列車，在清晨六點鐘到了法蘭西和西班牙的邊境伊隆。在朦朧的意識中，我感到急驟的速度寬弛下來，終於靜止了。有人在用法西兩國語言報告著：「伊隆，大家下車！」

睜開睡眼向車窗外一看，呈在我眼前的只是一個像法國一切小車站一樣的小車站而已。冷清清的月台，兩三個似乎還未睡醒的搬運夫，幾個態度很舒閑地下車去的旅客。我真不相信我已到了西班牙的邊境了，但是一個聲音卻在更響亮地叫過來：

「伊隆，大家下車！」

匆匆下了車，我第一個感到的就是有點寒冷。是清曉的氣冷呢，是新秋的薄寒呢，還是從比雷奈山間夾著霧吹過來的山風？我翻起了大氅的領，提著行囊就往出口走。

走出這小門就是一間大敞間，裏面設著一圈行李檢查台和幾道低木柵，此外就沒有什麼別的東西。這是法蘭西和西班牙的交界點，走過了這個敞間，那便是西班牙了。我把行李照別的旅客一樣地放在行李檢查台上，便有一個檢查員來翻看了一陣，問我有什麼報稅的東西，接著在我的提箱上用粉筆劃了一個字，便打發我走了。再走上去是護照查驗處。那是一個像車站上賣票處一樣的小窗洞。電燈下面坐著一個留著鬍子的中年人。單看他的炯炯有光的眼睛和他手頭的那本厚厚的大冊子，你就會感到不安了。我把護照遞給了他。他翻開來看了看里昂西班牙領事的簽字，把護照上的照片看了一下，向我好奇地看了一眼，問了我一聲到西班牙的目的，把我的姓名錄到那本大冊子中去，在護照上捺了印；接著，和我最初的印象相反地，他露出微笑來，把護照交還了我，依然微笑著對我說：「西班牙是一個可愛的地方，到了那裡你會不想回去呢。」

真的，西班牙是一個可愛的地方，連這個護照查驗員也有他的固有的可愛的風味。

這樣地，經過了一重木柵，我踏上了西班牙的土地。

過了這一重木柵，便好像一切都改變了：招紙，揭示牌，都用西班牙文寫著，那是不用說的，就是剛才在行李檢查處和搬運夫用沉濁的法國南部語音開著玩笑的工人型的男子，這時也用清朗的加斯諦略語和一個老婦人交談起來。天氣是顯然地起了變化，暗沉沉的天空已澄碧起來，而在雲裡透出來的太陽，也驅散了剛才的薄寒，而帶來了溫煦。然而最明顯的改變卻是在時間上。在下火車的時候，我曾經向站上的時鐘望過一眼：六點零一分。檢查行李，驗護照等事，大概要花去我半小時，那麼現在至少是要六點半了吧。並不如此。在西班牙的伊隆站的時鐘上，時針明明地標記著五點半。事實是西班牙的時間和法蘭西的時間因為經緯度的不同而相差一小時，而當時在我的印象中，卻覺得西班牙是永遠比法蘭西年輕一點。

（摘自〈在一個邊境的站上——西班牙旅行記之三〉，作者戴望舒為中國近代詩人與散文作家）

有時候旅行彷彿需要的只是一種心情而已，黃韻玲有首叫做〈遠方〉的歌是這麼講的：「我最想去的地方……那兒有八月的風吹，一月的太陽照耀。」旅行的人總想著要去遠方，不管飛行時間多長、碰到亂流時有多恐怖都可以忍受。

但我一直都喜歡飛機起飛時的加速感，雖說起飛其實是飛行過程中最危險的時刻，但不知道為什麼，那逐漸加快，加快，笨重的機身乍然脫離地面，輕盈地飛起來的感覺，如同一道電流流過身體，就是會讓我的腎上腺素加速分泌，覺得特別愉快。

旅行這種事每每也挑戰人類最大極限，不管是陌生的環境、語言不通、找不到路、旅伴的相處問題，或是突然碰到的意外，但一切的害怕，都抵擋不了想藉著旅行成就的所有。

旅行是什麼呢？有人是這麼說的，「旅行通常不過是一種逃避現實的無效的手段。」愛默生也說，「旅行是傻瓜的天堂。」難道說，花了大筆金錢與時間去旅行這件事，說到底也不過只是為了逃避現實的傻瓜行為嗎？

小林紀晴在他的《日本之路》一書中說了，旅行就是「離開這裡，到某處去」，離開了之後，才瞭解了原來離開的那個地方是什麼樣子，這麼說來，在逃避現實的當下，是迷惘的，回來時卻已經清楚了，或是終究瞭解自己到底為什麼要出門，因為你想的還是要回來那一天，不管你走得多遠，只要還會回家，旅行就永遠不會變成流浪。

旅行是很奇怪的個人修行，假使像大拜拜一般走馬看花，或許只會得到無比的疲勞與眼花撩亂的各地風光，如果細心點，會發現連住旅館都能得到意外的樂趣，關上門，旅館獨特的幸福感受便自然泉湧而至，那是一種夾雜陌生、新鮮以及享受的奇異感覺，每天回到飯店時，你總會發現房間清潔工用自己的思考邏輯跟你做了奇異的拔河：毛巾要全換？還是部分換？香皂衛生紙，添上新的，或是換上新的？昨天的報紙，拿走？繼續放著？

不是只有出外才能看到新鮮事物，即使回到旅館也是樂趣冒險，只是你得用心觀察，才能編造出屬於自己的一套旅行哲學，說不定屆時，你會發現所謂的遠方，不在哪裡，也許只在你自己心裡。

97 換個角度看世界

世界上最空虛的，就是那些滿腦子只裝著自己的人。

～班傑明·惠奇科特（英國哲學家）

某天，有位莊稼漢與他的孩子一同趕著驢子前往市集，想要趁著人潮多時將驢子賣個好價錢。為求得到更好的售價，這位父親和兒子不敢讓驢子太過勞累，便捆起了驢子的雙腳並且用擔架將牠扛了起來，急急忙忙前往市集。

在趕路途中，有位路人見他們氣喘吁吁地扛著驢子，反倒是驢子一派悠閒，忍不住嘲笑起父子倆：「怎會有如此愚蠢的人呀！這兩個人比驢子還要笨，哪有人有了驢子竟不知用牠來載人，還扛著牠走，真是怪事一樁。」於是父子倆終於了解自己的無知，便卸下驢子，父親讓兒子騎在驢背上，自己則跟在後頭趕路。

路上又碰到三位好心的商人，他們看見這個情景，便開始為父親打抱不平，他們嚷嚷：「怎麼會有這麼不孝的兒子呀！竟然自已騎著驢子而讓父親走路，世上沒有天理了嗎？」其中一位年紀較長的商人更忍不住大聲斥責起騎驢的孩子：「唉！這像話嗎？你快點下來，沒人告訴你應該要侍奉長輩嗎？你應該要跟在後面，讓長輩騎驢才對呀！」父親聽了覺得頗有道理，於是便要孩子下來換自己騎上去。

兩人走了一段路之後，碰到一群少女，這時她們又有話說了。「真是難為情呀！這父親自己坐在驢背上真像個主教，可真是威風呀！也不想想後頭的孩子年紀還這麼小，就這樣讓他在後頭趕路，未免也太狠心了吧！」父親想了想，覺得她們的話似乎也有道理，便叫孩子一起坐在驢背上，心想：「這下你們可沒話說了吧！」

沒想到過了沒多久，前方又來了一群人，這些人見到這對父子都騎在驢上，又批評了一番：「唉呀！這也太過分了，兩個人都騎在驢子上面，驢子會受不了的，沒多久這驢子就會被壓死了，就算到了市集，大概也賣不到什麼好價錢了吧！」不勝其煩的父親嘆了口氣說：「唉！要滿足全世界人的要求實在太難了，不管我怎麼做他們總是有話說。」最後父親做了決定，他和孩子都跳下來，讓驢子趾高氣昂地獨自走在前頭，兩人則跟在後面。

沿路上有人見到這個場景，便好奇地問：「怎麼？為什麼放著好好的驢子不用，自己卻氣喘吁吁地跟在後面呢？難道是因為太愛惜驢子，還是現在流行這樣做？」這時的父親已不再三心二意，他回說：「一路上有不少人提供意見跟想法，大家說的都有道理，但不管怎麼騎都有毛病可挑，從現在起，我要照著我的想法去做，別讓人影響我了。」

（摘自《拉封丹的寓言智慧》，涂頤珊）

一對雙胞胎兄弟因為包皮手術失誤讓哥哥痛失陰莖，年輕無助的父母在極端歉意下，選擇了讓哥哥靠手術成為女性，但十數年後，這個劃時代的實驗計畫在被選擇改變性別的哥哥堅持下中止了……

這是《性別天生》一書談到的一個真實案例，究竟是當女生比較好，還是當男生比較好？經歷過非自願變性手術與心理治療的主人翁大衛曾提及自己從女生變成男人，最大的好處或許是，如果不曾親身當過女人，自己或許會成為一個對女人大呼小叫漠不關心的粗魯男人。電影《男人百分百》裡的梅爾•吉勃遜因電擊而突然聽得到女人內心話那一刻，這個自覺風流倜儻，深受女人歡迎的男人，悚然察覺對他微笑的女人其實正在嘲笑他，看了他一眼的陌生女人並非對他有意思，而是覺得他的模樣很色，他這才知道自己在別人眼中是這樣膚淺的傢伙。

也許我們永遠會被偏見所困，無法看到事實全貌，可是當你把自己放在別人的角度時，才會發現世界不是永遠這樣一成不變，日劇《美麗人生》裡，當坐著輪椅的女主角跟男主角說，「嘿，一百公分的人生也是很美的。」男主角也真的蹲下來以一百公分作為視角，才發現這與他原本的視線角度相差七十公分的世界，看來真的很不一樣，很多景色似乎容易被其他東西擋到，只能看到一部分，而在正常人看來非常容易進出的餐廳，此時也顯得窒礙難行，於是他想到了自己經歷這樣的過程不過短短幾小時，就覺得難以忍受，對方卻得這樣過一輩子，當四肢健全的同事語出嘲諷時，他才真的發現，自己根本不知道別人究竟過著什麼樣的生活，也許他無法理解必須終身靠輪椅行動究竟是什麼感覺，卻可以藉著體諒而激發出對另一族群的關懷。

你準備好了嗎？試著用別人的角度來看這個世界，也許會看到更美麗的風景呢！

98

享受網路世界帶來的便利

你可以在網路社會中，過農業社會的生活，
卻做著工業社會提供的工作機會。

~溫世仁（明日工作室創辦人，英業達集團副董事長）

春天才剛從冬眠中甦醒，黃土地上冒著青青嫩嫩的芽，天津的夜晚還凍著，走在路上還不自覺得將手抱在胸前或是呵氣溫暖。

彭海納在夜色裡，走出溫暖明亮的天津英業達辦公大樓，胃裡還是空蕩蕩的冷著，他停在一個小麵攤前，坐下來點了碗麵。晚上九點鐘，麵攤的十歲小女孩幫著媽媽一起收拾碗筷，女孩白嫩的手凍得發紅，端來彭海納點的麵。

那一晚，彭海納再也無法睡得安穩，他考慮了一陣子，最後用e-mail發了一封辭職信給天津英業達分公司的林光信總裁，辭職的理由是——在公司裡太舒適了。

離開舒適的環境，彭海納參加了志願教師的服務，被分發到了黃羊川職業中學任教。

黃羊川，一個曾經有黃羊出沒的地方，彭海納去以前，還未曾有詩人的印記，之後，林光信總裁到了那裡，後來英業達副董事長溫世仁也去了，之後的之後，世界就來到祁連山腳下，為黃羊川開了一扇通往世界的窗。

到了黃羊川職中任教的彭海納，時常寫電子信件給以前的同事，告訴他們那裡的情形，「去年由於天旱，第一次撒的種沒出來，第二次種也只出了百分之五、六十。大多數人家連口糧都沒收上。」「他們對雨水的期待、埋怨和無奈也深深地影響著我……雨水不好，莊稼就不好，下一年孩子們就會大量失學。」

二十一世紀，我們在台灣只要出門轉角就有便利商店，隨時想買就能去買，在祁連山腳下黃羊川的農民，卻還要看天吃飯，每年種的小麥除自足再無其他，如果連天都不下雨，那自足都成了問題。

看了信之後，林光信總裁也來到黃羊川，當他聽到職中的校長說學生喝不起熱開水，只能喝生的涼水，大多只吃饅頭配涼的麵湯，冬天的黃羊川天寒地凍，甚至到零下一二十度，而學生們只能就一碗冰涼的麵湯裹腹，林光信總裁決定自掏腰包，每個月捐助二千五百元人民幣，讓三百多個黃羊川的學生都能吃飽。在台灣現在年輕人的消費，一個月光刷卡費就要上萬台幣，但在黃羊川，只要上萬台幣，就能讓三百多個正在發育成長的學生飽餐一頓。

林光信還認為給錢不是解決貧窮問題最好的方法，而是要讓他們的心智開放，網路可以幫助這些看不到外面的孩子們發現新世界。回到天津，他決定由公司捐贈電腦和網路設備給職中，派員工培訓職中的老師，協助學校架網成立網吧。

網路連接到黃羊川，也讓黃羊川開始與世界接軌，學生們開始使用電腦，上網路，學習英文，練習打字，電腦對他們來說是一個新奇的科技，而網路更打開他們渴求知識的雙眼，現在，黃羊川的老老少少都知道電腦可以幫助他們學習知識，網路讓他們發現新世界，發掘不再聽天由命的力量。而黃羊川的故事才正要開始……

二〇〇三年的冬天，黃羊川正是天寒地凍，在遠方的台灣傳來了更讓人心寒的消息——溫世仁先生因為中風而病逝。

有人說溫世仁是科技界的好好先生，難得的奇才；他一年四季飄泊在外居無定所，卻樂此不疲；他一年可以讀三百本書，卻仍然著書不倦；他可以為了理念夢想，堅定執著全心投入，卻仍然四處演講樂於與人分享；他關心社會，關心台灣，關心貧窮，關心如何讓學習更加容易，關心如何藉由科技傳遞知識擺脫貧窮……他事事關心，只要能力所及，他都盡力，小至員工生日的電話祝福，大至中國西部經濟開發，他無不親力親為，唯獨，他沒有關心自己。

當他聽到黃羊川的故事，非常興奮的告訴大家，用現代科技的網路找到可以解決貧窮的方法，於是他來往奔波中國西部各地，在他去世前一個月，一共用了二十五張的登機證。為了考察西部，為了幫助西部擺脫貧窮，為了網路城鄉而奔走。

他總是樂觀於科技的未來，他說科技是用來解決問題的，過去美國開發西部是騎著馬帶著槍；現在開發中國西部，是坐飛機帶著電腦連接網路，所以他大膽地提出「西部開發十年可成」；很多人質疑他的說法，但他說：「這不是口號，過去因為科技不發達，必須從農業社會跨越工業社會再到現在的資訊社會，但二十一世紀，網路都發達了，難道還要讓中國西部再從頭走一遍嗎？連接了網路，就等於連接了世界，只要與世界接軌，就有機會充實知識擺脱貧窮。」

二〇〇〇年十月十一日，黃羊川職業中學首次接上了網際網路，很多人一輩子沒有出過黃羊川，更多孩子在認識網路之前沒有夢想只有貧窮的生活，他們曾經以為世界就是黃羊川，如今，他們從網路看世界；曾經他們以為長大就是當農夫，現在他們知道知識的重要，藉由網路的學習，他們發現新的知識，學習新的世界，創造新的生活。

曾經有一個地方，從來不為人知，有了網路之後，小孩開始學習新的知識，立志不再當窮人，農民開始學習上網賣出農產品，他們都知道溫世仁，他們也知道網路為他們開拓了一個未曾到過的新世界，他們開始有了新的夢想，那個地方，就是——黃羊川。

而經過溫世仁的努力，像黃羊川那樣的地方，在中國西部，現在已經有七十四個，預計未來五年後，可以達到一千個。

99

觀察眾生百態

即使人生不完美，也沒有理由喪失志氣。

~亞伯拉罕・馬斯洛（美國人本主義心理學家）

「意義治療法」創始人維克多・法蘭柯博士曾在納粹集中營度過恐怖的囚犯生涯，在囚禁前，他已是知名的精神醫師暨心理學家，父母兄嫂與新婚妻子皆死於納粹集中營中，但這樣慘痛的生命歷練反而讓他的思考與觀察力更為敏銳，在那之後，他創立了「意義治療法」，認為人類賴以維生的最大動力，其實是對人生意義的追尋，如果一個人喪失了這樣的意志，也就無法活下去了。

因為他在集中營裡，發現了會在營房裡安慰別人，把自己最後一點食物分給其他人的人並不多，但這樣的人，不管在如何苦難的環境，都能從中找到自我生存的價值與意義，而他們通常也是活得最久的人，因為真正自由的人，不會因為環境或權利被剝奪，而喪失堅持自我選擇的態度。

後來這樣的理念，也被義大利導演羅貝多・貝里尼運用在他描述集中營生活的電影《美麗人生》裡，片中的父親即使在困厄的集中營環境裡，仍然堅持要保留兒子純真的心靈，於是，對兒子來說，集中營的記憶不是血淋淋又殘酷的傷痕，倒像是有趣的夏令營，那是因為，這個父親不管在何等情境中，都沒有喪失自己唯一的信念：無論如何，人性都不能因為冷冽的現實而跟著冷漠。

何時你會開始觀察其他人的一舉一動、習慣反應與喜惡？

就人類的發展來看，嬰孩學習與人有所互動時，就開始了這輩子持續不斷觀察其他人的行為，你會靠著別人臉部的表情、肢體動作、言談的語氣，發現自己的應對模式，假使你終其一生都學不好，可能會導致人際關係奇差無比，或落至「不識相」的地步卻不自知。

但一個人要花多少時間才能知道這個世界的人其實是用與自己毫不相同的方式活下去？又要花多時間才會知道，就是因為有不同的人，世界才顯得這麼多采多姿？假使每個人都如你所料一般反應，也許你會覺得這世界實在太無趣了。

幾年前，當我開始寫一些跟星座有關的文章時，觀察其他人，突然變成一種職業病，你得注意各式各樣的人在各種情境下會有什麼樣的反應，面對愛情、友情、親情、工作時會有什麼樣的不同面貌，雖說人概無可能以十二種分類清楚斬斷，但那微妙的差異，在碰到狀況時可能會有的情緒變化，的確可以找出某些共通性，與其說真要與天上星宿有關，倒不如說，這是一種有趣的統計學，可以歸納大多數人的共同特徵。

你有沒有認真地觀察其他人過？當你觀察出些心得時，或許會發現許多從未思考過的人生面向也許，那就是你邁向成熟人格的第一步了。

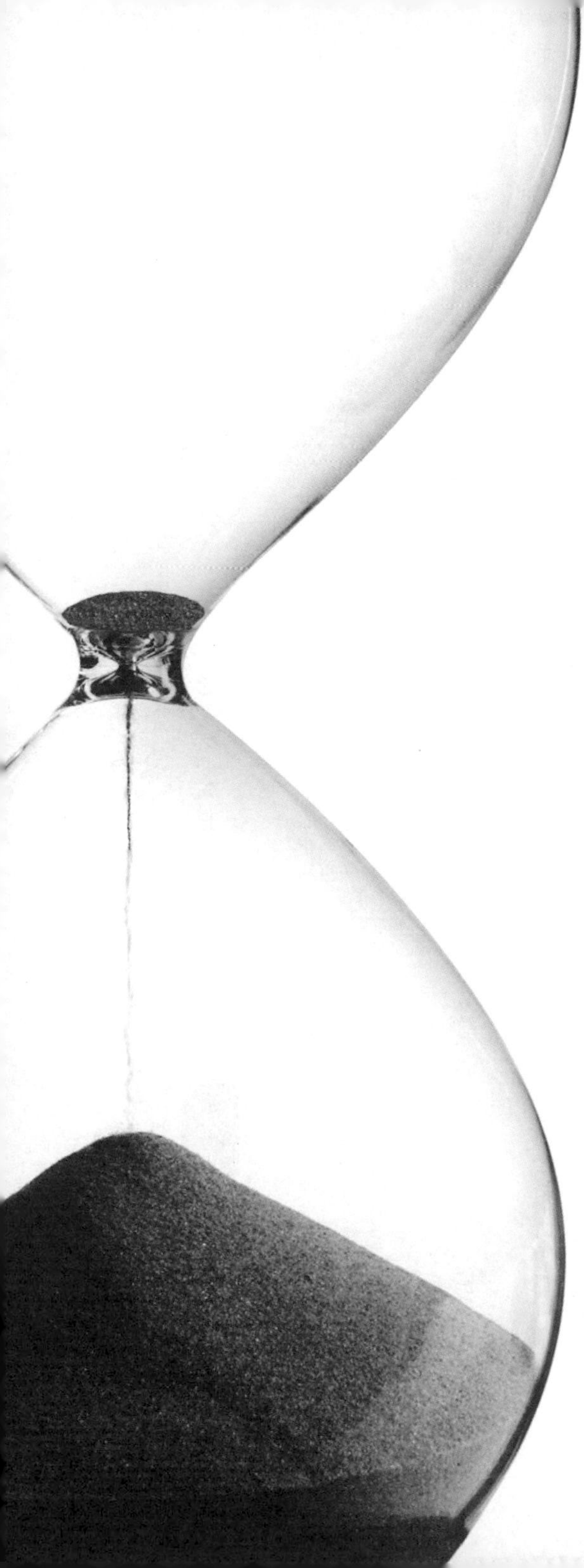

特別收錄

讀者參與版——死前要做的10件事

小黑貓

32歲，摩羯座B型，喜歡喝奶茶，專長是迅速入睡。最喜歡在網路上亂晃……

死前要做的10件事

1 一定要告訴兒子女兒我愛他們，雖然自知不是一百分的老媽（可能勉強及格而已），但一定要讓他們知道這輩子做過從沒後悔的事就是生下他們倆。

2 跟公公和婆婆大聲的說：我真的很不喜歡你們。（內心的OS則是：我終於把討厭說出口了）

3 把班上一位超級大問題的學生拿著課本從頭「叭」下去，希望他能有「當頭棒喝」的震撼，進而振作起來～～～

4 跟老公離婚！（老公：我不是不愛你，只是想到死後要被歸類為公公婆婆那家的人就渾身不舒服，所以一定要的）順便交代遺言要火化後把骨灰送到外太空。

5 放肆的狂吃巧克力一整天！！！！！

6 到澳洲沙漠中去看那顆全世界最大的岩石。

7 包下Room 18找盡朋友狂歡整晚。

8 拿到重機駕照，用最短的時間從台北飆到高雄。

9 跟外星人連絡上，把外星人在地球的種種歷史出版，滿足廣大的外星迷們。

10 要扮成源氏物語的紫之上參加東京Cosplay。

BANG無虐

死前要做的10件事

很可惜是女的，20歲，雙魚座B型，偽基隆人，活在虛實交界的空間裡。因為不是千里馬所以遇不到伯樂，強項是無病呻吟以及自怨自艾。

1 把賣不掉的跟不喜歡的書燒掉，尤其是課本。
2 用義大利文在網誌上告白，告訴大家其實我喜歡這個世界，而且喜歡得不得了。
3 把所有沒寫完的故事完結，然後寫下很多很多我心中的故事，即使只有雛型也好。
4 遺囑上註明如果不直接把我用草蓆蓋一蓋拿去燒的話，就請帶著我的骨灰環遊世界。
5 去一次義大利看教皇跟黑手黨。
6 去日本然後在池袋大喊IWGP，並且參加一次日本的同人盛會，還要用所會的日文使盡全力的跟日本人搭訕，泡溫泉跟浴衣祭典都是無法捨棄的夢想所以會想辦法試一次看看。
7 做所有以前想要做的角色COS並且拍下照片強制荼毒大家的眼睛。
8 睡在老媽的靈堂前一晚。
9 跑到下著雨的大街上不註明對象的大喊我愛你。
10 把所有的網誌跟文章砍掉，對不起，請遺忘我，因為下輩子我會過得更好更努力。

緹花

死前要做的10件事

23歲，雙子座B型，愛吃雞排，專長是享樂。會畫畫，但畫的也還好，個人沒什麼偉大事業，目前米蟲也算自由業一個^_^

1. 跟男友24小時黏在一起。
2. 學日語去日本玩（沒出國過）。
3. 瘋狂的打工，買名牌包。
4. 勇敢的學會騎機車。（因為有後遺症所以不敢學）
5. 去動物園對著我最愛的獅子老虎吼。
6. 學會做菜，煮給家人、心愛的人吃，就算落屎。
7. 減肥（因為自己不愛減肥）讓大家稱我可愛小公主啦！
8. 雷射眼睛（想雷射又怕怕），至少死前沒近視一天。
9. 把我所有的錢拿去捐款。
10. 躺在草原一天，就算颳風下雨，也要感覺這世界的溫暖。

熙

死前要做的10件事

我才18！剩下的不小心被風吹走了XD。獅子座O型，基隆市出生彰化縣人目前住台北的非台北人，喜歡胡思亂想有事沒事碎碎念，專長發呆發呆外加玩製圖研究CSS到暈頭轉向。固定對象是我家那個快發霉的老公，不過他對我家的狗似乎更有興趣＝＝

1 回去彰化爸媽身邊，陪伴他們。

2 一個人跑到美麗的海邊，大聲的嘶吼哭泣，因為好幾年不敢大聲哭泣了。

3 拿起唯一的數位，把自己可能來不及說的全錄製下來。

4 回去彰化容的骨灰塔，告訴他：容，我很快來陪你了，記得來接我，別讓我迷路……

5 跟老公一起到鄉下開一間兩人的咖啡店。

6 買間屬於我們小家庭的房子，種滿薰衣草，給三個孩子不用日曬雨淋的住所。

7 跑去所謂的歌唱比賽參加比賽，把平常沒膽子在陌生人前唱歌的缺點丟掉。

8 偷偷的到豪豪養父母家附近，看他好不好……

9 簽下器官捐贈書，死後器官捐出幫助需要幫助的人。

10 自己一個人離開，到沒人認識的地方安靜死去。

酸不溜丟

十五年前也是個二八佳人，水瓶座A型，喜歡在牛肉麵店吃清粥小菜、在博物館裡看電影。

死前要做的10件事

1. 推倒我愛的那個男人，即使他是個gay。
2. 跳一段熱情的森巴。
3. 在公開場合真心的稱讚一個我不認識的陌生人。
4. 拍一次A片（當然只給自己看）。
5. 結婚。
6. 義正辭嚴的指正某個不到位的長官。
7. 做一道人人稱讚的好菜。
8. 擁抱長頸鹿。
9. 飆一下任何有輪子的東西。
10. 一口氣把所有的錢花光。

Keya

死前要做的10件事

20多多歲，天蠍座B型，整天看似無所事事，但其實忙得昏頭轉向，常常多愁善感想太多，但同時又有些傻氣、直線條，從小夢想做個文藝青年，但其實對現實投降得厲害，很愛自己，但又厭惡自己，所以只好故作傻氣地接受自己。

1 跑回大學母校去，用嚇嚇叫的英文和教授們大聊特聊自己的人生有多美好。

2 好好談場戀愛，平淡也無所謂，很快就失戀也沒關係。

3 寫出和自己人生經歷無關的短篇小說和長篇小說各一篇，劇情最好是驚悚恐怖、結局令人意想不到。

4 告訴爸媽我有多愛、多感謝他們，接著拿出一大筆白花花的現金，請他們從此以後想買什麼就去買，不需再擔心現實生活的瑣事。

5 把從小到大的書信、日記、家庭短片、照片整理一番，該送別人的、該毀屍滅跡的通通解決掉，書籍記得分類捐送出去，最好死前房間空蕩蕩的只剩下幾個裝保留物品的紙箱。

6 辦場大型的PARTY，將所有至親好友請來歡慶這最後一聚，謝謝他們長久以來的照顧，並在PARTY上獻唱一首會讓大家鼓掌叫好的歌曲。

7 到美國、日本、西班牙、希臘、巴黎等地各住上一段時間，最好都可以交到能互相懷念的好朋友。

8 到KTV將從小到大喜歡的歌點來唱一遍。

9 到夜市去，從第一家店吃到最後一家，再到台灣各地有名的餐廳將美食吃盡。

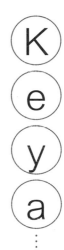

10
將之前賣掉的愛車小紅買回來，將她翻新妝點得完美無缺，開著她回到學校轉上一圈，再到人煙稀少的林蔭大道快速飆上一趟，將車開到有白色沙灘的海邊，坐在車內看人生最後一道曙光，安靜地獨自度過人生最後一刻。

思潔

21歲，獅子座O型，喜歡亂交朋友，專長是想太多。朝11晚9的盡忠職守廉價勞工，領著死薪水，衣食無缺卻很空虛！！

死前要做的10件事

1. 找個優質棺木，並和棺木店老闆套交情讓他送我上等棺木。
2. 去學校搶走畢業證書在校長面前撕毀，並且說：我一點都不在乎這張紙。
3. 跑到整型醫院要求整形醫師將我身上的油脂抽掉，抽完就落跑。
4. 講一些讓老闆啞口無言卻頭頭是道的道理，讓她明白：做人總是要謙虛。
5. 月黑風高的夜晚，在人來人往的大馬路上大吼大叫。
6. 用殘酷的手法教訓那些傷風敗俗的生物。
7. 在最高、最頂點的地方玩高空彈跳以及滑翔翼。
8. 到人潮擁擠的地方對一百位陌生人告白。
9. 告訴所有的親朋好友以及路邊的陌生人：我瘦下來會很正。
10. 如果有機會回去找我這一生最愛的人，並且告訴他：認識你，我沒有半點遺憾。

爵爺

17歲，無名但不平凡，住在百畝森林，小熊維尼是我鄰居。

死前要做的10件事

1 去百老匯看獅子王、歌劇魅影、貓、西貢小姐，去看世界三大男高音的演出紀錄DVD，聽安德烈波伽利的現場音樂會，可以的話，還想去日本看交響情人夢S團的表演，舉著牌子說：千秋が大好き（最喜歡千秋王子）。

2 很有自信的開場小型音樂會，不必全世界都看見，是給一直很想看的人看的。

3 親自走訪、用LOMO拍下人們口中最漂亮的地方，對著天空亂喊亂叫到沒聲音，在草地上奔跑到摔倒，用力的呼吸新鮮空氣，大口喝溪水喝到嗆到。

4 把遺囑寫成一首歌，把大家搞得亂七八糟不知道我到底要說什麼，我要你們邊聽邊哭邊喊：這太爆笑了，還要變成網路郵件流傳在網路間，永無止盡的被轉寄。

5 我要親眼看到Orlando Bloom和Natalie Portman，告訴他們我超愛你們，找他們拍照。

6 去做最貴最高級的SPA，體會什麼叫做沒有酸痛的肩膀，我不要帶著硬肩膀上天堂。

7 寫好N年份的卡片，每年聖誕節、朋友生日，請人幫我寄出去，寄信址叫做天堂，那些人就以為遇到七月還沒到就有鬼先偷跑XD。

8
設計自己的棺木，外觀圖案是平台鋼琴，有很多樂器跳出來，內部有一本再生信紙跟一支筆，和一張桌子一盞省電燈泡，還要有一包零食。

9
我要海葬，滿足生前沒有環遊世界的雄心壯志，亂飛亂飄的，搞不好還會到太空去，去見絕地武士，問他光劍可不可以賣給我，然後看尤達身高到底有多高，跟R2D2嗶嗶啵啵的交談，最後變成隕石掉在地球上，落在台灣。

10
同時跟很多人視訊，笑著說：地球是個美麗的地方，請愛惜！慢慢慢慢的，眼前的光就越來越模糊，然後，熄滅了。

希路

22歲，雙魚座O型，桃園縣中壢市人。

死前要做的10件事

1 跑遍各有名的旅遊景點，出國什麼的都算。
2 對著每個我認識的人說「加油！我要離開了！」
3 把我的遺物，藏到一個隱密的地方
4 寫一封藏寶圖式的遺囑，到最後整整其他人一下。
5 我只會寫東西，所以我還會每個人留下一封信。（好像沒說啥時會死掉）
6 吃遍所有我想吃卻沒吃過的東西。
7 買我想要的電動，每張都給他破關。
8 從高空中跳傘下去，一生當中從來沒體驗過。
9 減肥…希望自己能好看的離開。
10 找到他，跟他說好多好多話，然後靜靜的找個地方大喊「我要走了！！！！」

鏡子

死前要做的10件事

處女座O型，台中市出生的高雄市人，喜歡胡扯瞎說，專長是喇滴賽。利用業餘時間玩網路掛件設計，固定對象同居已八年，同居人有劈腿嗜好，已經放棄教導他正確的身份觀念，因為他一直以為自己是人，其實是我養了八年的狗。

1. 參加獵人測試，我要進入Greed Island。
2. 跟李哪吒借風火輪來裝在我的機車輪上，看我的機車可不可以騎一騎就飛起來還可以噴火。
3. 教默娘如何美白跟防曬，我知道站在海邊容易曬黑，漁船不敢靠岸是有原因的。
4. 找出傳說中的煉妖壺，我想把我家的蟑螂、螞蟻、壁虎等拿來試煉看看。
5. 跟灰姑娘借一下玻璃鞋看穿在腳上到底有多痛……
6. 告訴白雪公主台灣的水果世界甜，不要只會吃蘋果！
7. 請濟公戒酒，因為喝酒傷身、這樣辦事效率不好。
8. 教唐三藏用電腦，取經可以上網搜尋就好。
9. 參加世界奧運，勇奪奧步金牌冠軍為國爭光！
10. 閉上眼前我要穿乾淨的衣服，因為我有潔癖。

死前要做的99件事

我是

我的介紹：

1

2

3

4

5

6

7

8

9

10

11

12

13

14

15

16

17

18

19

20

21

22

23

24

25

26

27

28

29

30

31

32

33

34

35

36

37

38

39

40

41

42

43

44

45

46

47

48

49

50

51

52

53

54

55

56

57

58

59

60

61

62

63

64

65

66

67

68

69

70

71

72

73

74

75

76

86 85 84 83 82 81 80 79 78 77

96 95 94 93 92 91 90 89 88 87

99 98 97

國家圖書館出版品預行編目資料

死前要做的99件事：讀者參與版／賴純美等著
—— 初版. ——臺中市　：好讀, 2008.10
面：　公分，——（小宇宙 ；07）

ISBN 978-986-178-090-0（平裝）

1.修身　2.生活指導

192.1　　　　97016525

好讀出版

小宇宙 07

死前要做的99件事（讀者參與版）

作　　者／賴純美等
總 編 輯／鄧茵茵
文字編輯／莊銘桓
內頁設計／鄭年亨
發 行 所／好讀出版有限公司
台中市407西屯區何厝里19鄰大有街13號
TEL:04-23157795　FAX:04-23144188
網　　址／http://howdo.morningstar.com.tw
法律顧問／甘龍強律師
印　　製／知己企業（股）公司　TEL:04-23581803

總 經 銷／知己圖書股份有限公司
http://www.morningstar.com.tw
e-mail／service@morningstar.com.tw
郵政劃撥：15060393知己圖書股份有限公司
台北公司：台北市106羅斯福路二段95號4樓之3
TEL:02-23672044　FAX:02-23635741
台中公司：台中市407工業區30路1號
TEL:04-23595819　FAX:04-23597123

初版／西元2008年10月15日
定價：230元

Published by How Do Publishing Co., Ltd.
2008 Printed in Taiwan
ISBN 978-986-178-090-0

讀者回函

只要寄回本回函，就能不定時收到晨星出版集團最新電子報及相關優惠活動訊息，並有機會參加抽獎，獲得贈書。因此有電子信箱的讀者，千萬別吝於寫上你的信箱地址

書名：死前要做的99件事（讀者參與版）

姓名：＿＿＿＿＿＿ 性別：□男 □女 生日：＿＿年＿＿月＿＿日

教育程度：＿＿＿＿＿＿＿＿

職業：□學生 □教師 □一般職員 □企業主管

□家庭主婦 □自由業 □醫護 □軍警 □其他＿＿＿＿＿＿

電子郵件信箱（e-mail）：＿＿＿＿＿＿＿ 電話：＿＿＿＿＿＿

聯絡地址：□□□＿＿＿＿＿＿＿＿＿＿＿＿

你怎麼發現這本書的？

□書店 □網路書店（哪一個？）＿＿＿＿＿＿ □朋友推薦 □學校選書

□報章雜誌報導 □其他＿＿＿＿＿＿＿＿＿＿

買這本書的原因是：＿＿＿＿＿＿＿＿＿＿

□內容題材深得我心 □價格便宜 □封面與內頁設計很優 □其他＿＿＿＿＿＿

你對這本書還有其他意見嗎？請通通告訴我們：

＿＿＿＿＿＿＿＿＿＿＿＿＿＿＿＿＿＿＿＿

你買過幾本好讀的書？（不包括現在這一本）

□沒買過 □1～5本 □6～10本 □11～20本 □太多了

你希望能如何得到更多好讀的出版訊息？

□常寄電子報 □網站常常更新 □常在報章雜誌上看到好讀新書消息

□我有更棒的想法＿＿＿＿＿＿＿＿＿＿

最後請推薦五個閱讀同好的姓名與E-mail，讓他們也能收到好讀的近期書訊：

1.＿＿＿＿＿＿＿＿＿＿＿＿＿＿＿＿＿＿

2.＿＿＿＿＿＿＿＿＿＿＿＿＿＿＿＿＿＿

3.＿＿＿＿＿＿＿＿＿＿＿＿＿＿＿＿＿＿

4.＿＿＿＿＿＿＿＿＿＿＿＿＿＿＿＿＿＿

5.＿＿＿＿＿＿＿＿＿＿＿＿＿＿＿＿＿＿

我們確實接收到你對好讀的心意了，再次感謝你抽空填寫這份回函

請有空時上網或來信與我們交換意見，好讀出版有限公司編輯部同仁感謝你！

好讀的部落格：http://howdo.morningstar.com.tw/

請填妥後對折黏貼，直接投郵即可，無須貼郵票。

廣告回函
臺灣中區郵政管理局
登記證第3877號
免貼郵票

好讀出版有限公司　編輯部收

407 台中市西屯區何厝里大有街13號

電話：04-23157795-6　傳眞：04-23144188

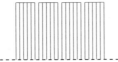

沿虛線對折

購買好讀出版書籍的方法：

一、先請你上晨星網路書店http://www.morningstar.com.tw檢索書目
或直接在網上購買

二、以郵政劃撥購書：帳號15060393 戶名：知己圖書股份有限公司
並在通信欄中註明你想買的書名與數量

三、大量訂購者可直接以客服專線洽詢，有專人爲您服務：
客服專線：04-23595819轉230 傳眞：04-23597123

四、客服信箱：service@morningstar.com.tw